NAVIN CHAWLA

Mutter Teresa

Buch

Der Name Mutter Teresa wird unweigerlich mit Bildern einer kleinen, zarten Frau in einem blau-weißen Sari verbunden, die Liebe und Mitleid für die Ärmsten der Armen verbreitet. Ob diese Menschen nun in den Slums von Kalkutta, in Wellblechhäusern in London, in den Ghettos von New York leben – Mutter Teresa versucht immer, an zwei Orten gleichzeitig zu sein, um diesen Menschen zu helfen. Weltweit ist sie mit ihrer missionarischen Arbeit berühmt geworden. Sie gründete die Kongregation »Missionaries of Charity« (Missionarinnen der Liebe) mit dem Ziel der Sorge für die Sterbenden, Waisen und (Lepra-)Kranken. Die Kongregation ist heute weltweit mit 2000 Mitgliedern in über 100 Niederlassungen verbreitet. 1971 erhielt Mutter Teresa den »Friedenspreis des Papstes« und 1979 den Friedensnobelpreis, den sie mit den Worten akzeptierte: »Ich bin nur ein Werkzeug in Gottes Hand, es ist alles Seine Arbeit.«

Mit großer Feinfühligkeit und Präzision erzählt Navin Chawla die Geschichte der Mutter Teresa, die er seit vielen Jahren persönlich kennt. Noch nicht veröffentlichte Dokumente und Briefe, Gespräche mit Freunden Mutter Teresas und vor allem seine enge Zusammenarbeit als Mitarbeiter und Berater von ihr machten diese ergreifende Biographie einer ungewöhnlichen Frau möglich.

Autor

Navin Chawla ist Staatsbeamter in Indien. Aufgewachsen ist er in Indien wie auch in London, wo er ebenfalls die Universität besuchte. 1975 begegnete er Mutter Teresa, die ihn dazu anregte, sein erstes Buch über das Leben der Leprakranken zu schreiben. Heute lebt er in Neu-Delhi, zusammen mit seiner Frau und seinen zwei Töchtern.

Navin Chawla

Mutter Teresa

Die autorisierte Biographie

Aus dem Englischen übertragen von Kattrin Stier

GOLDMANN

Originalverlag: Sinclair-Stevenson, London
Originaltitel: Mother Teresa

Deutsche Erstausgabe

Umwelthinweis:
Alle bedruckten Materialien dieses Taschenbuches sind chlorfrei und umweltschonend.

Der Goldmann Verlag
ist ein Unternehmen der Verlagsgruppe Bertelsmann

Unveränderte Neuausgabe 1997

Umschlaggestaltung: Design Team München
Umschlagfoto: Amar Jeet
Satz: Uhl + Massopust, Aalen
Druck: Presse-Druck Augsburg
Verlagsnummer: 12488
Redaktion: Ilse Wagner/SD
Herstellung: Ludwig Weidenbeck
Made in Germany
ISBN 3-442-12488-3

5 7 9 10 8 6 4

Inhaltsverzeichnis

Danksagung

Ich hätte dieses Buch nie in Angriff genommen, hätte Mutter Teresa nicht ihren Segen dazu gegeben. Während der gesamten fünf Jahre, die ich für Recherchen und Niederschrift gebraucht habe, hat sie mir ihre uneingeschränkte Unterstützung und ihr Vertrauen gegeben, eine Unzahl von Fragen beantwortet und sich immer Zeit für mich genommen, selbst dann, wenn unsere Ansichten nicht immer übereinstimmten. Diese Erfahrungen haben mich bereichert, und ich bin fast ein wenig traurig, daß sie nun zwischen den Buchdeckeln ihre endgültige Form gefunden haben. Ich weiß, daß die Schwestern und Brüder der Missionare der Nächstenliebe nicht gerne namentlich genannt werden, und die meisten haben das sogar ausdrücklich betont. Ich habe mich nach ihren Wünschen gerichtet, es sei denn, die Namen erschienen mir für die Erzählung unbedingt notwendig. Pater van Exem schulde ich viel; seine Hilfe war unschätzbar. Ebenso stehe ich in der Schuld einer Reihe von Freunden, die auf verschiedene Weise geholfen und, wie ich meine, das Buch lesbarer gemacht haben. Tejeshwar Singh in Neu-Delhi und Dr. Clive Wing in Singapur waren besonders geduldig und hilfreich. Außerdem möchte ich meinem Verleger, Christopher Sinclair Stevenson, für sein Vertrauen zu einem unbekannten Autor danken. Mein ganz besonderer Dank gilt meiner Familie: Rupika, meine Frau, »polierte« den ersten Entwurf und steuerte Ideen bei, während mich meine

Töchter Rukmini und Mrinalini angespornt und mir Telefonate vom Hals gehalten haben. Mein Onkel Dr. Shiv Gandhi war ein hervorragender Testleser und hat sich außerdem an der Auswahl der Fotos beteiligt, während mein Neffe, Arjun Soota, mit größter Sorgfalt die Bänder transkribierte. Meine Kusine Meenakshi und ihr Mann Liaquat Ahamed in London waren mir am Ende meiner Recherchen behilflich. Schließlich möchte ich noch – in alphabetischer Reihenfolge – anderen Freunden und Unterstützern danken: Manjit Bawa, Joya Challiah, Mr. und Mrs. Adrien Deckers, Jacqueline de Decker, Maud Franken-Spens, Gopal Gandhi, Sonia Gandhi, Lady Goodall, Bunny Gupta, Professor Nurul Hasan, Sunita Kumar, Sir Michael und Lady Marshall, Amita Mitter, Sunil Sethi, Dr. Karan Singh und Dr. Anil Wilson. Die Fotografien wurden zur Verfügung gestellt von: Raghu Rai; S. Tarafdar and Associates; Chitrabani EMRC und meinem Freund Amarjeet von Cine India International, der von Anfang an an diesem Projekt beteiligt war. Einige seltene Fotos wurden mir freundlicherweise von Jacqueline de Decker, Michael Gomes und Bruder Mariadas überlassen. Meine Danksagung wäre unvollständig, würde ich nicht noch Valsala Vijayan und Surender Kumar erwähnen, die den Text großzügigerweise in ihrer Freizeit abtippten, ebenso wie die Bibliothekarin und die Angestellten der India International Centre Library (Neu-Delhi), auf deren Einrichtungen ich mich während der gesamten Arbeit stützen konnte.

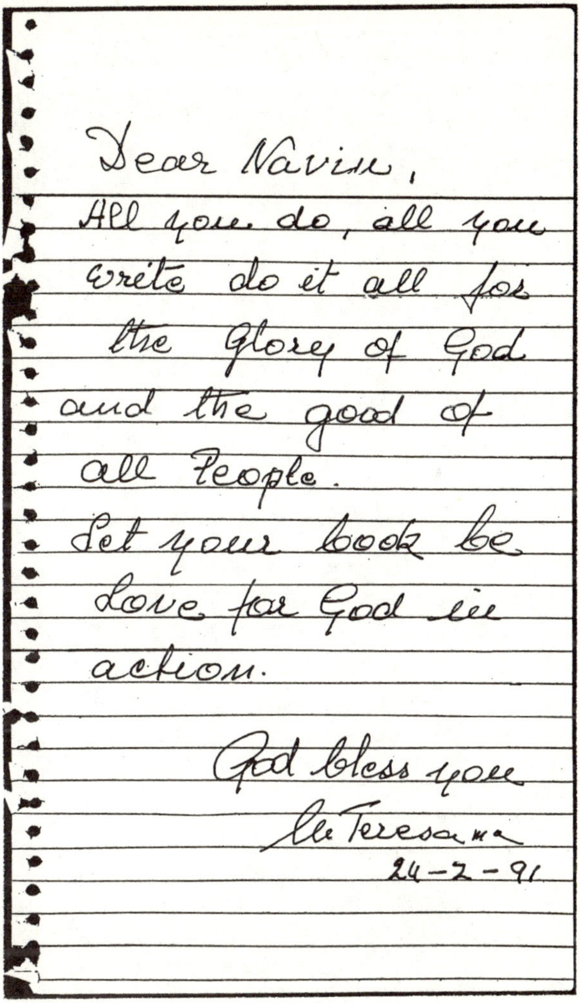

Dear Navin,
All you do, all you
write do it all for
the Glory of God
and the good of
all People.
Let your book be
Love for God in
action.

God bless you
M. Teresa mc
24-2-91

Lieber Navin,
was immer Sie tun, was immer Sie schreiben: Tun Sie es zu Ehren Gottes und zum Wohle aller Menschen.
Möge Ihr Buch die Liebe zu Gott in die Tat umsetzen.
Gott segne Sie M. Teresa 24-2-91

Vorwort

Es war vor siebzehn Jahren, bei einer kurzen Feierstunde in Nirmal Hriday – dem Heim des Reinen Herzens – in Delhi, als ich Mutter Teresa zum ersten Mal begegnete. Sie hatte den Generalgouverneur zur Einweihung eines kleinen Rehabilitationszentrums für alte Menschen eingeladen, da sie sich Aufträge der Krankenhäuser von Delhi für die Herstellung von Leintüchern und Gaze-Binden in ihrer winzigen Zwei-Zimmer-Werkstatt erhoffte. Sie wußte, daß die Zustimmung des Leiters der Stadtverwaltung viel zur Sicherung der Arbeitsplätze für das Dutzend alter Leute, die an den Webstühlen arbeiteten, beitragen konnte. Obwohl ich den Generalgouverneur bei solchen Anlässen nur selten begleitete, wollte ich Mutter Teresa doch gerne einmal kennenlernen und ging also mit.

Als Teil meiner Dienstpflicht hatte ich eine Rede für den Generalgouverneur vorbereitet, die er bei der Gelegenheit verlesen wollte. Aber nach der Führung durch das Rehabilitationszentrum und die zwei Schlafsäle für obdachlose alte Menschen, die sich von ihren Lagern aufrichteten und uns mit großer Herzlichkeit und Begeisterung begrüßten, war ich nur allzu froh, daß meine steife kleine Rede in der Jackentasche des Generalgouverneurs blieb.

Es war einfach kein Tag für vorbereitete Reden. Mutter Teresa sprach über ganz einfache Dinge: über Liebe, Fürsorge und

Teilen. Sie sprach über das neue Zentrum und über kleine Tropfen, die schließlich den Ozean bilden. Der Generalgouverneur erwiderte ihren Appell mit ähnlicher Schlichtheit. Er versicherte Mutter Teresa, daß ihr die Krankenhäuser jedes einzelne Bettlaken, jedes Handtuch und jede Binde abkaufen würden. Außerdem lud er Mutter Teresa und ihre Schwestern ein, ihn jederzeit, auch ohne Voranmeldung, aufzusuchen.

Mutter Teresa zögerte nicht lange, diese Einladung anzunehmen. Eines Morgens, knapp zwei Wochen später, klopfte es an meiner Tür, und Mutter Teresa betrat das Büro. Ich war so überrascht, daß ich einen Moment brauchte, bis ich mich wieder gefangen hatte und das *namaste* – den traditionellen indischen Gruß mit gefalteten Händen – dieser in einen Sari gekleideten Nonne erwidern konnte. Das Problem, das Mutter Teresa aus Kalkutta hierhergeführt hatte, läßt die meisten Menschen beim bloßen Gedanken erschaudern: Lepra. Dieses Zusammentreffen war es, das den Beginn meiner Auseinandersetzung mit ihrer Arbeit bedeutete.

Mutter Teresa kam auf ihre, wie ich bald feststellen sollte, übliche Art sofort zur Sache. Ich kann mich noch gut an ihre Worte erinnern: »Es gibt eine große Zahl von leprakranken Menschen, die in die Städte abwandern, um dort Arbeit oder Heilung zu suchen. Viele können keine Hilfe bekommen, und es bleibt ihnen nichts anderes übrig, als zu betteln. Wenn man uns mindestens einen Hektar Land zur Verfügung stellte, könnten wir ein Behandlungs- und Rehabilitationszentrum für sie einrichten.« Ich bat Mutter Teresa, einen Moment zu warten, und benachrichtigte den Generalgouverneur von ihrer Anwesenheit. Er war sofort bereit, sie und die beiden Schwestern in ihrer Begleitung zu empfangen. Wie üblich wurde Tee serviert, aber Mutter Teresa lehnte freundlich ab, mit der Erklärung, daß die Schwestern niemals Erfrischungen annahmen, weder von Reichen noch von Armen. Sie berichtete dem Generalgouverneur über die speziellen Probleme von Leprakranken. »Am meisten leiden sie darunter, daß sie von allen gefürchtet werden und daß man sie nirgendwo haben will. Meine Schwestern und ich versuchen, ihnen ein anderes Leben zu ermöglichen, ein zweites Leben sozusagen. Wir haben schon viele Behandlungs- und Rehabilitationszentren in Indien aufgebaut. Dort können sie in Würde arbeiten. Sie müssen nicht betteln. Wir stehen in sehr enger Verbindung mit ihnen und geben ihnen liebevolle Fürsorge. Wir möchten, daß auch diese Menschen sich geliebt fühlen.« Der Generalgouverneur war tief bewegt. Er fragte Mutter Teresa, wieviel Land sie benötigte. Mutter Teresa, die »einem geschenkten Gaul nicht ins Maul schaut«, spürte sofort, daß sie gewonnen hatte. Mit einem entzückend kindlichen Lächeln verdoppelte sie sogleich ihre ursprüngliche Schätzung und bat um zwei Hektar. Der Generalgouverneur wies mich an, ich sollte sicherstellen, daß den Missionarinnen der Nächstenliebe mindestens zwei Hektar Land für ein Lepra-Zentrum in Delhi übereignet würden.

Während der halben Stunde, die Mutter Teresa im Arbeitszimmer des Generalgouverneurs verbrachte, konnte ich sie genau beobachten. Schon damals war sie so klein und zierlich wie heute, das Gesicht von tiefen Falten durchzogen, fast ein wenig eingefallen. Ihre braunen Augen zwinkerten ständig. Sie wirkte sehr scharfsinnig und bemerkenswert praktisch. Sicherlich entgingen ihr die Gefühle nicht, die sie in anderen erregte, aber sie selbst war stets auf fröhliche Weise unsentimental. Ihr Wortschatz war beschränkt. Auch sagte sie oft »Gott sei Dank«, nicht in einem besonders religiösen Sinne, sondern eher wie eine Art Satzzeichen: Es ist heiß heute, Gott sei Dank, und ich bin froh, daß ich gekommen bin, Gott sei Dank. Ich bemerkte, wie gut sie den Sari tragen konnte. Das ist nur bei wenigen europäischen

Frauen der Fall. Aber Mutter Teresa war kaum noch Albanerin. Ich wußte, daß sie kurz nach der Unabhängigkeit im Jahre 1947 die indische Staatsbürgerschaft angenommen hatte und fließend Bengali sprach. Die langen Jahre der Arbeit in den Slums von Kalkutta und anderswo in Indien hatten sie so indisch wie nur irgend jemand in ihrer Wahlheimat gemacht. Ihre Hände und Füße verrieten jedoch ihr mühevolles Leben. Die Finger waren knotig und verformt, und die Füße in den rauhen unkleidsamen Sandalen waren mißgestaltet.

Im Laufe der Jahre habe ich oft an jenen Vormittag zurückgedacht. Was hatte ihn so besonders gemacht? War es ihre zurückhaltende Gegenwart, die das prächtige Arbeitszimmer, in dem wir saßen, auf die ihr eigene Schlichtheit reduzierte? Waren es der an mehreren Stellen sauber geflickte Sari oder der alte Leinenbeutel mit seinen hölzernen Griffen, den sie bei sich trug, die zu ihrer demütigen Ausstrahlung beitrugen? Vielleicht war es all das, zusammen mit der besonderen Aura, die sie umgab, weil sie so nahe bei ihrem Gott gelebt hatte.

Nach und nach begann ich zu begreifen, wie tief und überzeugt ihr Glaube an Christus ist, den sie in jedem Menschen sieht, dem sie dient. Die erste Frau, die sie vor vielen Jahren auf einer Straße von Kalkutta liegend fand, das Gesicht halb zerfressen von Ratten und Ameisen, konnte nur der verlassene Christus sein. Jeder ausgezehrte Körper in ihrem Heim für Sterbende ist der leidende oder sterbende Christus. Für sie und ihre Gemeinschaft ist Er es, dem sie mit jedem Leprageschwür, das sie säubern, mit jedem Kind, das sie füttern, oder jedem uringetränkten Körper, den sie baden, dienen. Wie Mutter Teresa selbst erklärte: »Sonst könnte ich es höchstens für einige wenige Auserwählte tun. Die Leute fragen mich manchmal, wie ich die stinkende Wunde eines Leprakranken säubern kann. Sie sagen zu mir: ›Um alles Geld der Welt könnten wir das nicht tun.‹ Und ich erkläre ihnen: ›Das können wir auch nicht. Aber wir tun es um Seinetwillen.‹«

Diese Erkenntnis war es, die es mir ermöglichte, die Gelassenheit zu begreifen, mit der sich die Schwestern lächelnd in gegebene Situationen fügen. Und langsam verstand ich auch die tiefe Bedeutung hinter ihren Gelübden. Das Gelübde der Keuschheit besteht darin, daß sie ihre Herzen Christus weihen. »Ich bin sozusagen mit Ihm verheiratet, so wie Sie mit Ihrer Frau«, hat Mutter Teresa einmal freimütig erklärt. Indem sie Gehorsam geloben, überlassen die Schwestern Ihm ihren freien Willen. Und durch ihr Armutsgelübde nehmen sie es auf sich, genau wie die Armen zu leben, um ihnen so auf gleicher Stufe begegnen zu können. Sie nehmen niemals Geld an, nicht einmal eine Tasse Tee aus Dankbarkeit. Wie kann es materiellen Dank geben, wenn der Dienst an Gott, in Gottes Namen und für Gott geleistet wurde? Das vierte Gelübde ist eine Eigenheit ihres Ordens: der Dienst an den Ärmsten der Armen. Innerhalb dieses Rahmens bietet Mutter Teresa den Reichen und Mächtigen gerne Gelegenheit, sich an der Arbeit zu beteiligen. Als ich einmal beobachtete, wie zwei amerikanische Senatoren und eine wohlhabende Dame aus Nigeria auf den Knien die Fußböden im Heim für die Sterbenden in Kalighat schrubbten, nickte sie und sagte: »Das ist das Schöne an Gottes Werk, daß es so viele Menschen einschließt.« Dann fügte sie sanft hinzu: »Ich gebe ihnen die Möglichkeit, mit den Armen in Berührung zu kommen.«

Als ich Mutter Teresa fragte, ob ihre Kraft aus der Armut käme, gab sie zur Antwort, die Armut sei ihre Freiheit. Als sie den Loreto-Konvent von Entally, Kalkutta, verließ, befanden sich drei Saris und ein Fünf-Rupien-Schein in ihrem weltlichen Besitz. Das einzige, was sie im Überfluß hatte, war Glaube: Glaube an ihre Mission und daran, daß Er sie leiten und für sie sorgen würde. Als sie nach Motijhil kam, hielt sie es nicht für notwendig, eine Studie durchzuführen, Maßnahmen zu planen oder Gelder zu sammeln. Sie sah ganz einfach, daß dort eine Schule fehlte. Die Tatsache, daß sie weder über ein Gebäude noch über Tische und Stühle verfügte, konnte sie nicht abhalten. Auf einem kleinen offenen Platz zwischen den Hütten begann sie, mit einem Stock das Bengali-Alphabet in den Boden zu kratzen. Ein paar Kinder tauchten auf, und mit jedem Tag kamen mehr Kinder dazu. In einem Anflug von Gemeinsinn stiftete jemand einen oder zwei Stühle, eine Bank und eine Tafel. Innerhalb weniger Tage war die kleine Schule Wirklichkeit geworden.

Die Armen von Motijhil brauchten zudem medizinische Hilfe. Mutter Teresa hatte zwar eine medizinische Grundausbildung, aber keine Medikamente. In der altehrwürdigen Tradition der Bettelmönche brachte sie sich selbst das Betteln bei. Was sie an Arzneimitteln zusammentrug, war allzuschnell verteilt, denn der Bedarf war groß. Viele brauchten auch dringend stationäre Behandlung im Krankenhaus. Als ein Krankenhaus sich aus Platzmangel weigerte, eine sterbende Frau aufzunehmen, blieb Mutter Teresa so lange neben dem Eingang sitzen, bis das Krankenhaus nachgab. Nach und nach lernten sie nicht nur »ja« zu ihr zu sagen, sie schickten nun auch einen Krankenwagen, sooft sie danach verlangte. Bald richtete Mutter Teresa ihr erstes Dispensarium (eine ambulante medizinische Versorgungsstation) ein. Im Laufe der nächsten vierzig Jahre sollten sich die Missionarinnen der Nächstenliebe nicht allein auf die Einrichtung von Schulen und Dispensarien beschränken, auch Heime für verlassene Kinder, für Leprakranke, für die Elenden und die Sterbenden gehörten dazu. In der jüngsten Zeit konnten auch noch einige Zentren für aidskranke Menschen eröffnet werden.

Bis zum Jahr 1990 existierten 456 Zentren in über hundert Ländern. Während dieses Jahres wurden fünfhunderttausend

Familien mit Nahrung versorgt, zwanzigtausend Slumkinder wurden in 124 Schulen unterrichtet, neunzigtausend Leprakranke wurden behandelt und siebzehntausend bettlägerige Patienten zu Hause besucht. Sechs Aids-Stationen nahmen 661 Patienten auf, von denen 88 im Laufe des Jahres starben. Von Religionsunterricht und Gefängnisbesuchen bis hin zu Heimen für verlassene Kinder und Häusern für Alkoholiker und Drogenkonsumenten haben die Missionarinnen der Nächstenliebe eine multinationale Organisation geschaffen, die die Hilflosen und Armen betreut. Die Schwestern sind in den abgelegensten Orten auf jedem Kontinent anzutreffen. Ich habe Mutter Teresa einmal gefragt, ob es irgendeinen Ort gibt, den sie noch nicht erreicht hat. Sie antwortete lachend: »Sollte es auf dem Mond Arme geben, so werden wir auch dahin gehen!«

Zu einer Zeit, in der sich die Kirche um schwindende Besucherzahlen sorgt, ist die Zahl der Missionarinnen der Nächstenliebe auf fast viertausend angestiegen. Mehrere hundert Mädchen warten ungeduldig auf ihre Aufnahme in ein Leben von fast unbeschreiblicher Mühsal. Vorbedingung dazu sind ein fröhlicher Charakter, gesunder Menschenverstand und eine robuste Gesundheit. Die Ausbildung der Schwestern und die Verwaltung dieser globalen Vereinigung geht hauptsächlich vom Mutterhaus aus, wie Mutter Teresas Hauptquartier in der Circular Road Nr. 54A gemeinhin genannt wird. Dort zieht sich auch Mutter Teresa selbst nach zehn Uhr abends in ein kleines Büro zurück, in dem tagsüber drei Schwestern hinter klapprigen Schreibmaschinen die Stellung halten. Dann erledigt sie bis in die frühen Morgenstunden Mitteilungen, dringende Bitten und ihre Korrespondenz. Viele Briefe und Notizen, die mich im Laufe der Jahre erreichten, sind während diesen einsamen Nachtstunden geschrieben worden. Wenn sie manchmal übermüdet schien und ich sie fragte, warum sie sich nicht zumindest sechs Stunden

Schlaf pro Nacht gönne, sagte sie lachend, daß sie dazu im Jenseits noch Zeit genug hätte.

Während der ganzen Jahre unserer Bekanntschaft habe ich mich fast jedes Mal mit Mutter Teresa getroffen, wenn sie in Delhi war. Ich wurde ein häufiger Besucher ihres »Ashram« in Delhi. Manchmal überraschte sie mich, so wie am ersten Tag, indem sie die Tür meines Büros öffnete und mit einem entwaffnenden Lächeln fragte: »Darf ich hereinkommen?« Bei anderen Gelegenheiten, wenn sie nur auf der Durchreise in Delhi war, fuhr ich gewöhnlich zum Flughafen, um sie dort zu treffen. Dabei waren mir ihre manchmal verspäteten Flüge sehr willkommen, denn sie gaben mir Gelegenheit zu längeren Gesprächen mit ihr.

Eines Tages fragte ich sie, ob ich mich nicht »eigenhändig« nützlich machen könnte. Sie verstand mein Bedürfnis. Und auch der Generalgouverneur gestattete mir, die Freitagnachmittage freizunehmen, die ich nun weitab des Büroalltags mit den Leprakranken und den alten hilfsbedürftigen Menschen von Nirmal Hriday verbrachte.

So war es nur natürlich, daß Mutter Teresa und ihre Schwesterngemeinschaft im Laufe der Jahre ein besonderer Teil meines Familienlebens wurden. Sie besuchte unser Haus und segnete unsere Familie, die Freunde und Nachbarn. Bei ihrem ersten Besuch breitete sich die Kunde ihrer Anwesenheit wie ein Lauffeuer in der Nachbarschaft aus, und bald war unser Haus überfüllt. Ich bat sie, zu uns zu sprechen, und das tat sie: Sie sprach voller Inbrunst über die Notwendigkeit, daß Familien gemeinsam beten und zusammenhalten.

Während der Jahre schrieb uns Mutter Teresa zahlreiche Briefe und Grüße, die uns Mut machen und ihren Segen überbringen sollten. Manchmal schickte sie auch nur ein geschriebenes Gebet. Sie führte uns in schwierigen Zeiten. Wenn meine

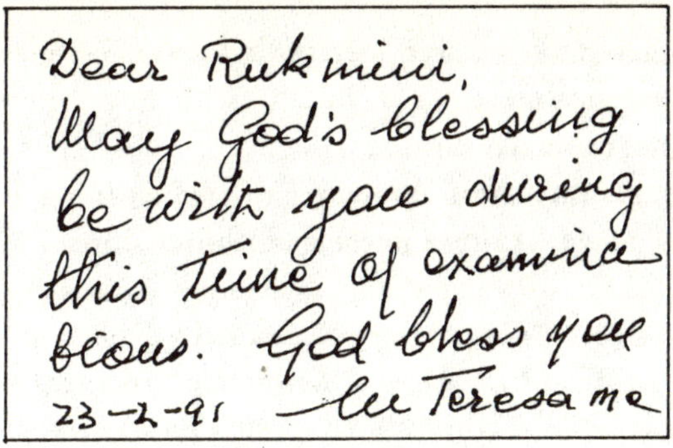
Dear Rukmini,
May God's blessing
be with you during
this time of examina-
tions. God bless you
23-2-91 M Teresa mc

Liebe Rukmini,
möge Gottes Segen
mit Dir sein
in dieser Zeit der
Prüfungen.
Gott segne Dich.
23 - 2 - 91
M. Teresa MC

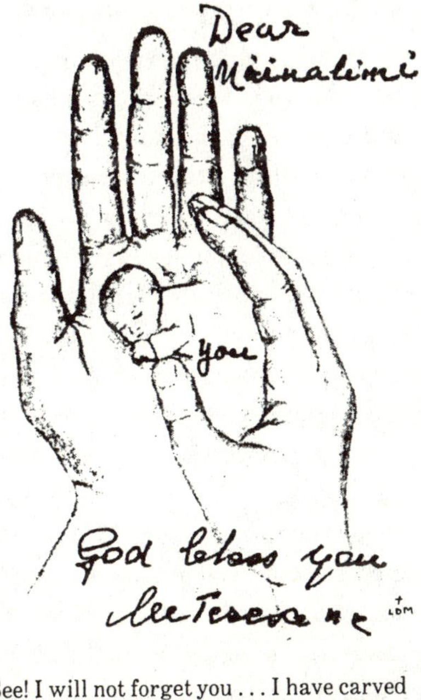

See! I will not forget you . . . I have carved you on the palm of My hand . . . I have called you by your name . . . You are mine . . . You arc precious to Me . . . I love you.

Isaiah

Liebe Mrinalini,

Du

Gott segne Dich.
Mutter Teresa MC

Siehe! Ich will dich nicht vergessen . . . Ich habe dich in meine Hand gemeißelt . . . Ich habe dich bei deinem Namen gerufen . . . Du bist mein . . . Du bist mir teuer und wertvoll . . . ich habe dich lieb.

Jesaia

Kinder vor Prüfungen nervös waren, betete sie für sie. Sie hielt sogar einmal eine eigene Messe für mich, als es ihr notwendig erschien. Einmal, als sie mich nach einem der Stürme des Lebens fragte, wie es mir ginge, und ich zur Antwort gab, es ginge mir gut, sagte sie mit einem Lachen: »Dann kann ich ja aufhören, für Sie zu beten.«

Im Oktober 1988 kam Mutter Teresa extra nach Delhi, um einen Bericht über Lepra in Indien der Öffentlichkeit zu übergeben, den ich geschrieben hatte. Ihre Wirkung auf Menschen ist so groß, daß auf dem Gelände, auf dem die Feierlichkeit stattfinden sollte, schon lange vorher kein Platz mehr frei war. Als sie mit ihrer Rede an der Reihe war, forderte Mutter Teresa die Anwesenden auf, gemeinsam mit ihr das Friedensgebet des Franz von Assisi zu lesen, das ich zuvor auf ihre Bitte hin auf Kopien verteilt hatte. Ihre Sprache war schlicht, ohne alle rhetorischen Kunstgriffe. Sie berichtete den Zuhörern von der Arbeit der Missionarinnen der Barmherzigkeit auf dem Gebiet der Leprabehandlung und bat dringend um jede noch so kleine Hilfe. Sie sprach über die »Lepra des Westens« – Menschen, die einsam und verlassen lebten und die sie als »Eingeschlossene« bezeichnete. Sie betonte, wie wichtig es sei, daß Familien das Gebet wieder in ihr Leben aufnehmen und sich um ihre bedürftigen Nachbarn kümmern. Als Beispiel nannte sie eine sechsköpfige Familie in Kalkutta, die, als sie ihnen begegnete, seit Tagen nichts mehr gegessen hatten. Die Kinder hatten vor Hunger glänzende Augen. Als sie ihnen etwas Reis brachte, teilte die Familie die Portion auf, um sie mit einer benachbarten Familie teilen zu können, die ebenfalls ohne Nahrung war. Die Armen, sagte Mutter Teresa, teilen immer. Sie sei aber überrascht gewesen, daß diese Familie überhaupt von einer ebensogroßen Not wie der ihren *wußte*. Sie sprach über einfache Wahrheiten: über die Liebe, die zu Hause beginnt, und über das Teilen von Freude, besonders innerhalb der eigenen Familie.

Mutter Teresa war eigentlich noch nie besonders redegewandt. Und auch an jenem Abend sagte sie nichts, was sie nicht schon viele Male zuvor gesagt hatte. Aber nachdem sie geendet hatte, senkte sich ein tiefes Schweigen über die Zuhörer. Es war, als wollte niemand als erster den Zauber brechen. Einige Sekunden lang kam das einzige Geräusch, das ich hören konnte, von einer wohlhabenden, selbstsüchtigen Frau, die neben mir saß. Mutter Teresa hatte tief in ihrem Innern etwas bewegt, und sie weinte. Plötzlich sprang ein kleines Mädchen von seinem Stuhl auf und bat Mutter Teresa um ein Autogramm. Gefolgt von ihrer Mutter. Auch andere nahmen nun ihren Mut zusammen, bis sich Mutter Teresa fast von der gesamten Zuhörerschaft umringt sah, die größtenteils Kopien des Berichts in den Händen hielten, der an sie verteilt worden war. Darauf schrieb sie nun die folgenden zweiundzwanzig Buchstaben des Alphabeths, langsam und sorgfältig, immer und immer wieder: »Gott segne dich, M. Teresa M. C.« Bis der letzte Gast gegangen war, war es dunkel geworden. Sie lehnte sich erschöpft und mit einem müden Lächeln zurück, ergriff meine Hände und hielt sie in ihren, dabei flüsterte sie leise für sich: »Jesus, das tue ich für dich. Diese Buchstaben sind für dich.«

Kurz nach diesem Anlaß fragte ich Mutter Teresa, ob ich versuchen dürfte, ein Buch über sie zu schreiben. Ihre erste Reaktion war, daß sie nicht *noch* einen Abriß ihres Lebens in Form einer Biographie haben wollte. Dann, nach einem Moment des Nachdenkens, nickte sie und sagte: »Schreiben Sie über die Arbeit, über das Werk.« Daß ich nicht den gleichen Glauben hatte wie sie, schien sie nicht zu stören.

Die nächsten vier Jahre schenkte sie mir ihr ganzes Vertrauen und gab mir einen Brief, der an alle ihre Schwestern gerichtet war. Ich habe auf meinen Reisen häufigen Gebrauch davon gemacht. Ich fuhr oft nach Kalkutta, wo Mutter Teresa, wann

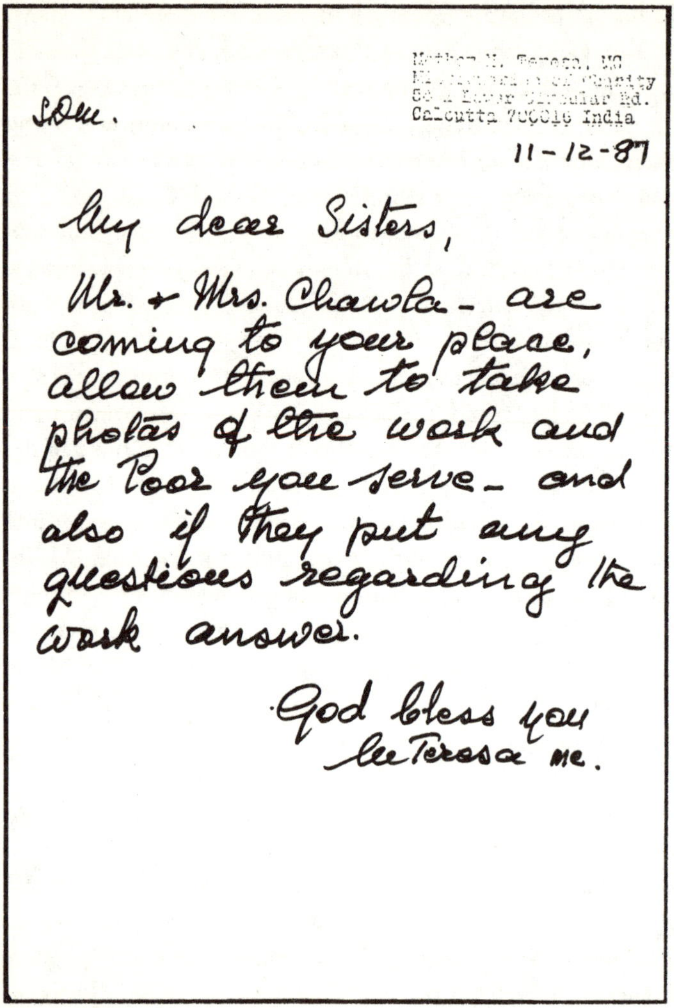

Mother M. Teresa, MC
Missionaries of Charity
54 A Lower Circular Rd.
Calcutta 700016 India

LDM.

11-12-87

My dear Sisters,

Mr. + Mrs. Chawla - are coming to your place, allow them to take photos of the work and the Poor you serve - and also if they put any questions regarding the work answer.

God bless you
M Teresa MC.

Meine lieben Schwestern, *11-12-87*
Mr. und Mrs. Chawla kommen zu Euch – erlaubt Ihnen, Fotos von unserer Arbeit und den Armen, denen wir dienen, zu machen – und beantwortet auch alle Fragen, die sie in bezug auf die Arbeit haben.
Gott segne Euch   Mutter Teresa MC.

immer sie mich sah, fragte: »Ist das Buch fertig?« Drei Jahre später hatte ich sowohl wegen Zeitmangel als auch aus Nervosität noch kein Wort geschrieben. Ich sagte zu Mutter Teresa, daß ich als Verwaltungsbeamter sorgfältig recherchieren wollte. Sie pflichtete mir bei und wiederholte ihre Frage niemals wieder. Von da an sagte sie, sooft ich im Mutterhaus erschien: »Aha, da sind Sie ja wieder.« Und war sogleich bereit, mir das eine oder andere Empfehlungsschreiben zu geben oder den neuesten Katalog von Fragen zu beantworten. Der einzige Bereich, bei dem sie zurückhaltend blieb, war ihr Privatleben, das sie beständig mit einem Schulterzucken als unbedeutend abtat.

Mutter Teresa macht es potentiellen Biographen nicht leicht. Ihr ständiger Kommentar ist, daß sie selbst nichts sei als ein Werkzeug in der Hand Gottes. In jedem Fall sind die biographischen Details von Mutter Teresas frühen Lebensjahren ebenso spärlich wie wohlbekannt. Auf Fragen über ihr Leben in Skopje, den Einfluß ihrer Mutter und die Trennung von ihrer Familie mit erst achtzehn Jahren gab sie nur halbherzige Antworten, war nicht richtig bei der Sache, und ihr Lächeln führte einen weiter zu der Arbeit ihrer Gemeinschaft und ihrer jetzigen Tätigkeit. Was ihre Tage als Nonne im Loreto-Kloster anbetrifft, verwies sie mich an ihre Mitschwestern, die mit mir über gemeinsame Erlebnisse als ihre Schülerinnen oder Lehrerkolleginnen sprachen. Pater Celeste van Exem, der während und nach der entscheidenden Zeit, als sie ihren Ruf erhielt, ihr Beichtvater war, ließ mich an ihrer Entwicklung in diesen wichtigen und prägenden Jahren teilhaben. Mutter Teresas Begeisterung war vor allem dann ansteckend, wenn sie von ihrer Arbeit erzählte, und ganz besonders, wenn sie über ihren Glauben an Gott, an Jesus Christus und die Messe sprach, aus dem sie ihre Kraft bezog.

Obwohl ich mir bewußt war, daß Mutter Teresa mich gebeten hatte, über »das Werk« zu schreiben, mußte ich feststellen, daß es nicht ganz einfach war, sie selbst und die Mission, die sie begründet hatte, auseinanderzuhalten. Ihre Inspiration, ihre Demut und ihre bewundernswerte Haltung waren wie unsichtbare Fäden, von denen das Ganze zusammengehalten wurde. Im Laufe meiner langjährigen Beobachtungen und Befragungen der Schwestern wurde mir, wo immer ich hinfuhr, häufig gesagt: »Fragen Sie Mutter«. Ihre Lehre, ihr alltägliches Beispiel und ihr Glaube sind fest in die Arbeit der Gemeinschaft verwoben. Selbst wenn ich mit Schwestern in anderen Ländern, weit entfernt von Indien, sprach, hieß es immer »Mutter hier« und »Mutter dort«. Es war fast, als befände sie sich nebenan und könnte jeden Moment den Raum betreten, um die Schwestern von meiner Fragerei zu befreien, damit sie zu ihrer »richtigen Arbeit« zurückkehren könnten.

Ihre Arbeit selbst hat an den unwahrscheinlichsten Orten tiefgreifende Wirkung gehabt. Als die Sowjetunion keine Antwort auf ihre Bitte um Erlaubnis zur Gründung eines Konvents gab, erinnerte sie Präsident Gorbatschow daran, indem sie ihm am St.-Michaels-Tag eine Grußkarte übersandte! Sie bat Präsident Bush und Präsident Saddam Hussein inständig, sie möchten Abstand nehmen von einem Krieg, der Millionen unschuldiger Leben zerstöre, und sie erhielt nach Beendigung der Feindseligkeiten die Erlaubnis des irakischen Präsidenten, sechs Zentren in dem vom Krieg verwüsteten Land einzurichten. Viele Länder haben sie mit höchsten Ehrungen überschüttet. Obwohl sie nur die Armen und Machtlosen vertritt, stehen ihr die Türen der Mächtigen ganz selbstverständlich offen. Ob sie es selbst wahrhaben will oder nicht: Diese zweiundachtzigjährige Nonne ist eine bedeutende Kraft in der Kirche. Mutter Teresa wäre vermutlich entsetzt, wenn sie wüßte, daß man den Prälaten von Kalkutta im Vatikan als »Mutter Teresas Erzbischof« bezeichnet. Kardinäle wetteifern darum, mit ihr gesehen zu werden. Der

Papst empfängt sie mit der größten Herzlichkeit, wann immer sie nach Rom kommt. Und dennoch bleibt sie selbst die Bescheidenheit in Person.

Es war nicht leicht, Mutter Teresa im beschränkten Umfang eines Buches zu charakterisieren. Denn jedes Zusammentreffen mit dieser einfachen Frau hat tiefe Eindrücke hinterlassen. Ich kann mich lebhaft daran erinnern, wie sie nach einem Auslandsbesuch fröhlich aus dem Flugzeug stieg, zwei schwere Plastiktüten im Arm, die mit Keksen, Seifen und anderen Überbleibseln gefüllt waren, ein Geschenk des Kapitäns für die Kinder von Shishu Bhavan. Oder daran, wie sie tröstend bei einer furchtbar von Lepra entstellten Frau saß, deren Söhne sie im Stich gelassen hatten. Oder wie sie ein sechsjähriges Kind umarmte und sich mit ihm fotografieren ließ. Die Eltern dieses Kindes haben mir später erzählt, daß die Ärzte in Kalkutta den Kampf mit seiner bösartigen Krankheit schon aufgegeben hatten. Das Kind lag im Sterben. Dann kam eines Tages, ganz überraschend, Mutter Teresa. Sie kniete im Haus dieser Hindu-Familie aus der Mittelschicht nieder, um zu beten. Und irgendwie geschah ein Wunder: Das Kind war inzwischen seit zwei Jahren gesund und hatte kräftig zugenommen.

Meine Frau und ich haben Mutter Teresa einmal verpaßt, als wir sie in Delhi am Flughafen abholen wollten. Wir wußten nicht, daß ein Wagen bereits direkt am Flugzeug auf sie gewartet und sie fortgebracht hatte. Später scherzte sie, daß es ja schließlich irgendeinen Vorteil haben müsse, Mutter Teresa zu sein. Fast als wäre es gestern geschehen, erinnere ich mich an ihren überraschten und glücklichen Gesichtsausdruck, als sie mit einem winzigen Frühgeborenen auf dem Arm, das auf ihrer Türschwelle ausgesetzt worden war, ausrief: »Sie lebt noch! So Gott will, wird sie es schaffen.«

Ich sprach mit ihr über ihre Anfänge, als sie jeden Tag viele

Meilen gehen mußte, um einen Raum zu finden, von dem aus sie ihre Arbeit beginnen konnte. Und sie meinte, daß auch dieses Opfer dazugehörte; es hat nie einen Zweifel gegeben oder sonst irgend etwas, außer dem besonderen Glück, Gott dienen zu können.

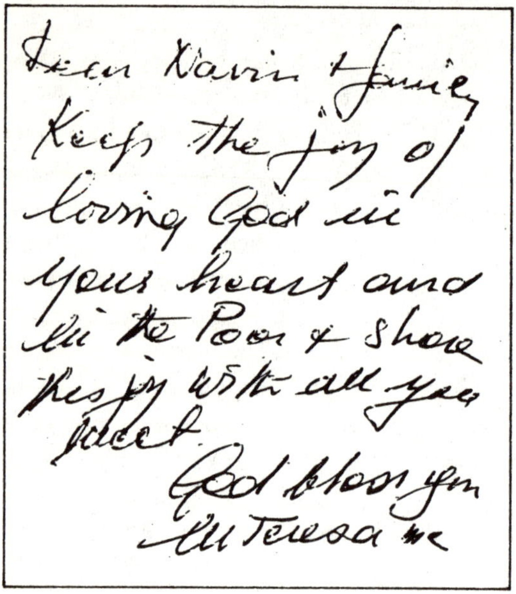
Dear Navin + Family
Keep the joy of
loving God in
your heart and
in the Poor & share
this joy with all you
meet.
God bless you
M Teresa mc

Lieber Navin
+ Familie,
bewahrt das Glück
der Liebe zu Gott
und den Armen in
eurem Herzen und
teilt diese Freude
mit allen, denen
ihr begegnet.
Gott segne euch
Mutter Teresa MC

Als Hindu bin ich mit der christlichen Weltanschauung nur teilweise vertraut und brauchte daher auch etwas länger, um zu begreifen, daß Mutter Teresa jede wache Stunde bei Christus ist, ob sie nun die Messe besucht oder ihre Schützlinge versorgt. Der Christus an ihrem Kruzifix ist derselbe, der sterbend in Kalighat liegt. Keiner hat ohne den anderen Bestand; sie sind eins. Es kann keinen Widerspruch zu ihren oft wiederholten Worten geben, daß jeder seinem Nächsten die Hand reichen muß. Für Mutter Teresa ist die Nächstenliebe die Liebe zu Gott. Wer seinen Nächsten nicht lieben kann, der kann auch Gott nicht lieben. Das ist das wichtigste an ihr, nicht die Größe ihrer Mission oder die Macht, die andere in ihr sehen mögen. Vor kurzem bei einem Treffen hat sie es mir mit einfachen aber bedeutungsvollen Worten erklärt: »Nicht der Erfolg, sondern der Glaube ist unsere Aufgabe.« Mutter Teresa hat diesen Glauben gelebt: den Glauben im Gebet, in der Liebe, im Dienst und im Frieden.

1

Kindheit

In Mutter Teresas indischem Diplomatenpaß ist zu lesen, daß Maria Teresa Bojaxhiu am 26. August 1910 in Skopje, Mazedonien, geboren wurde. Im Jahre 1910 war Skopje eine Kleinstadt. Es gehörte damals zum Königreich Albanien, das wiederum Teil des Ottomanischen Reiches war. Albanien stand bereits seit mehreren Jahrhunderten unter der islamischen Herrschaft der Türken, und nur ein kleiner Teil der Bevölkerung waren Katholiken. In Albanien trafen zu dieser Zeit verschiedenste kulturelle und religiöse Kräfte aufeinander.

Ihre Familie waren bürgerliche Geschäftsleute, keine Bauern, wie manchmal behauptet wird. Ihr Vater, Nicholas Bojaxhiu, war Bauunternehmer. Seine Firma war bekannt und hat das erste Theater in Skopje errichtet. Er war Mitglied des Stadtrates und beherrschte eine Reihe von Sprachen, neben seiner Muttersprache Albanisch gehörten dazu Serbokroatisch und Türkisch. Pater Celeste van Exem, geistlicher Beistand bei Mutter Teresas Anfängen, erzählte mir, sie habe ihren Vater als einen wohltätigen Mann geschildert, der die Armen niemals zurückwies. Ihre Mutter, Dranafile Bernai, kam aus der Nähe von Venedig. Sie wohnten in einem großen Haus, das von einem weitläufigen Garten mit vielen Obstbäumen umgeben war. Es gab noch zwei Geschwister, die Schwester Age, die 1904, und den Bruder Lazar, der 1907 geboren wurde.

Mutter Teresa hat oft erzählt, daß sie eine fröhliche Familie waren. »Wir hatten ein sehr enges Verhältnis zueinander, besonders nach dem Tod meines Vaters.« Zuerst wurden die Kinder in der Schule der Herz-Jesu-Kirche erzogen, bevor sie dann später auf weltliche staatliche Schulen gingen und in der Pflichtsprache Serbokroatisch unterrichtet wurden. Dennoch wurde ihre religiöse Erziehung sowohl in der Gemeinde als auch zu Hause fortgesetzt. In einer der wenigen Bemerkungen über ihre Familie sagte Mutter Teresa einmal: »Ich hatte ein sehr enges Verhältnis zu meiner Mutter«, die sie als »sehr gottesfürchtig« beschrieb. Pater van Exem war der Ansicht, daß die Mutter einen weitreichenden Einfluß auf die junge Agnes (wie sie einen Tag nach ihrer Geburt getauft wurde) und besonders auf ihre Glaubensentwicklung gehabt hatte. Denn die Mutter war nicht nur der äußeren Form nach religiös; ihr Engagement für den Glauben hatte auch seine praktischen Seiten, die sie keinen von ihrer Schwelle weisen ließ, der dort um Nahrung, Schutz, Kleidung oder sogar Geld nachsuchte. »Sie lehrte uns, Gott und unseren Nächsten zu lieben«, sagte Mutter Teresa.

Bei der Verleihung des Friedensnobelpreises an Mutter Teresa in Oslo im Dezember 1979 gewährte ihr Bruder Lazar der Welt einige faszinierende Einblicke in das Leben ihrer Jugendzeit. Als Kind wurde sie nicht Agnes, sondern Gonxha gerufen, was auf albanisch »Blütenknospe« bedeutet, denn sie war pummelig und rosig. Sie war sauber und ordentlich und immer hilfsbereit. Lazar gestand, daß er als Kind eine große Schwäche für Süßigkeiten und Nachspeisen hatte und oft in der Nacht zum Vorratsschrank in der Küche schlich. Gonxha war die einzige, die niemals von der Marmelade stibitzte. Sie vergaß nie, ihren Bruder daran zu erinnern, daß er nach Mitternacht nichts mehr essen sollte, wenn sie am Morgen zur Messe gehen wollten. Aber trotzdem verriet sie ihrer Mutter nie etwas von diesen Expeditionen.

Gonxhas Mutter ließ sich von starken Wertvorstellungen leiten. Die Kinder nannten ihre Mutter »Nana Loke«, wobei »Nana« Mutter bedeutet und »Loke« Seele; »die Mutter meiner Seele.« Sie mißbilligte jede Art von Verschwendung. Mutter Teresa hat mir eine Anekdote bestätigt, die ich einmal über ihren Sinn für Sparsamkeit gelesen hatte. Eines Abends saßen die Kinder munter plappernd um ihre Mutter herum. Das ging so eine ganze Zeit lang, wobei die Mutter fortwährend schwieg. Schließlich verließ sie das Zimmer, um den Strom abzuschalten und somit das Haus in Dunkelheit zu tauchen. Sie meinte, es sei nutzlos, bei dummem Gerede auch noch Strom zu verschwenden.

Nur ihr tiefer Glaube kann ihr im Jahre 1917 über die Tragödie des vorzeitigen Todes ihres Mannes hinweggeholfen haben, nach der sie mehrere Monate lang in völlige geistige und körperliche Starre verfiel. Als sie sich schließlich erholt hatte, wandte sie sich tatkräftig dem Aufbau eines eigenen kleinen Unternehmens zu, das bestickten Stoff verkaufte. So machte sie aus der Not eine Tugend, konnte sie doch mit dem Verdienst ihre drei Kinder großziehen. Das war von großer Wichtigkeit, da Nicholas Bojaxhius Geschäftspartner die Vermögenswerte der Firma veruntreut hatte, so daß der Witwe und ihren Kindern kaum mehr als das Dach über dem Kopf blieb. Diese Selbständigkeit angesichts einer Tragödie muß Agnes, die sieben Jahre alt gewesen war, als ihr Vater starb, tief beeinflußt haben.

Die Herz-Jesu-Kirche wurde mehr denn je ein wichtiger Bestandteil des Familienlebens. Agnes und ihre Schwester fingen an, sich an einigen Gemeindeaufgaben zu beteiligen. Agnes hielt sich oft in der Gemeindebibliothek auf, da sie Bücher liebte.

»Ich war erst zwölf Jahre alt und lebte zu Hause bei meiner

Familie in Skopje, als ich zum ersten Mal den Wunsch verspürte, Nonne zu werden«, erinnert sich Mutter Teresa. Es war naheliegend, daß sie sich an ihre Mutter wandte, die zunächst gar nicht begeistert war von der Idee, denn Agnes war schließlich noch ein Kind. Schon bald hatte Agnes diesen Wunsch vergessen, bewegte sich aber dennoch unaufhaltsam wie auf einem vorherbestimmten Weg voran. Mutter und Tochter verbrachten viele Stunden in der Kirche, wo sie zu Füßen der Heiligen Maria von Letnice in Skopje oder spätnachts zu Hause das inbrünstigste Gebet, den Rosenkranz, sprachen. Nach dem Schulunterricht war Agnes mit Gemeindeaufgaben beschäftigt. Hier kam auch die Verbindung der Familie mit Pater Jambrenkovic zustande, der 1925 Gemeindepfarrer wurde. Er gründete einen Zweig einer Gesellschaft mit dem Namen »Sodalität der Heiligen Jungfrau Maria«. Dies sollte eine weitreichende Wirkung auf Agnes haben, denn es war dieselbe Sodalität, der sie Jahre später im Konvent in Entally, Kalkutta, beitreten würde.

In der Sodalität hörten sie vom Leben der Heiligen und Missionare, und Pater Jambrenkovic berichtete über die Jugoslawischen Jesuiten, die 1924 auf eine Mission in die Provinz Bengalen nach Indien gingen. Die Mitglieder der Sodalität erfuhren vom Eifer dieser frühen Missionare, und besonders bei Agnes fiel dies auf fruchtbaren Boden. »Man hat uns damals deren Erfahrungen mit den Menschen und besonders den Kindern in Indien auf schönste Weise geschildert«, erzählte Mutter Teresa. Sie erfuhr von einem Orden von Nonnen, die in Bengalen arbeiteten und deren Schwerpunkt im schulischen Bereich lag. Diese Loreto-Schwestern gehörten zu einem internationalen Orden, und Bengalen wurde von der irischen Provinz aus versorgt.

Agnes, inzwischen eine junge Frau, hatte noch eine Reihe von anderen wichtigen Eigenschaften entwickelt. Lazar zufolge war sie eine gute Schülerin, makellos in ihrer Erscheinung, ordentlich und planvoll. Sie fing an, Kinder in Religion zu unterrichten, und gewann Freude an der Tätigkeit als Lehrerin. Eine Kusine erinnerte sich, daß sie auch damals schon eine junge Frau war, die niemandem Hilfe oder Unterstützung verweigerte, auf die man sich immer verlassen konnte und die allen Glaubensrichtungen mit Freundlichkeit begegnete.

Sechs Jahre nach diesen ersten Anstößen erhielt Mutter Teresa den Ruf, ihre Familie und Freunde zurückzulassen und Missionarin zu werden. Angesichts ihrer eigenen Zweifel, ob sie tatsächlich berufen war, wandte sie sich an Pater Jambrenkovic. Er war es, der ihr erklärte, daß ein Ruf Gottes immer einherginge mit einem tiefen Gefühl von Freude, besonders wenn es ein Zeichen einer Berufung fürs Leben sei.

Als wir kürzlich auf einer kleinen Bank außerhalb der Kapelle des Mutterhauses saßen, sagte Mutter Teresa zu mir: »Mit achtzehn Jahren habe ich beschlossen, von zu Hause fortzugehen, um Nonne zu werden. Inzwischen hatte ich begriffen, daß meine Berufung bei den Armen lag. Und niemals habe ich seitdem auch nur den geringsten Zweifel an meiner Entscheidung gehabt.« Sie deutete mit dem Finger gen Himmel und fügte hinzu: »Er hat die Wahl getroffen.« Und auch ihre Mutter hatte zu diesem Zeitpunkt keinerlei Zweifel mehr. Als Gonxha ihr die Entscheidung mitteilte, ging *Nana Loke* in ihr Zimmer, wo sie vierundzwanzig Stunden lang blieb. Als sie wieder herauskam, waren sich beide, Mutter und Tochter, des eingeschlagenen Weges bewußt, und sie riet ihrer jungen Tochter: »Lege deine Hand in die Seine und gehe deinen Weg mit Ihm.«

Im Gehorsam gegenüber dem offensichtlichen Willen Gottes, bat Agnes um Aufnahme in den Loreto-Orden in Bengalen. Man teilte ihr mit, daß der Weg nach Bengalen nur über die Loreto-Abbey im irischen Rathfarman führte. Dort müsse sie zunächst Englisch lernen. Am 26. September 1928 verließ Agnes in Begleitung ihrer Mutter und Schwester Skopje mit dem Zug in Richtung Zagreb. Am Bahnhof in Skopje gab es einen tränenreichen Abschied von all ihren Verwandten, Freunden und den Mitgliedern der Sodalität, die gekommen waren, ihr auf Wiedersehen zu sagen. Die wenigen Tage in Zagreb mit ihrer geliebten Mutter und Schwester vergingen wie im Flug. Als sie schließlich ihrer Mutter am Bahnhof von Zagreb nachwinkte, war es das letzte Mal, daß sie sie sah.

2

»Die bengalische Teresa«

Obwohl Mutter Teresa nur knapp zwei Monate als junge Postulantin in Rathfarman verbrachte, erinnert sie sich genau an die Kapelle, den Gemeinschaftsraum und an Mutter Borgia Irwin, die sie in Englisch unterrichtete, was von da an ihre tägliche Umgangssprache werden sollte. Im November 1928 machte sie sich auf die Reise nach Indien und kam sieben Wochen später in Kalkutta an.

Was ihre ersten Eindrücke von Kalkutta waren, werden wir nie erfahren, zu groß ist ihre Zurückhaltung, über derlei Dinge zu sprechen. Sicherlich schlugen ihr fremdartige Farben, Klänge und Gerüche entgegen, als sie aus der »Bombay Mail« am Howrah-Bahnhof stieg, wo Kulis sich um Gepäckstücke keilten, inmitten einer Menge von Leuten, die Passagiere und Waren abholen wollten. Sie verbrachte nur wenige Tage in Kalkutta; denn am 16. Januar 1929 wurde sie bereits in die Bergregion Darjeeling, vierhundert Meilen nördlich von Kalkutta, in das dortige Loreto-Noviziat geschickt. Hier unter dem schneebedeckten Mount Kanchenjunga begann sie ihr Leben als Novizin.

Darjeeling war ein populärer Sommerort in den Bergen. Bevor im Jahre 1911 die Hauptstadt der Briten von Kalkutta nach Neu-Delhi verlegt worden war, hatten sich der Vizekönig und sein Hofstaat regelmäßig zu Beginn des »allgemein heißen Wetters« nach Darjeeling zurückgezogen. Vier Monate lang erlebte die kleine Stadt dann eine schier endlose Folge von Tanzveranstaltungen und Festen. Zu den Gartenpartys auf dem makellosen Rasen des Government House waren Heerscharen von uniformierten britischen Würdenträgern geladen, die Berater des Vizekönigs, Generäle, Richter und eine Handvoll Maharadschas mit ihren juwelenbehängten Maharanis.

Selbst als die Sommerhauptstadt von Indien nach Simla im Norden des Landes verlegt wurde, ging das Leben in Darjeeling seinen gewohnten Gang, nur war jetzt der Herrscher der Festlichkeiten der Gouverneur von Bengalen. Darjeeling war zu jener Zeit außerdem das Hauptzentrum für britische Erziehung in Indien. Es konnte mehrere von Missionaren geleitete Schulen vorweisen, die in erster Linie von britischen Kindern, aber auch von einigen Kindern aus wohlhabenden indischen Familien besucht wurden. Der Loreto-Konvent, wohin die junge Agnes geschickt wurde, war eine solche Schule.

Schwester Marie-Thérèse Breen war zur gleichen Zeit Novizin in Darjeeling wie Mutter Teresa. Das Leben im Noviziat vor sechzig Jahren war eine »völlig andere Welt.« Die Novizenmeisterin war Schwester Murphy, sie war der Überzeugung, daß die Novizinnen eine gründliche Unterweisung in den Gepflogenheiten des Gebetes sowie im Apostolat, also den Aufgaben aller Christen, erhalten sollten. Zwei Stunden täglich unterrichteten die Novizinnen zudem arme Kinder, eine praktische Einübung in die Tätigkeit als Lehrerin. Einmal pro Woche gingen sie zur Beichte. Schwester Breen erzählte mir, daß sich Agnes von Anfang an auf den Englischunterricht stürzte. Außerdem mußten alle noch eine indische Sprache lernen: Agnes fing mit Bengali an und eignete sich zusätzlich noch ein paar Brocken Hindi an. Sie waren so vollauf beschäftigt mit den täglichen Pflichten hinter den Klostermauern, daß die zwei Jahre wie im Flug vergingen.

Am 24. März 1931 legte Agnes ihre ersten Gelübde ab. Als

Loreto-Schwester gelobte sie Armut, Keuschheit und Gehorsam. Ihren Namen im religiösen Leben wollte sie gerne von einer französischen Nonne namens Thérèse Martin übernehmen, die für die Missionare und ihren Erfolg gebetet hatte und im jugendlichen Alter von vierundzwanzig Jahren gestorben war. Ihre herausragende Herzensgüte bei der Ausübung der niedrigsten und einfachsten Tätigkeiten beflügelte die Phantasie der Katholiken auf der ganzen Welt. Im Jahre 1927 wurde sie unter dem Namen St. Thérèse von Lisieux vom Vatikan heiliggesprochen.

Dennoch gab es bezüglich des Namens ein kleines Problem, da Schwester Breen, die ihr Noviziat ein Jahr früher beendet hatte, bereits den Namen Marie-Thérèse angenommen hatte. Um nun Verwechslungen zu vermeiden, wählte Agnes die spanische Schreibweise des Namens, »Teresa«, was allerdings dazu führte, daß sie nun ständig gefragt wird, ob sie den Namen von der großen spanischen Karmeliterin übernommen habe. »Nein, nicht die große St. Teresa von Avila«, erklärte sie mir so wie zuvor schon Hunderten anderen Fragern geduldig, »sondern die kleine«, womit sie natürlich St. Thérèse von Lisieux meinte. Im Loreto-Konvent in Entally fand man aber schon bald einen besseren Weg, die beiden auseinanderzuhalten. Sie wurde bald die »bengalische Teresa« genannt, vermutlich, weil sie die Sprache so gut sprechen konnte.

*

Nach Beendigung ihres Noviziats wurde Schwester Teresa, wie sie nun hieß, als Lehrerin an die St. Mary's School geschickt, die ein Teil des Loreto-Konvents in Entally, einem Vorort von Kalkutta, war. Dort sollte sie siebzehn glückliche Jahre verbringen, zunächst als Lehrerin, später als Leiterin der Schule. Es waren Jahre einer tiefgreifenden geistlichen Prägung, wie sie in späteren Jahren offen mit den Worten bekannte: »In meinem Herzen bin ich Loreto.«

Meine Reise zurück in die Jahre der »bengalischen Teresa« als gewöhnliche Loreto-Schwester begann, wie es sich gehört, in ihrem Hauptsitz in der Lower Circular Road Nummer 54A in Kalkutta. Über die Jahre hatte ich einsehen müssen, daß Mutter Teresa nur ungern über sich selbst spricht. »Ich bin nicht wichtig«, sagte sie immer wieder, nicht ohne hinzuzufügen: »Schreiben Sie über die Arbeit.« Ich entschloß mich daher, Schwester Joseph Michael, der Mutter Teresa aufgetragen hatte, mir mit Informationen und Hinweisen zu helfen, zu bitten, mich bei der Rekonstruktion ihres Lebens an der St. Mary's School zu unterstützen. Als ersten Schritt leitete Schwester Joseph Michael, die selbst aus Kalkutta stammt, ein Treffen mit Pater van Exem in die Wege.

Ich traf Pater Celeste van Exem im vornehmen St. Xavier's College in Kalkutta, wo er im Ruhestand lebt. Mit seinen weit über achtzig Jahren kann er ohne Hilfe nicht mehr gehen und verläßt sein Zimmer nur noch selten. Als Mitglied der Gesellschaft Jesu kam er während des Zweiten Weltkrieges aus seinem Heimatland Belgien nach Kalkutta. Zuvor hatte er mehrere Jahre im Mittleren Osten verbracht und sprach fließend Arabisch. In Kalkutta gewann er bald viele muslimische Freunde.

Während des Krieges bat man ihn, die Messe an der St. Mary's School zu zelebrieren, die zeitweilig in die Convent Street ausgelagert worden war. Dort traf er am 12. Juli 1944 Mutter Teresa zum ersten Mal. Wenig später wurde er zu ihrem geistlichen Berater ernannt, als der er ihr während der wohl entscheidendsten Phase ihres Lebens mit Rat und Beistand diente.

Pater van Exem begrüßte mich höflich. Es wurde immer offensichtlicher, daß er eifersüchtig über seine Verbindung zu Mutter Teresa wachte. Erst nachdem ich ihn von meinen Absichten hatte überzeugen können, ließ er seinen unerschöpflich sprudelnden Erinnerungen an Mutter Teresas Anfänge freien Lauf. »Sie wollte niemals im Licht der Öffentlichkeit stehen«, sagte er. »Ich habe aber immer betont, wie wichtig das ist. Mutter Teresa kann keine Werbekampagne für ihre Arbeit starten, dafür hat sie weder die Möglichkeiten noch die Zeit.« Er schwieg, bevor er hinzufügte: »Ein Buch über Mutter Teresa kann nur Gutes bewirken.«

»Waren Sie schon in Entally?« fragte er mich eines Nachmittags. »Sie haben dort eine schriftliche Abhandlung, die ein paar aufschlußreiche Details enthält. Sie wurde von Schwestern zusammengestellt, die fast zwanzig Jahre lang mit Mutter Teresa zusammengelebt haben, zuerst in Darjeeling, wo sie Novizin war, und dann als junge Nonne im Konvent in Entally. Zeigen Sie den Nonnen Ihren Brief von Mutter Teresa und ihre Segenswünsche, und sagen Sie ihnen, daß Sie hier bei mir waren und daß ich Sie zum Entally-Konvent geschickt habe. Dort werden Sie mehr erfahren.«

Mit diesen guten Ratschlägen versehen, machte ich mich auf den Weg nach Entally. Die Entfernung zwischen der vornehmen Park Street mit ihren großen Hotels, den Büros der Luftfahrtgesellschaften und den Boutiquen und dem Konvent betrug nur wenige Meilen. Aber als wir dann durch völlig heruntergekommene Bezirke und ausgedehnte Slums fuhren, waren wir in einer völlig anderen Welt angekommen.

Um so angenehmer war es, durch große Eisentore in hohen grauen Mauern eine ordentliche Anlage von Sportplätzen und kurzgeschnittenen Rasenflächen zu betreten. Hier standen mehrere Gebäude verschiedensten Jahrgangs, angefangen bei einem Haus im Kolonialstil der Jahrhundertwende mit Säulenveranda und leuchtend grünen Fensterläden aus Holz, bis hin zu einem massiveren grauen Gebäudeblock von Schulräumen, der deutlich moderneren Ursprungs war. Auf demselben Gelände befindet sich auch St. Mary's School, ein freistehendes Gebäude mit gelbgetünchten Fluren. Zuerst betrat ich das Sprechzimmer des Konvents mit seinen polierten Teak-Möbeln und gerahmten Drucken an den Wänden und ließ der Mutter Oberin ein kleines Briefchen überbringen. Wenige Minuten später trat eine energische irische Nonne herein. Sie teilte mir kurz und sachlich mit, sie selbst sei erst einige Monate nach Mutter Teresas Ausscheiden in den Konvent nach Entally gekommen und könnte mir daher keine Informationen aus erster Hand bieten. Sie hätte aber ein paar Kopien einer schriftlichen Abhandlung, von denen sie mir gerne ein Exemplar überlassen würde. Ob ich mich in der Zwischenzeit ein wenig umsehen wollte?

Der Loreto-Konvent in Entally war ursprünglich ein Waisenhaus für Kinder aller Konfessionen. Bis heute sind die meisten der etwa dreihundert Zöglinge verwaiste oder heimatlose Kinder. Hinzu kommen noch einmal fast ebenso viele bengalische Kinder aus Familien der Mittelschicht, die als Externe die Schule besuchen. Weitere zweihundert arme Kinder besuchen St. Mary's School, wo sie von Nonnen in bengalischer Sprache unterrichtet werden.

Nachdem Mutter Teresa in Darjeeling ihre ersten Gelübde abgelegt hatte, war sie hierher, in den St.-Mary's-Konvent, entsandt worden. Die Schwestern in St. Mary's arbeiteten mit den Töchtern der Heiligen Anna zusammen, einer diözesanen Kongregation, die im Jahre 1898 von Loreto gegründet worden war. Die Nonnen, bengalische Frauen, die in ihrer Muttersprache unterrichteten, trugen nicht die europäische Tracht, sondern Saris. Einige Jahre lang unterrichtete Schwester Teresa Geographie, Geschichte und Katechismus und erfüllte daneben noch eine Reihe anderer Pflichten. Zu dieser Zeit war Mutter du Cenacle, eine Nonne aus Mauritius, Oberin in St. Mary's. Es dauerte nicht lange, bis Schwester Teresa zu Mutter du Cenacles rechter Hand wurde. »Ich weiß nicht, ob ich eine gute Lehrerin war«, erzählte sie mir einmal lachend. »Ich weiß nur, daß mir das Unterrichten große Freude gemacht hat.«

Schwester Marie-Thérèse Breen lebt inzwischen in teilweisem Ruhestand im Loreto-College in der Middleton Row, dem ersten Frauen-College, das der Orden in Indien gegründet hat. Sie ist 84 Jahre alt, und auf meine Bemerkung, sie sähe kein bißchen älter aus als siebzig, lachte sie erfreut, ein angenehm klingendes Geräusch, das durch die schön möblierte Halle des Colleges, in der wir saßen, tönte. Ihr Gesicht hat trotz der indischen Sonne die sprichwörtliche Pfirsichhaut bewahrt. Sie erzählte mir auf ihre sanfte Art, sie habe Rathfarman im Jahr 1928, »ein Jahr vor Mutter Teresa«, verlassen. Sie hatte praktisch ihr ganzes Leben in Entally verbracht und war erst drei Jahre zuvor in die vornehme Gegend der Middleton Row umgezogen. Inzwischen unterrichtete sie nicht mehr. Aber trotz ihrer Gehbehinderung überwacht sie, gestützt auf einen Stock, die Gärten des Colleges, die besser zu gedeihen scheinen als die des nahegelegenen Raj Bhavan, des Hauses des Gouverneurs.

»Mutter Teresa war immer ganz ungekünstelt und sehr nett«, sagte Schwester Breen. »Ich habe sie, wie schon gesagt, im Jahre 1929 kennengelernt. Damals hatte sie nichts Besonderes an sich. Sie war einfach ein schlichtes, normales Mädchen. Sehr sanftmütig, voller Frohsinn. Hatte an allem, was passierte, ihren Spaß. Zu dieser Zeit gab es nichts, was darauf hindeutete, daß sie Loreto jemals verlassen würde, absolut gar nichts. Wir hätten niemals gedacht, daß sie einmal soviel erreichen würde.

Wir waren zusammen im Noviziat in Darjeeling«, fuhr sie fort, »bevor ich nach Kalkutta ging. Sie lebte noch dort oben; ihr Kurs war noch nicht beendet. Als sie 1931 fertig war, kam sie auch nach Entally, wo ich war, und dort lebten wir dann wieder für ungefähr fünfzehn Jahre zusammen. Aber ich verbrachte nicht die ganze Zeit mit ihr, da sie in der dazugehörenden St. Mary's School unterrichtete und ich drüben im Waisenhaus. Deswegen habe ich sie nur zu den Mahlzeiten gesehen, wenn die Gemeinschaft zusammenkam und so weiter. Wir sind damals nicht viel rausgegangen, es war, wenn Sie so wollen, ein eher klösterliches Leben.«

Der Tag in St. Mary's war in der Regel lang. Von neun bis fünfzehn Uhr dauerte der Unterricht. Am Morgen und Abend war »*Minding*«, die interne Bezeichnung für die Betreuung der kleineren Kinder. Dann mußten nach dem Unterricht noch Schularbeiten korrigiert und die Spielstunde der Kinder beaufsichtigt werden. »Wir mußten eine gewisse Disziplin wahren. Wir hatten einen Stundenplan, dem wir folgten. Wir wurden nicht gezwungen, aber wenn man dem Plan nicht folgen konnte, bedeutete dies, daß man für dieses Leben doch nicht geeignet war.«

»Wie hat sich Mutter Teresa im Loreto-Konvent eingefügt?« fragte ich.

»Sie hat hart gearbeitet«, gab Schwester Breen zur Antwort. »Sehr hart. Pünktlich hiermit, pünktlich damit. Sie wollte sich nie vor etwas drücken, sie war immer bereit. Sie selbst war immer ein sehr frommer Mensch, aber sie hat es niemandem aufgedrängt. Man könnte sagen, sie war einfach so, wie sie meinte, sein zu müssen.« Nach einer Pause fügte sie hinzu: »Sie hat sehr gut hierher gepaßt; wir waren alle sehr glücklich, sehr glücklich.«

Einige Nonnen, die ich kennenlernte, malten ein eindrucksvolles Bild des Lebens im Konvent während der dreißiger Jahre. Schwester Francesca ist mit ihren mittlerweile siebzig Jahren und lange nach ihrem offiziellen Rückzug in den Ruhestand im Jahre 1983 noch immer Sekretärin von St. Mary's. Als Schülerin der St. Mary's School wurde sie von Mutter Teresa unterrichtet und erinnert sich, daß diese auch damals schon größten Wert auf die persönliche Sauberkeit ihrer Schülerinnen gelegt hat.

»Als ich am 13. Januar 1936 hierhergekommen bin, war sie noch Schwester Teresa. Damals hatte sie noch nicht ihre endgültigen Gelübde abgelegt. Jeden Morgen sorgte sie dafür, daß wir badeten. Sie stand dann immer da und läutete jedesmal die Glocke, wenn wir uns mit Wasser begießen und einseifen und wieder mit Wasser begießen und schließlich aus der Wanne steigen sollten. Dann stand sie an der Tür mit einer Flasche Kaliumpermanganat. Beim Hinausgehen tat sie uns etwas davon in den Mund, und wir mußten gurgeln!

Zu dieser Zeit, zwischen 1936 und 1937, übertrug man Mutter Teresa die Leitung der St. Teresa-Grundschule Bengali Medium in der Lower Circular Road. Bevor sie morgens dorthin aufbrach, gab sie uns noch Katechismus-Unterricht. Und abends, wenn sie zurückkam, überwachte sie unsere Hausaufgaben und übernahm manchmal das Abendgebet.

Aber am meisten Spaß hat mir als Kind die Sonntagsschule gemacht«, fuhr Schwester Francesca mit verschmitztem Lächeln fort. »Dann organisierte Schwester Teresa Unterricht für die Grundschulkinder. Wir freuten uns alle sehr über die Abwechslung. Viele arme Kinder kamen in die Schule. Und nach dem Unterricht nahmen sie alle ein Bad, und am Jahresende wurden Preise verliehen. Was das immer für ein Betrieb war!«

Während der Kriegsjahre von 1939 bis 1945 flohen eine Reihe von Familien aus Kalkutta. Schwester Francesca erzählte mir, daß ihre Familie nach Chittagong im Osten von Pakistan umzog. Als sie sieben Jahre später nach Kalkutta zurückkehrte, hatte sich in Entally manches verändert. Schwester Teresa hatte am 24. Mai 1939 in Darjeeling ihre endgültigen Gelübde abgelegt und lebte in St. Mary's als Oberin. Sie wurde nun Mutter Teresa genannt. Ein Jahr später, als Mutter du Cenacle krank wurde, war es selbstverständlich, daß Mutter Teresa Schulleiterin wurde, aber sie hielt ihren Unterricht weiter wie bisher.

Eine Anzahl ihrer Schülerinnen bestätigte, daß Mutter Teresa ihren Unterricht sehr interessant gestaltete. »Sie lehrte den Katechismus mit vielen Beispielen aus ihrem eigenen Leben«, sagte Schwester Francesca. Geographie war ihr Hauptfach. Eine Schülerin namens Magdalena Gomes, später Schwester Gertrude, erinnerte sich, daß Mutter Teresa das Fach »lebendig« werden ließ. Es ist schon eine besondere Ironie, daß Mutter Teresa siebzehn Jahre lang Weltkunde unterrichtete und die Provinz Bengalen während mehr als dreißig Jahren nicht verließ. Als sie 1965 in Venezuela ihr erstes Haus außerhalb Indiens eröffnete, war es unvorstellbar, daß sich die von ihr gegründete Mission eines Tages in über mehr als hundert Ländern auf der ganzen Erde ausbreiten würde.

Pater van Exam verriet mir auch noch ein weiteres Geheimnis des Loreto-Konvents in Entally: die Anwesenheit von Schwester Rozario O'Reilly. Schwester Rozario, ein schüchterner, zurückhaltender Mensch, war schwierig zu finden, aber nach mehreren vergeblichen Besuchen konnte ich schließlich ein Treffen mit ihr vereinbaren. Sie hatte ein gütiges, von tiefen Falten durchzogenes und von der Sonne Kalkuttas gebräuntes Gesicht. Sie hatte einen ausgesprochen irischen Zungenschlag, der sie nur allzu deutlich als *»Rathfarman Girl«* erkennen ließ. Sie sagte, sie sei über achtzig Jahre alt, aber diese Nonnen haben alle etwas an sich, das die meisten von ihnen um mindestens zehn Jahre jünger erscheinen läßt, und Schwester Rozario machte da keine Ausnahme.

Als Schwester Rozario 1938 »herüberkam«, hatte Mutter Teresa bereits ein Jahrzehnt in Indien verbracht. »Von 1931 bis 1944 war Mutter Teresa Lehrerin. Nachdem Mutter du Cenacle im Jahre 1944 krank geworden war, wurde Mutter Teresa Schulleiterin. Sie unterrichtete verschiedene Fächer und übernahm den Vorsitz bei den Mahlzeiten sowie bei der Morgenandacht.

Unser Tag fing um halb sechs Uhr in der Früh an«, erzählte Schwester Rozario. »Mutter Teresa war immer sehr pünktlich. Zuerst war Meditation, dann die tägliche Messe um sechs Uhr, danach Gebet, dann die Morgenaufgaben der Kinder. Ich glaube, sie hat damals die Mahlzeiten der Kinder am Morgen beaufsichtigt. Und dann gab sie noch Unterricht. Außerdem erledigte sie Büroarbeiten. Sie half Mutter du Cenacle; die beiden arbeiteten sehr gut zusammen. Der Unterricht ging bis drei Uhr nachmittags. Dann gab es Tee. Nach der Korrektur der Schulaufgaben war Abendgebet. Ich weiß, daß sie abends die Internatszöglinge beaufsichtigte, und sicherlich überwachte sie auch das Abendessen.«

Schwester Francesca sagte: »Sie ist ein ganz und gar selbstloses Wesen. Ihre Opferbereitschaft ist außerordentlich. Aus Liebe zu Gott könnte sie alles tun, jede Demütigung, jedes Leid ertragen. Sie war immer frei von persönlichen Vorurteilen und hat nie gezögert, ihre Meinung zu sagen, wenn etwas nicht in Ordnung war.«

Es gab auch noch andere Facetten ihrer Persönlichkeit, die in den Schilderungen ihrer frühen Wegbegleiter deutlich wurden. Sie war ein engagierter Mensch, der sich selbst nicht schonte. Sie war wohltätig, duldete aber auch bei anderen keine Unbarmherzigkeit. Damals wie heute hatte sie einen guten Sinn für Humor. Sie freute sich immer über geistreiche Bemerkungen und Witze, bei denen sie sich mit beiden Händen den Bauch hielt und sich vor Lachen biegen konnte.

Damals wie heute war sie ein Musterbeispiel an Gehorsam. »Die einzigen, denen sie nicht mit Gehorsam begegnet, sind ihre Ärzte«, sagte Schwester Marie-Thérèse Breen lachend. »Ich nehme an, daß sie immer so viel um die Ohren hat, daß sie keine

Zeit hat, auf sie zu hören.« Sie fuhr fort: »Sie war immer sehr geradlinig. Sehr bescheiden. Sie hat diese Bescheidenheit nie abgelegt. Sie ist immer derselbe einfache, bescheidene Mensch, eben sie selbst, geblieben.«

Als ich Schwester Breen fragte, welche Einflüsse Mutter Teresa in den langen Jahren von Loreto geprägt haben könnten, antwortete sie ohne einen Moment des Zögerns: »Ihr Leben im Gebet, ihre Nähe zu Gott.« Sie fügte hinzu: »Sie war ganz normal. Wir haben sie nur als eine von uns Schwestern gesehen, die sehr engagiert und ergeben war, aber ich hätte niemals diese große weltweite Organisation vorhergesehen, keiner hat das vorhergesehen.«

Mutter Teresas Kalkutta

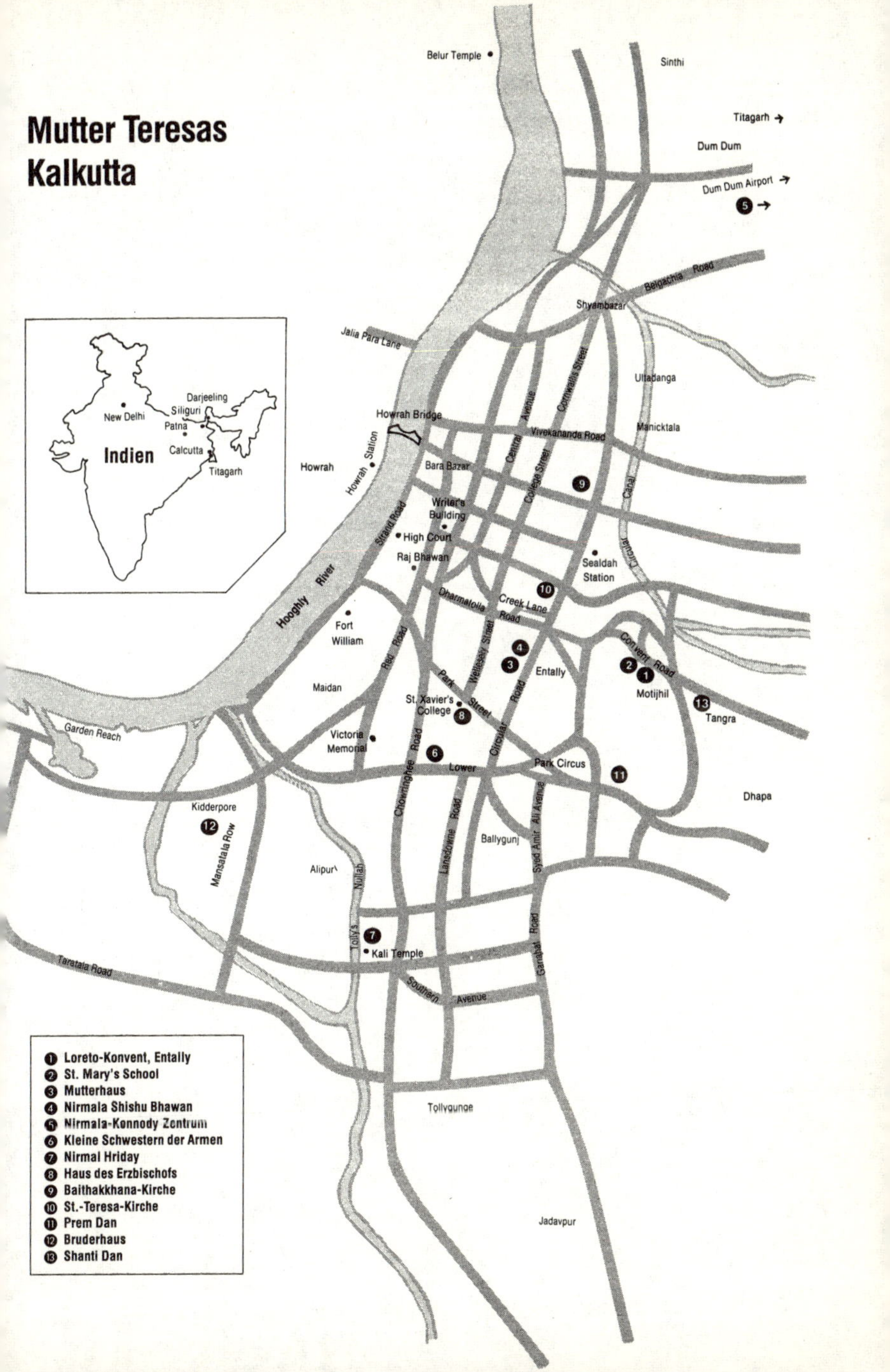

3

Eine innere Stimme

Das regelmäßige Leben der Schwestern sollte bald von den turbulenten Ereignissen um sie herum unterbrochen werden. Der Eintritt Japans in den Zweiten Weltkrieg und die Besetzung des benachbarten Burma verstärkten die Kriegsanstrengungen im Osten, dessen Befehlszentrum Kalkutta war. Unzählige Gebäude wurden von den Militärbehörden mit Beschlag belegt und mußten geräumt werden. Im Jahre 1942 wurde die Loreto-Anlage in Entally in ein provisorisches Militärkrankenhaus umgewandelt, und St. Mary's School wurde in ein Gebäude an der Convent Road verlegt.

Als Folge des Krieges kam die große Hungersnot von 1942/43. Das vom Krieg verursachte Durcheinander verlangte nun einen noch höheren Tribut. Das Transportsystem war bereits von den Militärbehörden übernommen worden, selbst die Flußschiffe, mit deren Hilfe man den dringend benötigten Reis von den Anbaugebieten nach Kalkutta hätte bringen können, waren beschlagnahmt. Burmesische Reislieferungen waren durch die japanische Invasion nicht mehr möglich, und das allein führte bereits zu einem Verlust von insgesamt zehn Prozent der Nahrungsmittelkapazität. Die Preise begannen zu steigen. Schwarzhändler und Geldverleiher schossen wie Pilze aus dem Boden. Die geringen Geldreserven der Bauern im Hinterland schmolzen schnell dahin. Diese fingen an, ihr Land zu verkaufen, und landeten schließlich beim letzten Versuch, dem Hunger zu entgehen, in Kalkutta. Die bengalische Regierung war dieser Aufgabe in tragischer Weise nicht gewachsen. Es gibt keine genauen Zahlen, wie viele an Hunger starben. Die bengalische Regierung hat eine Zahl von zwei Millionen eingeräumt, andere Schätzungen liegen beim Zweifachen dieser Zahl, wenn nicht gar noch höher. Die Tragödie war so groß, daß ihre Schrecken noch immer nicht vergessen sind. Auf jeden Fall drängten Hunderte und Tausende in die Stadt. Sie hatten keinen Platz zum Wohnen, außer auf den Gehwegen. In ihrer Abhängigkeit von den unzureichenden Suppenküchen starben sie auf den Straßen.

Während der Krieg seinen Lauf nahm, fuhr der Indische Nationalkongreß fort, Indien auf die Freiheit von der britischen Herrschaft vorzubereiten. Mohandas Karamchand Gandhi führte die Bewegung an, die weitgehend friedlich verlief, da Gandhi ein Anhänger der Gewaltlosigkeit war. Neben der Kongreßpartei war die Moslemische Liga unter Mohammed Ali Jinnah entstanden, der ebenfalls Jurist war. Die Liga verlangte von England die Teilung Indiens und einen separaten Staat für die Moslems, der Pakistan heißen sollte. Am 16. August 1946 wurde von der Moslemischen Liga im großen Park von Kalkutta in der Nähe des Raj Bhavan eine Massenkundgebung einberufen. Emotionen, die bereits zuvor bis zum Äußersten geschürt worden waren, entfachten hier blutige Auseinandersetzungen zwischen Hindus und Moslems. Vier Tage und Nächte lang gab der Aufstand der Massen dieser glücklosen und gebeutelten Stadt eine tragische Dimension. In der Zwischenzeit wurden die ohnehin schon kargen Nahrungsmittelvorräte in den Untergrund abgezogen, und zum ersten Mal sah sich Mutter Teresa damit konfrontiert, für zweihundert hungernde Kinder sorgen zu müssen.

Mit der Unabhängigkeit kam die Teilung und die Schaffung

von zwei moslemischen Enklaven, aus denen später Pakistan gebildet wurde. Das wiederum brachte die Teilung der Provinzen Punjab und Bengalen mit sich, die tausend Meilen voneinander entfernt lagen. Die größte Völkerwanderung der Weltgeschichte war die Folge. Sechs Millionen Menschen flohen in alle Richtungen, und mehr als eine Million zog von Ostpakistan nach Westbengalen. Das Elend wurde durch die folgenden Massaker noch verschlimmert. Kalkutta wurde weiterhin von Flüchtlingen aus Ostpakistan überflutet, bis es keinen Platz mehr zu geben schien, der unbesetzt geblieben war. Überall entstanden Slums am Rand der großen Städte. Die Versorgung der Städte brach zusammen. Selbst die unerschrockensten Sozialarbeiter waren angesichts des enormen Ausmaßes des Elends entsetzt. Kalkutta war nun wirklich zu Kiplings »Stadt der furchtbaren Nacht« geworden.

Inwieweit machten sich diese verheerenden Auswirkungen auch hinter den Klostermauern bemerkbar und betrafen Mutter Teresa? Schilderungen, daß man von ihrem Zimmer im St. Mary's aus auf den sich ausbreitenden Alptraum des Slums von Motijhil blickte und daß dies einen tiefen Eindruck auf sie machte, sind sicherlich falsch. Diese inzwischen sanierte Ansiedlung existiert noch immer, kann aber nur vom Schulgebäude aus gesehen werden, während sich Mutter Teresas Zimmer in St. Mary's in dem entgegengesetzten Teil des Gebäudes befunden hatte, von wo man die Slums nicht sehen konnte.

Die Armut der Stadt kann ihr jedoch auf keinen Fall entgangen sein. Viele ihrer Schüler kamen aus verarmten Familien, und durch die Sodalität in St. Mary's hatte sie auch noch ärmere Menschen kennengelernt. Pater Henry, der viel in den Slums arbeitete und die Ansicht vertrat, daß Gebete ohne Taten nicht ausreichten, hat sie ebenfalls stark beeinflußt. Es ist mehr als wahrscheinlich, daß sie seine Sichtweise der Zustände teilte. Auf der anderen Seite war sie durchaus glücklich als Loreto-Nonne gewesen, zuerst als Lehrerin, dann als Schulleiterin. Ich habe Mutter Teresa gefragt, was sie dazu bewegte, Loreto zu verlassen.

»Es war eine innere Stimme«, sagte sie, »die mir befahl, dem Loreto-Orden, in dem ich sehr glücklich gewesen war, zu entsagen, um den Armen draußen auf den Straßen helfen zu können.« Sie empfing den Ruf am 10. September 1946 im Zug nach Darjeeling, wo sie in Klausur gehen wollte. Der Ruf blieb während der gesamten Klausur in Darjeeling bestehen. »Die Botschaft war ganz deutlich«, erklärte sie, »es war ein Befehl. Ich sollte den Konvent verlassen. Ich fühlte, daß Gott mehr von mir verlangte. Er wollte, daß ich arm sein und ihn in der traurigen Gestalt der Ärmsten der Armen lieben sollte.«

Pater van Exem ergänzte diese Erklärung: »Für Mutter«, sagte er, »war das keine Erscheinung, es war eine Mitteilung, die als eine Art Eingebung erfolgte. Sie fühlte deutlich, daß sie Loreto verlassen und ihr eigenes Werk beginnen mußte. Mutter hat daran nie gezweifelt, nicht einen einzigen Moment lang. Sie war sich von Anfang an völlig sicher, daß dies ihre Berufung war.«

Ich erinnerte mich auch an die Worte von Michael Gomes, bei dessen Familie Mutter Teresa in der Creek Lane Nr. 14 wohnte, kurz nachdem sie den Konvent in Entally verlassen hatte. Mutter Teresa hatte einmal zu ihm gesagt: »Ich hatte ein schlechtes Gefühl, wenn ich mich in mein Bett kuschelte und die Menschen draußen auf der Straße ohne jeden Schutz waren. Ich finde es falsch, nicht zu teilen.«

Pater van Exem fand eine andere Erklärung: »Mutter hatte schon lange vor 1946 Armut gesehen. Besonders in den Jahren 1942 und 1943, als die große Hungersnot von Bengalen das Land heimsuchte. Menschen verhungerten, Menschen lagen auf der Straße. Die Mädchen in Entally waren arme Mädchen. Aber zu dieser Zeit war der Ruf noch nicht gekommen, und Mutter dachte keineswegs daran, den Konvent zu verlassen. Sie kannte die Armut der Menschen von Kalkutta, und sie wollte für sie arbeiten, aber sie dachte nur daran, im Rahmen des Konvents, als Loreto-Nonne zu arbeiten. Das war ihr Ideal.

Einige Berichte haben versucht, eine Verbindung zwischen ihrem Leben hinter den Klostermauern und der Armut und den damaligen Massakern in Kalkutta herzustellen, aber diese Berichte sind ganz und gar falsch, reine Spekulation. Dadurch war ihre Berufung nicht inspiriert. Die Eingebung kam von Gott. Sie war sich von Anfang an ganz sicher, und ich muß sagen, daß auch ich ganz sicher gewesen war.«

Mutter Teresa hat es oft als einen »Ruf innerhalb des Rufes«, eine zweite Berufung sozusagen, bezeichnet. Sie sollte Nonne bleiben, nur die Arbeit wäre eine andere. »Ich mußte nichts aufgeben, an meiner Berufung, meiner Zugehörigkeit zu Christus, änderte sich nichts. Ich änderte nur die Umstände, um den Ärmsten der Armen dienen zu können.« Dennoch war es ein großes Opfer, Loreto zu verlassen. Sie gab später zu: »Es war das Schwerste, das ich jemals getan habe. Es war ein größeres Opfer, als meine Familie und mein Land zu verlassen, um Nonne zu werden.«

Pater van Exem verriet mir ein Geheimnis. Voll innerer Erregung rief er sich den ereignisreichen Tag im Oktober 1946 in Erinnerung, als Mutter Teresa ihn aufsuchte. »Gleich nachdem sie aus Darjeeling zurück war, zeigte sie mir zwei Blätter Papier, auf denen sie die Eingebung niedergeschrieben hatte. Ich nahm sie mit in die Baithak-Khana-Kirche. Ich war sehr beeindruckt. Von Anfang an hatte ich das Gefühl, daß es eine echte Berufung war, ein echter Ruf Gottes, und daher ist es auch schwierig, die folgenden Geschehnisse zu erklären. Mutter war kein außergewöhnlicher Mensch, sie war eine normale Loreto-Nonne, ein ganz normaler Mensch, aber voller Liebe zu ihrem Herrn. So war sie sehr glücklich, ein zweites Opfer bringen zu können. Das erste Opfer brachte sie, als sie ihre Mutter verließ. Dann brachte sie ein zweites, wohl ebensogroßes Opfer, als sie Loreto verließ.«

»Der Auftrag war klar«, berichtete Mutter Teresa, »ich wußte, wohin ich gehörte, aber ich wußte nicht, wie ich dorthin gelangen sollte.« Eine Reihe von komplizierten Genehmigungen mußte eingeholt werden. Sie war schließlich nur eine einfache Person, Leiterin einer Schule zwar, aber dennoch ein vergleichsweise kleines Rädchen in der Hierarchie der Kirche. Darüberhinaus benötigte sie die Erlaubnis des Vatikans, um direkt für die Armen arbeiten zu können, und zwar nicht als Laie, sondern als Ordensfrau und Nonne durch eine Exklaustrierungsvereinbarung.

»Ich war mit Gehorsam gesegnet«, bemerkte Mutter Teresa einmal. In diesem Sinne wandte sie sich auf der Suche nach Rat und Hilfe an ihren geistlichen Beistand. Er stellte sie vor die Wahl: Entweder konnte sie direkt nach Rom schreiben und um die höchste Entscheidung des Vatikans nachsuchen, die dann endgültig und verbindlich für Loreto wäre. Oder sie könnte die Frage mit dem Erzbischof von Kalkutta, dem ersten Mann der Erzdiözese, besprechen. Zudem benötigte sie die Erlaubnis der Generaloberin in Rathfarman, die der Loreto-Ordensgemeinschaft vorstand. Pater van Exem war weise genug, den zweiten Weg zu empfehlen. Und Mutter Teresa, gehorsam wie immer, stimmte zu. Er wollte die Sache in einem geeigneten Moment bei Erzbischof Perier zur Sprache bringen.

Wenn Pater van Exem geglaubt hatte, der Erzbischof würde sofort zustimmen, so hatte er sich getäuscht. Als Pater van Exem zwei Monate später das Thema ansprach, war der Erzbischof sogar recht aufgebracht über die Idee. Er war ein vorsichtiger

Mann, und die Vorstellung einer europäischen Nonne, allein auf Kalkuttas Straßen in Zeiten politischen und allgemeinen Aufruhrs, erfüllte ihn mit Schrecken. Kurz nachdem Pater van Exem mit dem Erzbischof gesprochen hatte, wurde Mutter Teresa nach Anasol, eine etwa hundertachtzig Meilen nordwestlich von Kalkutta gelegene Stadt, versetzt.

Während Mutter Teresas Abwesenheit holte Erzbischof Perier diskret eine Reihe von Informationen im Zusammenhang mit diesem höchst ungewöhnlichen Vorfall ein, ohne dabei ihre Identität preiszugeben. Er fragte Pater Julien Henry von der Kirche St. Teresa und Pater Sanders, den Pfarrer der Kirche St. Mary in Kurseong (einem Ort in den Bergen, nicht weit von Darjeeling) um ihre Meinung. Pater Sanders, der der Theologischen Fakultät angehörte, also »aus der ganz anderen Richtung kam«, wie Pater van Exem es formulierte, war der Meinung, daß es theoretisch möglich sei, eine solche Kongregation zu gründen. Pater Henry, der nur Hilfspriester in seiner Gemeindekirche war, wurde vom Erzbischof befragt, da er mit den Slums von Kalkutta vertraut war. Pater Henry begeisterte sich so sehr für den Plan, daß er seine Gemeinde aufforderte, für dieses besondere Vorhaben zu beten.

Pater Henry stammte ebenso wie Pater van Exem aus Belgien. Eines Tages, als junger Mann in Dampremy, vernahm er auf dem Weg zur Messe den Ruf. Er sollte Dampremy verlassen und nach Indien gehen und niemals nach Hause zurückkehren. Im Oktober 1938 kam er in Kalkutta an und arbeitete von 1941 bis 1947 eng mit Mutter Teresa in St. Mary's School zusammen, die sie damals leitete. Pater Henry gab einigen Klassen Katechismusunterricht und erfüllte das Priesteramt an der Kapelle des Konvents. Mutter Teresa hatte großes Vertrauen zu ihm. Auch im Rahmen der Sodalität an St. Mary's arbeiteten sie zusammen.

»Pater Henry war von Anfang an dafür«, sagte Pater van

Exem. »Das kann ich beweisen. Pater Henry war mein Guru. Er war ein bißchen älter als ich, und wir waren mit demselben Schiff aus Belgien gekommen. Jeden Morgen habe ich ihn auf dem Rückweg aus Entally in seiner Kirche St. Teresa besucht. Eines Tages war er ganz aufgeregt. Er sagte, es gäbe große Neuigkeiten. Hochwürden hätten ihm anvertraut, es würde eine Mutter für die Armen kommen. Sie würde nicht in einem Konvent, nicht in großen Schulen, Colleges oder Krankenhäusern arbeiten, sondern mitten unter den Menschen in den Slums und auf den Straßen. Pater Henry fragte mich, ob ich wüßte, wer diese Frau wohl sein könnte.«

»Ich konnte Pater Henry das Geheimnis nicht verraten«, fuhr Pater van Exem mit unverhohlener Freude fort. »Aber ich weiß, daß er schon am nächsten Tag anfing, für die Mutter der Armen zu beten, deren Arbeit in Kalkutta so dringend gebraucht wurde. Später gestand er, daß er nicht im Traum an Mutter Teresa gedacht hätte!« Nach einer Pause breitete sich ein wehmütiges Lächeln auf seinem Gesicht auf. »Er starb im Nebenzimmer, wissen Sie«, fügte er hinzu. »Er war nicht nur ein Guru für mich, er war wie mein großer Bruder.«

Erzbischof Perier war noch immer unsicher, ob Mutter Teresas Plan durchführbar war. Bevor er zu einer Europareise aufbrach, ließ er Pater van Exem wissen, daß sie noch warten mußte. Er wollte noch zwei weitere kenntnisreiche Männer befragen, den Obersten der Gesellschaft Jesu, Pater John Baptist Jansen, und Pater Joseph Creusen, einen Spezialisten für das kanonische Recht von Nonnen. Als Pater van Exem zu erkennen gab, daß er beide Männer gut kannte, war der Erzbischof beunruhigt. »Ich untersage Ihnen, an sie zu schreiben!« ordnete er an.

Pater van Exem lachte in sich hinein, während er mit seiner Erzählung fortfuhr. Der Erzbischof war sehr streng ihm gegenüber, aber er wagte es dennoch, Hochwürden darauf zu verweisen, daß sich in diesem Ruf der Wille Gottes gezeigt habe.

»Hochwürden«, protestierte Pater van Exem, »es ist der Wille Gottes. Sie können den Willen Gottes nicht ändern.« Woraufhin Erzbischof Perier mit einem kurzen Schnauben antwortete: »Ich bin Erzbischof und kenne den Willen Gottes nicht. Und Sie, ein junger Priester in Kalkutta, Sie wollen wissen, was der Wille Gottes ist.« Der »junge Priester« ließ sich in sein Kissen zurückfallen und lachte.

Pater van Exems Vertrauen in die Urteilsfähigkeit von Erzbischof Perier war ungebrochen. Er kannte seinen Vorgesetzten als einen sehr umsichtigen Menschen und war sich wohl bewußt, daß der Erzbischof damals der wichtigste kirchliche Würdenträger in Indien war und sowohl in der Verwaltung als auch im Umgang mit Menschen große Erfahrung hatte. Ich habe Pater van Exem so verstanden, daß er der Ansicht war, eine Empfehlung des Falles in Rom durch den Erzbischof würde eine positive Akzeptanz wahrscheinlich machen. Er erkannte auch, daß es eine sehr wichtige und möglicherweise weitreichende Entscheidung für die Kirche war und daß man Erzbischof Perier nicht drängen durfte. »Mutter Teresa wartete das ganze Jahr der indischen Unabhängigkeit über. In der Zwischenzeit überdachte Hochwürden die Komplexität des Sachverhalts. Mit Mutter Teresa sprach er kaum.« Der Erzbischof ließ sie wissen, ihr Vorhaben müsse geheim bleiben und sie dürfe es nicht einmal ihren eigenen Vorgesetzten gegenüber erwähnen.

Gegen Ende des Jahres 1947 gestattete Erzbischof Perier Mutter Teresa schließlich, ihrer eigenen Oberin, der Mother General von Loreto in Rathfarman, zu schreiben und um die Erlaubnis zur Lösung vom Loreto-Orden zu bitten. Er bestand allerdings darauf, daß ihm der Brief zuvor vorgelegt würde. Mutter Teresa schrieb den Brief in ihrer einfachen Sprache, und Pater van Exem tippte ihn für sie ab. Sie erklärte der Mother General ihren Ruf und bat um die Erlaubnis, durch die Gewährung ihrer Exklaustrierung als Nonne in den Slums arbeiten zu können. Der Erzbischof weigerte sich aber, das Wort »Exklaustrierung« zu akzeptieren. Statt dessen wünschte er das Wort »Säkularisierung«. Das war sowohl für Mutter Teresa als auch für Pater van Exem ein Schock, denn Säkularisierung bedeutete, daß Mutter Teresa keine Nonne mehr, sondern Laie und damit im Prinzip Sozialarbeiterin sein würde. Vergeblich appellierte Pater van Exem an den Erzbischof.

Mutter Teresa nahm die vom Erzbischof gewünschte Änderung vor und bat die Generaloberin um die Gewährung ihrer Säkularisierung. Die Antwort der Mother General Gertrude, die über den Erzbischof gesandt wurde, folgte fast umgehend. Pater van Exem wiederholte die Antwort wörtlich:

> »Meine liebe Mutter Teresa,
> da sich dies als der Wille Gottes erwiesen hat, gebe ich Ihnen hiermit die Erlaubnis, nach Rom zu schreiben. Sprechen Sie nicht mit Ihrer Oberin oder Provinzialin darüber. Ich spreche nicht mit meinen Beratern. Meine Zustimmung ist ausreichend. Aber: Wenn Sie nach Rom schreiben, bitten Sie nicht um Gewährung der Säkularisierung, sondern der Exklaustrierung.«

Stärker hätte die Generaloberin von Loreto das Vorhaben nicht unterstützen können. Pater van Exem und Mutter Teresa waren überglücklich, daß ihre Gebete erhört worden waren; nun hatte sie die Erlaubnis, nach Rom zu schreiben. Sie schrieb das Gesuch persönlich, wobei sie nach Anweisung ihrer obersten Ordensmutter um die Gewährung der Exklaustrierung bat. Obwohl Generaloberin Gertrude ihr auch die Erlaubnis gegeben hatte, direkt nach Rom zu schreiben, gehorchte sie dennoch Pater van Exem und gab ihm den Brief, damit er ihn Erzbischof Perier vorlegen konnte.

Als Erzbischof Perier den Brief las, blieb er wieder bei dem Wort »Exklaustrierung« hängen und wies Mutter Teresa an, es durch das Wort »Säkularisierung« zu ersetzen. Ohne diese Änderung, sagte er, sähe er sich nicht in der Lage, den Brief weiterzuleiten. Gleichzeitig teilte er Pater van Exem aber mit, daß es Mutter Teresa aufgrund der Erlaubnis ihrer eigenen Oberin freistand, direkt beim Vatikan um die Gewährung ihrer Exklaustrierung nachzusuchen, falls sie das wünschte. Obwohl sie also die freie Wahl hatte, nahm Mutter Teresa wiederum die von Erzbischof Perier geforderte Änderung vor und gab ihren Brief Pater van Exem, der ihn dem Erzbischof zur Weiterleitung überreichen sollte.

»Der Erzbischof schickte den Brief mit eigenen Anmerkungen nach Rom«, fuhr Pater van Exem fort. »Ich weiß nicht, was er geschrieben hat. Das ist das Geheimnis des Erzbischofs. Sie hätte direkt an die Heilige Kongregation (in Rom) schreiben können, aber ich hatte Mutter den Rat gegeben, den Brief dem Erzbischof zu schicken.« Der Brief ging im Februar 1948 zuerst an den Apostolischen Nuntius in Neu-Delhi. Wochen und Monate vergingen. Mutter Teresa wartete und betete. Oft fragte sie Pater van Exem, ob eine Antwort eingetroffen sei. Aber das war nicht der Fall.

Endlich, Ende Juli 1948, ließ Erzbischof Perier Pater van Exem zu sich kommen. Er hatte am selben Nachmittag den Erlaß des Vatikans erhalten, der durch den apostolischen Nuntius in Neu-Delhi übermittelt worden war. Man hatte Mutter Teresa die Exklaustrierung gewährt! Sie würde weiterhin Nonne bleiben, besaß aber die Erlaubnis, außerhalb des Konvents zu arbeiten. Diese Erlaubnis, die Mary Ward* dreihundert Jahre zuvor versagt worden war, hatte Mutter Teresa nun erhalten. Es gab allerdings einen Vorbehalt: Sie sollte ein Jahr außerhalb des Klosters bleiben, danach war Erzbischof Perier ermächtigt, zu entscheiden, ob sie ihre Arbeit fortsetzen oder zum Loreto-Orden zurückkehren sollte.

Der Erzbischof erlaubte Pater van Exem am 8. August 1948, Mutter Teresa die Neuigkeiten zu überbringen. Dieser war wie gewöhnlich zum Sonntagsgottesdienst gegangen. Nach der Messe bat er Mutter Teresa, noch dazubleiben, da er ihr etwas mitzuteilen habe. Mutter Teresa ahnte, daß die Antwort aus Rom eingetroffen war, und erstarrte für einen Moment. Dann sagte sie, um Fassung ringend: »Entschuldigen Sie mich, Pater, ich möchte zuerst beten.« Als sie die Nachricht hörte, war ihre erste Frage: »Pater, kann ich jetzt in die Slums gehen?« Pater van Exem erledigte die verbleibenden Formalitäten, indem er sie ihre Unterschrift auf die drei Kopien des vatikanischen Erlasses setzen ließ – den ersten für Rom, den zweiten für die Unterlagen des Erzbischofs und den dritten für Mutter Teresa selbst.

Jetzt war das Geheimnis nicht mehr zu wahren. Die Neuigkeit verbreitete sich wie ein Lauffeuer, nicht nur in Entally, sondern auch bei allen Katholischen Missionaren in Kalkutta. Wie Schwester Marie-Thérèse Breen es formulierte: »Es war ein Schock für uns, als wir es hörten, weil wir niemals zuvor darüber gesprochen hatten, da diese Dinge ja vertraulich sind. Wir wußten also überhaupt nichts, bis sie fortging.«

Auch Schwester Rozario erfuhr es erst einige Tage bevor

---

* Eine Engländerin, die im 17. Jahrhundert lebte. Ihr Lebensziel war es, mit und für die Armen zu arbeiten. Sie gründete den Orden der Englischen Fräulein, von dem auch der Loreto-Orden abstammt. Im Jahre 1690 verhinderte der Vatikan die Aktivitäten des Ordens, indem er den Schwestern die Regel der Abgeschlossenheit auferlegte.

Mutter Teresa Entally tatsächlich verließ. »Wir hatten schon so ein Gefühl, daß da etwas im Busch war«, lachte sie in sich hinein, »aber genau wußten wir es nicht. Es mußte ein Geheimnis sein. Pater van Exem, ihr geistlicher Beistand, hatte sie gebeten, ein Jahr lang nicht darüber zu sprechen, es sozusagen in ihrem Geist reifen zu lassen. Falls sie am Ende des Jahres (1947) noch immer dasselbe fühlte, wäre es richtig. Als schließlich die Nachricht kam, daß Mutter Teresa den Orden verlassen würde, war ich sehr glücklich und sagte: ›Nun, das ist eine Herausforderung, ich hoffe, sie wird die Gesundheit dazu haben.‹« In der Zwischenzeit gingen Briefe an alle Loreto-Einrichtungen in Indien, in denen weder Lob noch Kritik erwartet wurde, sondern die die einfache Bitte enthielten, für sie zu beten.

Am selben Abend kam Mutter Teresa in die Sakristei der Kapelle des Konvents und bat Pater van Exem, die Tracht zu segnen, die sie von nun an tragen wollte. In der Sakristei lagen drei weiße Saris mit blauen Kanten, darauf ein kleines Kruzifix und ein Rosenkranz. Pater van Exem rief sich die Szene in Erinnerung. »Mutter Teresa stand hinter mir. Neben ihr stand Mutter du Cenacle, ihre Oberin, die schluchzte. Ich segnete die Saris, weil diese nun ihre Ordenstracht sein würden.«

Pater van Exem hatte bereits einen sehr vernünftigen Rat erteilt. Da sie ja plante, in den Slums zu arbeiten, war eine gewisse medizinische Ausbildung erforderlich, wozu Mutter Teresa sogleich bereit war. Daraufhin schrieb er an die Schwestern der Medizinischen Mission in Panta im Nachbarstaat Bihar, die sie ohne jedes Zögern zur Ausbildung in ihr Krankenhaus einluden.

Mutter Teresa verließ sich auch auf Pater van Exem, als es darum ging, eine besonders schwierige Aufgabe zu erfüllen. Sie hatte ihrer Mutter in Skopje bereits geschrieben, um ihr mitzuteilen, daß sie Loreto verlassen wollte. Damit nun aber keinerlei

Zweifel bei ihr zurückbleiben sollte, bat sie ihren geistlichen Beistand, ebenfalls an die Mutter zu schreiben, um ihr zu versichern, daß sie ihrem Ruf folgend und mit Erlaubnis des Vatikans Loreto verließ, ohne dabei ihre religiösen Gelübde zu verändern.

Am 17. August trug Mutter Teresa zum ersten Mal einen der Saris, die Pater van Exem gesegnet hatte. Ihre Schülerinnen waren besonders neugierig, sie zu sehen, und versuchten vergeblich, einen Blick auf sie zu erhaschen, aber es war schon recht dunkel, als sie still und leise den Konvent in Entally verließ. Die »bengalische Teresa« war nun auf ihrem »kleinen Weg.«

*

Die Fürsorge und Voraussicht ihrer Vorgesetzten von Loreto umgaben Mutter Teresa noch mehrere Jahre lang. »Der Loreto-Orden stellte ihr regelmäßig eine gewisse Summe zur Verfügung, deren genaue Höhe ich nicht kenne. Das entspricht dem kanonischen Recht. Man half ihr zu Anfang mit Möbeln, Tischen und Bett, ebenso wie mit Gerätschaften«, sagte Schwester Rozario.

Wenn sie nur wenig Geld mit sich nahm, so war das ihr eigener Wille. Die Schwestern, von denen sie kam, waren durch kirchliches Recht verpflichtet, für sie zu sorgen, und das taten sie sicherlich auch. Sie eröffnete ihr erstes Dispensarium in der Schule von St. Teresa und richtete eine Nähschule auf der Veranda dort ein. Sonntags hielt sie Treffen der Sodalisten ab, von denen viele externe Schülerinnen der St. Mary's School waren. Einige dieser Schülerinnen waren auch ihre ersten Postulantinnen und sind nun die Stützen ihrer Kongregation. Am 7. Oktober 1950, als die Kongregation kirchenrechtlich gegründet wurde, war der Loreto-Orden bei der einfachen Feierstunde in der Creek Lane Nr. 14 passenderweise durch Mutter du Cenacle vertreten.

Ihre Verbindung zu Loreto blieb bestehen, und zu Beginn

erhielten ihre jungen Schwestern kostenlosen Unterricht in den Schulen von Loreto. »Wir haben ihr vier Schwestern gegeben«, erzählte mir Schwester Rozario, »vier der allerbesten.« Unter ihnen war Mutter Bernard, die sich ihr im Jahr 1950 anschloß und den Namen Schwester Francis Xavier annahm. Sie sollte fortan in den verschiedenen Leprastationen arbeiten. Andere folgten, und heute zählen viele ehemalige Loreto-Schülerinnen zu den Missionarinnen der Nächstenliebe. Das derzeitige Wirken der Missionarinnen der Nächstenliebe hätte Mutter Teresa Ball, die als erste im Jahr 1891 Schwestern nach Indien schickte, sicherlich mit großer Genugtuung erfüllt. Als ich gegenüber Schwester Rozario, Mutter Teresas Freundin und Begleiterin in Entally, bemerkte, Mutter Teresa habe Loreto Ehre gemacht, antwortete sie sanft: »Nicht nur Ehre für Loreto, Ehre für Gott!«

4

Motijhil

Eines Morgens im Februar 1991 saß ich mit Mutter Teresa auf einer Bank außerhalb des Büros im Mutterhaus. Sie war einen Tag früher als erwartet von einer Auslandsreise zurückgekehrt. Da noch niemand wußte, daß sie zurück war, kamen nur wenige Besucher. Ihre Ärzte, die, wie ich annehme, schon lange aufgegeben haben, sie von ihren vielen Reisen abzubringen, wären überrascht gewesen, wie ausgeruht sie an diesem Vormittag aussah. Während ich mich mit ihr unterhielt, fiel mir eine Geschichte ein, die ich gelesen hatte. Sie stammte aus den Anfängen von Mutter Teresa, als sie nach einigen Monaten der Ausbildung bei den Schwestern der Medizinischen Mission in Patna nach Kalkutta zurückkehrte. Dieser Überlieferung zufolge fand sie einen Mann auf der Straße liegend, dessen fast verfaulter Daumen umgehend amputiert werden mußte. Kurzentschlossen sprach sie ein Gebet, griff nach einer Schere und schnitt ihn ab. Der Patient wurde auf der Stelle ohnmächtig, wobei er in die eine und Mutter Teresa in die andere Richtung umkippte. Als ich diese Pointe erzählte, konnte sich Mutter Teresa vor Lachen kaum halten. »Eine erfundene Geschichte«, sagte sie, aber sie amüsierte sich köstlich über den Witz. Ich selbst war außerordentlich befriedigt, daß es mir an diesem Tag gelungen war, sie zum Lachen zu bringen.

Eines führte zum anderen, und so sprachen wir bald über ihren Aufenthalt in Patna, wo sie sich 1948 einige Monate zur

Ausbildung in Krankenpflege, Dispensariums- und Krankenhausarbeit aufgehalten hatte. Sie sagte, sie hätte in der Geburtshilfe, ebenso wie bei Unfall- und sonstiger Chirurgie assistiert. Sie wurde gerufen, um bei möglichst vielen Notfällen, Operationen und Entbindungen zusehen und schließlich auch assistieren zu können. Außerdem lernte sie, Spritzen zu geben und Arzneimittel zu verschreiben. Sie machte sich mit der laufenden Arbeit einer Krankenstation vertraut. Allen Erzählungen zufolge wird eine engagiertere Schülerin wohl schwer zu finden sein. Die Schwestern in Patna konnten sich erinnern, daß sie immer überall gleichzeitig zu sein schien. Mutter Teresa wußte den Nutzen der Ausbildung zu schätzen und hat sich oft lobend über die Großzügigkeit der Schwestern geäußert.

Neben der medizinischen Unterweisung und den Erfahrungen, die sie sammeln konnte, hatte Mutter Teresa in ihrer Freizeit Gelegenheit, ihre Vorstellungen mit den Schwestern zu erörtern, die nicht nur Kritik übten, sondern auch eine ganze Reihe von praktischen Vorschlägen machten. Dieser Gedankenaustausch ließ Mutter Teresa einige ihrer ursprünglichen Ideen revidieren: Mit ihrer großen Erfahrung im Umgang mit Gesundheit und Krankheit konnten die Nonnen sie von der Ansicht abbringen, daß die Angehörigen ihres Ordens dasselbe wie die Armen essen sollten, einfachen Reis mit etwas Salz bestreut. Falls sie und ihre Schwestern nicht selbst den Krankheiten zum Opfer fallen wollten, die sie zu heilen hofften, würden sie eine trotz aller Schlichtheit nahrhafte und ausgewogene Kost benötigen. Auch angemessene Ruhepausen waren notwendig. Wer um fünf Uhr früh aufstehen und acht Stunden oder mehr arbeiten wollte, mußte sich nachmittags etwas ausruhen. Ein freier Tag pro Woche war nötig, und ein jährlicher Wechsel des Arbeitsplatzes wünschenswert. Für jeden, der auf der Straße arbeiten mußte, war die persönliche Hygiene von grundlegender Bedeutung. Daher war es wichtig, daß jede Schwester mindestens drei Saris besaß: einen zum Tragen, einen zum Waschen und einen für Notfälle und besondere Gelegenheiten. Weiterhin rieten sie, daß eine Kopfbedeckung als Sonnenschutz sinnvoll sei, denn an einem indischen Sommertag kann die Temperatur auf über vierzig Grad Celsius ansteigen.

Schon nach wenigen Wochen in Patna konnte Mutter Teresa es nicht mehr erwarten, nach Kalkutta zurückzukehren. Unablässig bat sie Pater van Exem in ihren Briefen um die Erlaubnis, mit der »richtigen Arbeit« beginnen zu können. »Es ging immer darum, daß sie zurückkommen wollte, daß sie genug gelernt hatte, daß sie alle Krankheiten gesehen hatte, daß es in Kalkutta andere Krankheiten als in Patna gab und daß die Krankheiten, auf die sie in den Slums von Kalkutta treffen würde, im Krankenhaus nicht vorkamen«, erzählte er mir amüsiert.

Pater van Exem fuhr im November 1948 zur Klausur nach Patna. Sofort nach der Ankunft begab er sich ins Krankenhaus. »Im Krankenhaus sah ich eine Gruppe von Schwestern und Pflegerinnen, die ein Schwätzchen hielten, und ich ging zu ihnen hin. Ich sagte zu der Gruppe: ›Ich möchte Mutter Teresa besuchen. Wo ist sie?‹ ›Aber Pater, hier bin ich‹, sagte eine Stimme aus dem Hintergrund. Mutter Teresa hatte schon die ganze Zeit dort gestanden, aber ich hatte sie in ihrem Sari nicht erkannt. Obwohl ich die drei Saris selbst gesegnet hatte, hatte ich sie noch keinen tragen sehen. Das war das erste Mal.«

Im Krankenhaus sprach er mit ihrer Oberin, Schwester Stephanie, einer Amerikanerin, und erklärte ihr, daß Schwester Teresa zurückkehren wollte. Er fügte hinzu, daß es seiner Ansicht nach fraglich sei, ob sie in so kurzer Zeit schon große Kenntnisse in Medizin und Krankenpflege erworben hätte. Und er räumte ein, er sei beunruhigt über die Aussicht, ihr zu früh die Erlaubnis zur Rückkehr zu erteilen, denn er befürchtete, sie würde Fehler machen. »Und das wäre das Ende ihrer Arbeit«, erinnerte er sich an seine eigenen Worte. Zu seiner Überraschung sagte Schwester Stephanie: »Ja, Pater, Schwester Teresa kann nach Kalkutta gehen. Sie ist sehr umsichtig und wird keine Fehler machen. Es wird viele Menschen geben, die ihr helfen und sie beraten werden. Sie werden Bereiche der Arbeit in eigener Verantwortung übernehmen.« Die zuständige Ärztin, eine Holländerin namens Elise, bestätigte diese Entscheidung mit den Worten: »Schwester Teresa ist bereit. Sie kann heute noch gehen.«

»Aus Kalkutta habe ich ihr dann geschrieben, daß der Erzbischof die Erlaubnis zu ihrer Rückkehr gegeben hatte und daß ich ihr eine Unterkunft bei den Kleinen Schwestern der Armen besorgt hatte. Ich wollte allerdings nicht, daß sie während deren Klausur ankam, die vom ersten bis achten Dezember dauerte. Sie kam am Morgen des neunten, nach fast vier Monaten in Patna«, erinnerte er sich. Es muß ein seltsames Gefühl für sie gewesen sein, sich nicht direkt in den Loreto-Konvent nach Entally zu begeben. Das St.-Josephs-Heim, das von den Kleinen Schwestern geführt wurde, beherbergte etwa zweihundert alte Menschen, die über nur geringe oder gar keine Mittel verfügten. Es befindet sich bis heute in der Lower Circular Road Nr. 2, in derselben Straße, in der Mutter Teresa knapp fünf Jahre später ihr eigenes Hauptquartier einrichten würde.

In verschiedener Hinsicht war das St.-Josephs-Heim ein angemessener Zufluchtsort für Mutter Teresa, denn die Kleinen Schwestern der Armen hatten Besitzlosigkeit gelobt. Obwohl sie in festen Institutionen arbeiteten, besaßen sie keinerlei regelmäßige Einkommensquellen und waren ganz und gar auf die göttliche Vorsehung angewiesen. Während der ersten paar Tage verbrachte Mutter Teresa täglich ein paar Stunden damit, den Schwestern bei ihrer Arbeit zu helfen. Vom 10. bis 18. Dezember leitete Pater van Exem sie auch in einer kurzen Klausur. Am Morgen des 19. Dezember war sie bereit, ihre Arbeit zu beginnen. »Ich schlug vor, sie sollte zunächst nach Taltolla gehen. In diesem bürgerlichen Vorort wohnten viele ihrer früheren Schülerinnen. Ich dachte, es wäre von Nutzen, wenn sie Mutter Teresa in ihrem neuen Gewand sehen könnten. Dann wüßten sie gleichzeitig, daß sie ihr Werk nun beginnen würde.« Das war Pater van Exems Methode, sie in die schwierige Arbeit in den »bustees« (Slums) und den Straßen »einzuführen.« Aber noch am selben Abend erklärte sie Pater van Exem, daß sie nicht nach Taltolla zurückkehren würde. Dort wäre nicht die »richtige Arbeit.« Pater van Exem zufolge betrat sie am Morgen des 20. Dezember zum ersten Mal den »bustee« von Motijhil.

Motijhil bedeutet wörtlich »Perlensee.« Aber es ist nichts dergleichen. Gemeint ist in Wirklichkeit ein größeres Wasserreservoir in der Mitte des Viertels. Heutzutage würden es die Bewohner dort weit von sich weisen, wollte man ihr Wohnviertel als »bustee« bezeichnen. Denn Motijhil kann gepflasterte Straßen, Strom, eine ordentliche Trinkwasserversorgung und Kanalisierung bieten. Zwar sind die Häuser klein, aber die meisten sind gut gebaut. Auf vielen Dächern befinden sich Fernsehantennen. Aber vor vierundvierzig Jahren, als Mutter Teresa mit ihrer Arbeit begann, gab es keinerlei Zeichen von Wohlstand. Der Tümpel war die einzige Wasserstelle zum Trinken oder zum Waschen. Die Abwässer flossen in offenen Leitungen, und der Müll türmte sich tagelang auf, bevor er entfernt wurde. Es gab weder Klinik noch Dispensarium und auch keine Schule.

Es kam nicht von ungefähr, daß Mutter Teresa in Motijhil mit ihrer Arbeit begann. Der Anblick dieses Stadtteils war ihr durch den Blick aus dem Schulgebäude des Konvents in Entally vertraut. Zudem hatten die Mitglieder der Sodalität von St. Mary's dort gearbeitet. Pater Henry, der Gemeindepfarrer, kannte den

»bustee« gut und war nur zu bereit, ihr zu helfen. Von ihm erhielt sie auch die Adressen mehrerer armer Familien, die dort lebten und deren Kinder die Pfarrschule von St. Teresa besuchten.

Mit diesen Eltern traf sich Mutter Teresa am ersten Tag. Sie waren hocherfreut über die Aussicht, eine kleine Schule in nächster Nähe zu bekommen, und versprachen, ihr die Kinder zu schicken. Daß kein Gebäude und noch nicht einmal ein Raum zur Verfügung stand, konnte Mutter Teresa nicht von ihrem Vorhaben abbringen. Selbst für eine Tafel und Kreide oder für die Schiefertafeln, die normalerweise von Dorfkindern benutzt wurden, fehlte ihr das Geld. An ihrem zweiten Morgen in Motijhil fand sie fünf kleine Kinder vor, die bereits auf sie warteten. Der einzig verfügbare Platz war unter einem Baum in der Nähe des Tümpels. »Ich griff nach einem Stock und benutzte ihn wie einen Stift auf dem Boden, wo die Kinder saßen. Wir haben also ganz bodenständig angefangen«, erzählte sie.

Es machte Mutter Teresa nichts aus, daß ihr neuer Arbeitsplatz in beachtlicher Entfernung zum Konvent der Kleinen Schwestern der Armen lag. Sie brachte sich nun ihr *tiffin*, das Mittagessen, mit. Schwester Rozario war damals Leiterin der Pfarrschule, sie konnte sich noch deutlich an jene Zeit erinnern. »Als sie Mitte Dezember zurückkehrte (aus Patna), kam sie zuerst zu mir!« sagte sie. »Wir waren gut befreundet. Ihr Arbeitstag fing sehr früh an, und um halb ein Uhr war sie oft immer noch in Motijhil. Auf dem Rückweg machte sie dann eine Pause und aß ihr karges Mittagessen in der Schule. Abends kehrte sie mit der Straßenbahn oder dem Bus in den Konvent zurück, aber es kam vor, daß sie ihr Fahrgeld, denn mehr besaß sie oft nicht, einem bedürftigen Menschen schenkte. Dann ging sie die ganze Strecke zu Fuß, wozu sie oft eine Stunde brauchte.«

Es war nur eine Frage der Zeit, bis in St. Mary's allgemein

bekannt wurde, daß Schwester Teresa aus Patna zurück war und eine kleine Schule in Motijhil eingerichtet hatte. Eines Nachmittags besuchten sie dort ein paar ihrer früheren Schülerinnen. Da sie Mutter Teresa nur in ihrem Nonnengewand kannten, waren sie erschrocken, sie in einem Sari der billigsten Art zu sehen. Im Kalkutta des Jahres 1948 muß sie tatsächlich ein seltsamer Anblick gewesen sein: eine Europäerin und doch wieder keine. Sicherlich gab es viele europäische Frauen, die mit Indern verheiratet waren, aber sie trugen Saris aus feinster Seide und Baumwolle. Auch waren sie niemals barfuß: Mutter Teresas bloße Füße steckten in groben Ledersandalen, einem Abschiedsgeschenk der Schwestern in Patna. Und, als wäre all das noch nicht genug, die Besucherinnen konnten sich auch mit Mutter Teresas »Schule« nicht anfreunden. Bis vor wenigen Monaten war sie ihre Schulleiterin gewesen. Jetzt hatte sie nicht einmal ein Dach über dem Kopf. Sie sahen, wie sie ohne Tische und Stühle, Bücher und Bleistifte eine »Klasse« von zerlumpten Kindern unterrichtete, die neben einem stinkenden Tümpel saßen.

*

Mutter Teresa schrieb kurze Berichte in Form eines »Buches« über ihre Arbeit, vom 25. Dezember 1948 bis zum 13. Juni 1949. Der Vorschlag dazu kam von Erzbischof Perier, in dem Bemühen, eine Meinungsverschiedenheit zwischen Mutter Teresa und Pater van Exem zu bereinigen, bei der es um die Rückgabe von Briefen ging, die Mutter Teresa ihm in der ersten Zeit ihrer Arbeit geschrieben hatte. Sie forderte die Briefe zurück, während er sie behalten wollte, um die Ursprünge ihrer Kongregation zu dokumentieren. Das »Buch« sollte also eine annehmbare Alternative sein.

Obwohl sie eine fleißige Briefschreiberin ist, hat sie weder die Zeit noch den Platz, die große Menge von Briefen aufzubewahren, die sie bekommt. Es ist auch nicht bekannt, daß sie zu irgendeiner anderen Zeit regelmäßig schriftliche Berichte verfaßt hat. Daher ist dieses »Buch« einzigartig, und alle Textstellen daraus sind genauso wiedergegeben, wie sie sie geschrieben hat. Pater van Exem erzählte mir, daß sie »spätnachts schrieb, nachdem die Tagesarbeit beendet war. Oft war sie todmüde, und sie muß viele Male über ihrem Vorhaben eingeschlafen sein. Ich wußte, daß sie das nicht sehr lange durchhalten konnte.« Er fuhrt fort: »In manchen Büchern wird es als ›Tagebuch‹ bezeichnet. Es war kein Tagebuch, es ging darin auch nicht um Gewissensfragen. Es war ein Bericht für den Erzbischof, in dem die Erlebnisse des Tages beschrieben wurden.«

Das Buch war nur einmal, vor etwa zwanzig Jahren, der Öffentlichkeit zugänglich. Während einige wenige Einträge bereits in früheren Schilderungen zitiert wurden, ist die Mehrzahl hier zum ersten Mal veröffentlicht. Es gibt dabei ein paar Ungereimtheiten. Manchmal stimmen die Daten nicht mit den bekannten Ereignissen überein, und die Eintragungen sind oft äußerst knapp gehalten.

Der unschätzbare Wert liegt dabei zweifellos in der Dokumentation ihrer ersten Anfänge: die Zweifel, die sie durchlebte, die Fehlschläge, die ihr widerfuhren, die Ablehnung, auf die sie stieß, und das Glück, das sie bei ihrer Arbeit empfand. Außerdem wird ganz deutlich, daß es in ihrer Vorgehensweise nie einen vorgefertigten »großen Plan« gab, auf den sie hinarbeitete. Wenn sie in den Slums auf Probleme stieß, hielt sie es nie für nötig, den üblichen Behördenweg zu gehen, also zunächst eine Untersuchung durchzuführen, Pläne zu entwickeln, Geldmittel zu organisieren und Leute auszubilden. Sie sah nur die bestehende Not eines Individuums und versuchte, sie an Ort und Stelle zu lindern. Im Falle eines unterernährten Kindes arbeitete sie also nicht erst ein Projekt bezüglich der Fehlernährung aus, sondern besorgte auf schnellstem Wege etwas zu essen für dieses Kind. An dieser Vorgehensweise hat sich im Laufe der Jahre nichts geändert.

Bemerkenswert ist auch ein anderer Aspekt, der hier deutlich wird: Auch damals konnte Mutter Teresa an mehr als einem Projekt gleichzeitig arbeiten. Die Schule in Motijhil konnte nur diesem Stadtteil etwas nützen, die Kinder von Tiljala hatten nichts davon. Es war also dringend erforderlich, auch in diesem Slum eine Schule zu haben. Dabei störte es sie nicht, daß es in Motijhil noch eine Reihe von Problemen zu lösen galt. Und ebenso verfuhr sie mit Dispensarien, Sterbehäusern und so weiter. Da all dies Sein Werk war, würde Er auch dafür sorgen, daß alles gelang. Mehr als alles andere sind ihre Notizen vielleicht Zeugnis ihres Glaubens an ihre Berufung, ihre völlige Selbstaufgabe und ihre Überzeugung, daß sie selbst nichts als ein Werkzeug Gottes war.

Als sie sich in die Arbeit in Motijhil stürzte, hatte sie kein Geld. Wenn sie gewollt hätte, hätte ihr der Loreto-Orden sicherlich eine angemessene Summe zur Verfügung gestellt, mit der sie ihre Kosten hätte decken können. Man hatte ihr fünf Rupien für die Reise nach Patna gegeben und vermutlich auch das Geld für die Rückfahrt. Nach ihrer Rückkehr nach Kalkutta haben ihr die Kleinen Schwestern möglicherweise ein paar Rupien als Fahrgeld für die Straßenbahn gegeben.

Genau eine Woche später kam sie unerwartet in den Besitz einer für damalige Verhältnisse relativ großen Summe. An jenem Morgen hatte sie dem Pfarrer in Sealdah einen Besuch abgestattet. Obwohl er, wie sie sagte, »die Arbeit begrüßte«, verweigerte er jegliche Hilfe oder Unterstützung. Anschließend ging sie zum Pfarrer von Park Circus. Er war dagegen »wirklich hocherfreut«, sie zu sehen. »Als Zeichen seiner Anerkennung bot er mir hundert Rupien als Startkapital.« Mit dieser Summe in der Hand vergeudete sie keine Zeit, lange nach einem Schulhaus zu suchen. »Ich habe zwei neue Räume für jeweils fünf Rupien pro Monat gemietet, als Schule und als Dispensarium. Sie liegen direkt vor einem großen Wasserreservoir«, schrieb sie. Es ist bemerkenswert, daß sie die Räume am 27. Dezember anmietete, weniger als vierundzwanzig Stunden nachdem sie das Geld erhalten hatte.

Die Räume mußten instandgesetzt und gesäubert werden, daher blieb die Schule noch für einige Wochen im Freien. Dezember, Januar und Februar sind vergleichsweise kühle Monate in Kalkutta, und es ist recht angenehm draußen. Erst im Juni, wenn der Monsun einsetzt, wird es wichtig, ein Dach über dem Kopf zu haben. Unterdessen wuchs die Freiluft-Schule weiter. Am 28. Dezember waren es bereits einundzwanzig Kinder. Außerdem hatte eine Lehrerin von St. Mary's ihre Hilfe angeboten. »Die kleinen Kinder waren schmutzig und unordentlich, aber sehr glücklich«, schrieb Mutter Teresa. In der Schule erhielten sie nicht nur Unterricht, sondern man brachte ihnen auch Reinlichkeit bei. In Anlehnung an die Sonntagsschule in St. Mary's wurde jedes Kind gründlich gebadet, und es gab Seifenstücke als Preise für Anwesenheit und Reinlichkeit. Am 29. Dezember notierte sie, die Kinder seien »viel sauberer«. »Diejenigen, die nicht sauber waren, habe ich am Reservoir ordentlich abgeschrubbt.« Die Schule begann mit einer Unterrichtsstunde in Hygiene, gefolgt von Leseübungen. »Ich habe viel und oft gelacht, denn ich hatte ja noch nie zuvor kleine Kinder unterrichtet. Das *kaw-khaw-gaw* (Buchstaben des bengalischen Alphabeths) ging noch nicht so gut. Wir benutzten den Boden anstelle einer Tafel – alle waren begeistert.«

Der Singsang des ständig wiederholten Alphabeths war bald ein vertrauter Klang in Motijhil. Obwohl die Kinder auf dem Boden saßen, erkannten die Bewohner des »bustee« die Wichtigkeit der Schule. Die Leute kamen mit etwas Geld, mit Büchern und Schiefertafeln, einem Hocker, irgendeinem Tisch, den sie nicht unbedingt brauchten. Es waren kleine Zeichen ihrer Anerkennung. Am 4. Januar hatte Mutter Teresa bereits Hilfe von drei Lehrerinnen bekommen. Sie wurden sicherlich auch gebraucht, denn die Schülerzahl war inzwischen auf sechsundfünfzig angestiegen. Bald begann Mutter Teresa mit dem Unterricht in Bengali und Rechnen. Die Handarbeitsstunde war besonders bei den Mädchen sehr beliebt. Am 14. Januar war das Schulzimmer fertig. Mutter Teresa versuchte, den Kindern ein kleines bengalisches Kirchenlied zu Ehren von Pater Nicaise beizubringen, der am folgenden Tag kommen sollte, um die Schule zu segnen. »Ich glaube, kein einziger hat die Tonlage gehalten!« schrieb sie amüsiert. Mutter Teresa gab der Schule den Namen Nirmal Hriday (ein Name, den sie später auf das Heim für die Sterbenden übertrug). Die kleine Schule im Schatten des Loreto-Konvents war Wirklichkeit geworden.

»Es gibt soviel Erfreuliches in den Slums«, bemerkte sie eines Tages, »ich hatte einen wunderbaren Tag mit den Kindern – sie kommen manchmal sogar lange vor der Zeit und rennen uns entgegen.« Und ein paar Tage später: »Die Kinder werden wirklich immer besser. Sie bemühen sich darum, keine Schimpfwörter zu gebrauchen. [Die Kinder] brachten mir einen kleinen Jungen, der seiner Mutter gegenüber Schimpfwörter benutzt hatte. Ich erklärte ihm, daß wir in Nirmal Hriday keine kleinen Jungen haben möchten, die ihre Mütter beschimpfen. Es tat ihm sehr leid.«

Am 14. Januar 1949 notierte Mutter Teresa, daß eine neue Familie nach Motijhil gezogen war. Eine bengalische Dame mit ihren zwei kleinen Kindern und ihrer Schwester, die Krankenschwester war. Sie stammten ursprünglich aus besseren Verhältnissen und waren in schreckliche Not geraten. Während Mutter

Teresas Unterricht sagte eines der Kinder: »›Wissen Sie, Schwester, Zena und ihr Bruder haben seit gestern morgen nichts mehr gegessen und werden auch heute abend nichts zu essen bekommen.‹ Die armen Kinder. Sie konnten es nicht selber sagen. Ich hatte nur drei Annas, aber ich kann schließlich problemlos von St. Teresa aus laufen. Also besorgte ich etwas *Muri* (Puffreis) und bereitete mit den zwei Eiern, die ich hatte, eine Mahlzeit für die armen Kinder.«

Als sie am selben Abend zu Fuß nach Hause ging, wurde ihr der »erste harte Schlag« versetzt. Sie hatte auf dem Rückweg bei einer Kirche haltgemacht, in der Hoffnung, dort eine Spende für ihre Arbeit zu bekommen. »Auf dem Heimweg war ich überrascht, wie schnell ich in der Park Street war. Ich überlegte und wollte dann an die Großzügigkeit [eines Priesters] appellieren. Welche Überraschung. Er behandelte mich, als täte ich etwas völlig Falsches. Er riet mir, den zuständigen Gemeindepfarrer um Finanzierung zu bitten, und war sehr überrascht, als ich sagte, ich wollte mein Geld mit Betteln auftreiben. Er sagte, das könne er nicht verstehen, und ging ohne [Abschiedsgruß] fort. Es war die erste richtige Ablehnung, und sie traf mich hart. Während ich die Camac Street entlangging, füllten sich meine Augen oft mit Tränen«, schrieb sie. Wahrscheinlich hat sie ihren Gefühlen freien Lauf gelassen, weil sie müde oder einsam oder beides gleichzeitig war. Interessanterweise hat diese Abfuhr ihre Entschlossenheit nicht gemindert oder sie von ihrer Mission abgebracht. Im Gegenteil, ihre innere Stärke wurde nun erst richtig hervorgekehrt. Falls es ihr niederstes Los sein sollte, zu betteln, dann sollte es so sein.

Bettelorden sind in Indien Teil einer alten und ehrwürdigen Tradition. Zu allen Zeiten waren Priester, heilige Männer und Lehrer für ihren Lebensunterhalt auf die Unterstützung von Herrschern und der Gemeinschaft angewiesen. In diese Rolle konnte sich Mutter Teresa ohne Schwierigkeit einfügen. Bald häuften sich die Erwähnungen von »Bittbriefen« und »Betteltouren« um Arzneimittel, Nahrung und alte Kleider. Das war die logische Folge ihres Armutsgelöbnisses und ihres Vertrauens auf die göttliche Vorsehung in allen Dingen. Was sie wiederum mit einem seltsamen Unbehagen erfüllte, als ein sehr reiches und prominentes Paar aus Kalkutta die Schule in Motijhil besuchte und alle erdenklichen Hilfen versprach. »Ich habe inbrünstig und aus tiefstem Herzen gebetet, daß nichts unsere völlige Armut und Gemeinschaft mit Ihm stören möge. Ich habe niemals besser verstanden als jetzt, wie extrem unwichtig ich selbst bin.«

Mutter Teresas zögernde Haltung, als es darum ging, einen staatlichen Zuschuß für die Schule anzunehmen, entwickelte sich schrittweise. Sobald sie mit der Schule in Motijhil begonnen hatte, suchte sie die zuständige Schulinspektorin auf, um einen Zuschuß zu beantragen. Von ihr erfuhr sie, daß die Regierung normalerweise erst nach einjährigem Bestehen einer Schule einen Zuschuß gewähren konnte. Ein paar Wochen später hielt Mutter Teresa fest: »Ich habe mit Sabitri die Schulinspektorin, Miss Roy, aufgesucht. Sie war bereit, der Schule einen Zuschuß zu geben. Ich erklärte ihr, daß ich den Kindern das beibringen wollte, was sie am dringendsten brauchten, und daß ich frei sein wollte.« Aber erst nachdem sie in die Creek Lane umgezogen war, fällte Mutter Teresa eine endgültige Entscheidung. Ein regelmäßiger Zuschuß, käme er nun von der Regierung oder von der Kirche, würde ihrem Gelübde der absoluten Besitzlosigkeit entgegenstehen, und gleichzeitig wäre eine Unzahl von Bedingungen damit verknüpft, die ihre Freiheit einschränken würden.

Sobald Mutter Teresa die kleine Schule organisiert hatte, widmete sie ihre Aufmerksamkeit der Einrichtung eines Dispensariums. Sie hatte bereits begonnen, Krankenbesuche zu machen. Tuberkulose und Lepra waren weit verbreitet. »Ich habe eine leprakranke Frau getroffen«, bemerkte sie am 14. Januar. »Was für ein furchtbarer Anblick. Sie war von ihren eigenen Leuten [vor die Tür] gesetzt worden wegen ihrer Krankheit. Da sie keine Finger mehr hat, ist das Kochen für sie äußerst schwierig. Sie verbringt ihre Zeit damit, mit der Katze zu spielen.«

Eine alte und kranke Muslimin, der sie eine Arznei verabreichte, dachte, ein Wunder wäre geschehen. Sie sagte zu Mutter Teresa: »Nach so vielen Jahren des Leidens ist dies der erste Tag, [an dem] ich keinen Schmerz fühle. Allah hat Sie zu mir gesandt.« Und Ende März notierte Mutter Teresa: »In Motijhil kam eine alte Muslimin zu mir. ›Ich möchte, daß Sie mir etwas versprechen‹, sagte sie. ›Wenn Sie hören, daß ich krank bin und im Sterben liege, dann kommen Sie bitte. Ich möchte mit Gott sterben.‹«

»In Motijhil [ist] viel Krankheit bei Kindern und Erwachsenen. Überall rufen sie. Gott sei Dank nimmt das Campbell[-Krankenhaus] alle Patienten auf, die ich schicke – Tetanus, Cholera, Gehirnhautentzündung, Pest. Alles. Sie schicken sogar einen Krankenwagen«, notierte sie. Nicht alle mußten ins Krankenhaus eingewiesen werden. Sie benötigte immer mehr Arzneimittel für die steigende Zahl ihrer Hausbesuche. Daher begann sie, regelmäßig alle Apotheken abzuklappern. Sie brachte einige von ihnen dazu, ihr alles zu geben, was sie erübrigen konnten. Diese Besuche sind immer wieder in ihren Aufzeichnungen erwähnt. Zum Beispiel: »Ich ging in die Smith Stani Street, um zu betteln. Man hat mir ein paar Arzneimittel gegeben.« Vielleicht war es ein solcher Besuch, bei dem sie anstelle von Medizin mit einem Schwall Schimpfwörter bedacht wurde. Sie schrieb: »In Tiljala habe ich ein erstklassiges *gali* (Beschimpfung) abbekommen, aber der arme Mann war so beschämt über seine Worte, daß ich ihm schließlich vergeben habe. Und ich habe ihm wirklich aus tiefstem Herzen vergeben.«

Der Zufall wollte es, daß sie ihr erstes Dispensarium nicht in

Motijhil, sondern in einem Klassenzimmer der Pfarrschule eröffnete, das ihr von Schwester Rozario zur Verfügung gestellt wurde. Nach dem Unterricht wurde ein großer Raum, der auf eine Veranda hinausging, in ein provisorisches Röntgenzentrum für Tuberkulosepatienten verwandelt. Es dauerte nicht lange, bis sich lange Reihen Wartender zu den Öffnungszeiten bildeten. Viele dieser Menschen waren Rikscha-Fahrer und Kulis, die in den Basaren schwere Lasten auf dem Kopf transportierten. Es gelang Mutter Teresa, ein Röntgengerät aufzutreiben; ob es auch das Ergebnis eines »Bittbriefes« war oder ob es von einem Wohltäter der ersten Stunde gespendet wurde, darüber gibt sie keine Auskunft.

Wie schnell sie alles organisierte, zeigt sich daran, daß Mutter Teresa innerhalb von vierzehn Tagen nicht nur eine Schule, sondern auch ein Dispensarium eingerichtet hatte. Am 4. Januar 1949 beschloß sie, eine zweite Schule, diesmal in Tiljala, zu eröffnen. Sie bemerkte: »Ich bat die Eltern inständig, ihre Kinder zur Schule zu schicken. Ich will alles tun, was in meiner Macht steht, um diesen armen Geschöpfen zu helfen. Ihr Elend ist weit schlimmer als in Motijhil.« Am 19. Januar schrieb sie: »In Tiljala freuten sich die Kinder darauf, in die Schule zu gehen. Für die Jungen ist schon alles fertig. Und auch für die Mädchen wird gesorgt. So Gott will, werde ich das Glück haben, sie in der Schule zu sehen.« Eine Woche später bemerkte sie: »Die Kinder sind phantastisch. In Tiljala hatten wir nur sechs . . . Wenigstens sechs kleine Kinder, die vom Nichtstun und von dummen Gedanken abgehalten werden. Der Ort ist noch nicht geeignet, ich werde also andere Vorkehrungen treffen müssen. Die alte Frau verlangte fünf Rupien für den kleinen Raum. Der Platz draußen ist besser geeignet, ich denke also, daß ich es nehmen werde.« Und drei Tage später: »In Tiljala habe ich einen Raum für vier Rupien im Monat bekommen. Die Leute haben ihn von sich aus angeboten und waren sehr erfreut, auch ihre Kinder unterbringen zu können. Es reicht auch für ein Dispensarium, da die Kinder draußen unterrichtet werden können.«

Es dauerte nicht lange, bis die einfache kleine Schule eingerichtet war. Am 2. Februar notierte sie: »Heute ist der Tag unserer Lieben Frau. Heute vor einem Jahr traf der Brief der Mother General ein ... In Tiljala waren heute dreiundzwanzig Kinder. Die Kinder sind sehr nett und besonders höflich. Sie lieben ihre Spiele – Nirmal Hriday wächst, gelobt sei Gott für das alles.« Dann folgte ein wehmütiger Hinweis darauf, wie allein sie in ihrer Arbeit war: »Nur wenn Unsere Liebe Frau es für richtig hält, mir ein paar eigene Kinder zu geben, wird sich die Liebe von Nirmal Hriday überall in Kalkutta ausbreiten können. Ich sage ihr immer wieder: ›Ich habe keine Kinder‹, genau wie sie vor vielen Jahren zu Jesus gesagt hat: ›Sie haben keine Weinstöcke‹. Ich lege mein ganzes Vertrauen in ihr Herz. Sie wird mich auf ihre Weise beschenken.«

Eine von Mutter Teresas grundlegenden Charaktereigenschaften ist ihre äußerst praktische Art. Von Anfang an hatte sie weder Zeit noch Lust, sich mit unnötigem Gerede aufzuhalten, und gleichzeitig besitzt sie einen wachen und einnehmenden Geist. Die Eintragung nach einem Treffen mit dem Schulinspektor Ende Februar 1949, bei dem es um die Schule in Motijhil ging, kann das ein wenig verdeutlichen: »›Schwester‹, sagte er, ›ich bewundere und beneide Sie. Ihre Liebe zu diesen verarmten Bevölkerungsschichten ist groß, während wir in [diesem] Land nichts für unsere eigenen Bürger tun. Gehen Sie zum Premierminister, und erzählen Sie ihm, was Sie tun. Er und seine Regierung sollten diese Arbeit tun, nicht Sie. Sie sind nur eine kleine Schwester, und doch scheinen Sie zum Handeln entschlossen, und es wird Ihnen gelingen.‹ Ich wünschte, er würde mir anstelle dieses leeren Geredes etwas geben.«

Genau wie es die Schwestern in Patna vorhergesagt hatten, gewann Mutter Teresa von Anfang an Helfer. An ihrem ersten Tag in den Slums bemerkte sie: »Zwei Lehrerinnen von St. Mary's kamen und wollten helfen. Gupta, eine Hindu-Familie, besuchte mich. Sabitri, die jüngste, will unbedingt helfen. Mr. Vincent und Mr. Gasper kamen. Zwei gute bengalische Katholiken. Sie sagten, sie wollten alles in ihrer Macht Stehende tun, um dem Werk zum Erfolg zu verhelfen.« Dennoch gab es Tage, an denen die freiwilligen Helfer nicht kommen konnten. Mehrfach finden sich beiläufige Anmerkungen, daß eine Lehrerin oder ein Arzt ihren oder seinen Pflichten nicht nachkommen konnte. Das brachte alles durcheinander. Es dauerte nicht lange, bis Mutter Teresa zu der Überzeugung gelangte, daß es für Laien, die auch für ihre Familien Verantwortung trugen, schwierig war, sich mit ungeteilter Aufmerksamkeit der Arbeit in den Slums zu widmen.

Am 14. Januar notierte sie: »Ich habe Krankenbesuche gemacht, aber die Zeit war zu kurz, und die Lehrerin wollte zu ihren [eigenen] Kindern. Das zeigt, wie notwendig es ist, daß Nonnen diese Arbeit verrichten.« Dieser Eindruck verstärkte sich von Tag zu Tag. Am 23. Januar bemerkte sie wieder: »Um diese Arbeit für längere Zeit durchhalten zu können, braucht man eine größere Kraft, die einen unterstützt. Nur ein religiöses Leben kann diese Kraft geben.«

Ein paar Wochen nachdem Mutter Teresa mit ihrer Arbeit in Motijhil angefangen hatte, begannen einige Leute, ihre Aktivitäten in Frage zu stellen. Eine einzelne Nonne, die auf unkonventionelle Weise in den Slums arbeitete, bereitete dem einen oder anderen Geistlichen am Ort Unbehagen. Sie merkten an, daß Mutter Teresa gute Arbeit als Lehrerin geleistet hätte und daß ihre gute Arbeit Gefahr liefe, an eine ungewisse Zukunft verloren zu werden. Es ist möglich, daß dieses Murren der Mutter Oberin in Entally zu Ohren kam. Die Oberin, die Mutter Teresa sehr gern hatte, bat sie inständig, in den Loreto-Orden zurückzukehren. »Ich war bei der Mutter Oberin«, schrieb sie. »Es ist ihr größter Wunsch, daß ich nach Loreto zurückkehre, aber ich weiß, daß dieses Werk Gottes Wille ist.« Um jeder möglichen Versuchung aus dem Weg zu gehen, stellte sie ihre Besuche im Konvent fast völlig ein. Schließlich kam das Getuschel auch Mutter Teresa zu Ohren. Das Ausmaß ihres Glaubens zeigt sich in ihrem Bericht: »Ich glaube, manche fragen sich, welchen Sinn die Arbeit für diese Niedrigsten der Niedrigen hat. Wo doch die Großen, die Gebildeten und Reichen bereit sind, zu kommen, wäre es besser, ihnen alle Kraft zu widmen. Ja, sollen nur alle dies tun. Wenn die Reichen die ganze Dienstbereitschaft und Hingabe von so vielen Nonnen und Priestern haben können, dann wird man doch sicherlich den Ärmsten der Armen die Liebe und Hingabe von uns wenigen zugestehen – sie nennen mich ›die Slum-Schwester‹, und ich bin froh, genau das zu sein, um Seiner Liebe und Seines Ruhmes willen.«

5

Creek Lane Nr. 14

Ich habe gegenüber Mutter Teresa einmal erwähnt, daß ich in die Creek Lane gehen und das Haus sehen wollte, in dem alles begann. »Wozu?« fragte sie. »Schauen Sie sich statt dessen die richtige Arbeit an.« Ich hätte es besser wissen und gar nicht erst fragen sollen.

Nichtsdestrotrotz war der Drang unwiderstehlich, die Keimzelle dieses religiösen Ordens zu erkunden, der sich so schnell von einem einzelnen Raum im hintersten Winkel von Kalkutta zu einer internationalen Organisation entwickelt hatte. Auf dieser Entdeckungsreise war es für mich schon überraschend, daß die Creek Lane überhaupt existierte. Mutter Teresa war schließlich bereits 1953 dort ausgezogen, und seitdem war genug Zeit vergangen, daß alles Mögliche hätte passieren können. Der Straßenname hätte schon zweimal geändert, das Viertel saniert oder das Haus Nr. 14 durch einen Wohnblock ersetzt werden können. Es hätte mich nicht überrascht, wenn die Familie Gomes woanders hingezogen wäre: Michael Gomes hätte sogar emigrieren können, wie andere Mitglieder seiner Familie es bereits getan hatten. Und doch war nichts von all dem geschehen. Es war, als wäre ein entscheidendes Puzzlestück an seinen Platz gefallen, als ich mich in der Creek Lane wiederfand.

Die Creek Lane windet sich, ihrem Namen getreu, unschlüssig dahin. Wie die meisten Straßen in Kalkutta erscheint sie als ein Durcheinander von Wohnhäusern, Läden und kleinen Büros. Jeder schien jeden zu kennen, und das war auch gut so, denn eine nennenswerte Hausnumerierung gab es dort nicht. »Gomes Babu«, sagte ein Ladenbesitzer, als ich nach dem Weg fragte, »der wohnt in Nummer 14«, und er zeigte auf ein Tor, das sich in geringer Entfernung die Straße weiter unten befand.

Die Bougainvilleen, die sich wie ein Wasserfall über die hohe Mauer ergossen, verdeckten fast das kleine Marmorschild, auf dem zu lesen war, daß es sich bei diesem Haus um »The Retreat« handelte. Ich wurde von einem Mitglied der Großfamilie, die im Erdgeschoß wohnte, in den zweiten Stock geschickt, wo Michael Gomes jetzt mit seiner Frau lebt. Während ich die hölzerne Treppe mit dem hübschen gußeisernen Geländer emporstieg, mußte ich unwillkürlich daran denken, daß Mutter Teresa und ihre kleine Truppe in den vier Jahren, als dies ihr Zuhause war, über genau diese Treppe ein und aus gegangen waren.

Unmittelbar nach ihrer Rückkehr aus Patna am 9. Dezember 1948 wohnte Mutter Teresa zunächst bei den Kleinen Schwestern der Armen. Aber Pater van Exem wurde bald klar, daß sie näher am Motijhil-Slumgebiet sein mußte, wo sie mit ihrer Arbeit begonnen hatte. Also begann er gemeinsam mit Pater Henry nach einer geeigneteren Unterkunft für sie zu suchen. »Ich wußte nicht, was ich mit Mutter Teresa tun sollte«, sagte Pater van Exem. »Pater Henry und ich waren auf unseren Runden in Kalkuttas Osten und anderen Gebieten ständig auf der Suche nach einem geeigneten Haus. Dann fiel mir plötzlich ein, daß Alfred und Michael Gomes, zwei Brüder, die ich kannte, in einem schönen, dreigeschossigen Haus wohnten. Ich wußte, daß der oberste Stock leerstand. Mutter konnte also zunächst dort einziehen, und die Situation würde sich langsam verbessern.«

Noch am selben Morgen sprach Pater van Exem mit Alfred Gomes, der die Büroarbeit für ihn erledigte. »Ich traf ihn wie üblich in der Sakristei meiner Kirche in Baithak Khana an. Er hatte bereits von Mutter Teresas Arbeit gehört, denn sie war inzwischen überall bekannt. Ich sagte zu Alfred: ›Sie haben ein Haus, und der oberste Stock ist unbewohnt. Könnten Sie ihn nicht Mutter Teresa geben?‹« Alfreds Reaktion war positiv, aber er sagte, er müsse zunächst seine Brüder fragen, von denen zwei in Ostpakistan lebten, da das Haus ihr gemeinsamer Besitz war. Ihre Zustimmung ließ nicht lange auf sich warten, und am 28. Februar bezog Mutter Teresa ein leeres Zimmer im obersten Stock der Gomes-Villa.

Mutter Teresas eigene Notizen zeigen, daß nicht alles so glatt verlief. Sobals sie aus Patna zurück war, begann sie nach einem Standort für einen Konvent zu suchen, aber bei mehr als einer Gelegenheit zerschlugen sich die Pläne in letzter Minute. Sie fand »ein ideales Haus für die Missionarinnen der Nächstenliebe, abgeschieden und doch nah bei allem«, in der Park Circus Avenue Nr. 46. Als schon fast alles geklärt war, hatte der Vermieter offensichtlich seine Meinung geändert. Am 16. Februar schrieb sie:

> »Ich wollte mich mit dem Vermieter von Park Circus Nr. 46 treffen. Der Mann ist überhaupt nicht erschienen. Ich fürchte, ich hatte mich zu sehr in das Haus verguckt – und der Herr will, daß ich eine ›Freie Nonne‹ bleibe, mit der Armut des Kreuzes bekleidet. Aber heute habe ich etwas Wichtiges gelernt – die Armut der Armen muß oft so schwer für sie sein. Ich bin auf der Suche nach einem Haus gelaufen und gelaufen, bis mir Arme und Beine schmerzten. Ich dachte, wie ihnen Körper und Seele schmerzen müssen auf ihrer Suche nach Unterkunft, Nahrung, Hilfe. Dann wurde die Versuchung immer stärker. Die palastähnlichen Gebäude von Loreto kamen mir in den Sinn. Die ganzen

schönen Dinge und Annehmlichkeiten, mit einem Wort, alles. ›Du mußt es nur sagen, und all das wird wieder dir gehören‹, drängte die Stimme der Versuchung unaufhörlich. Aus freiem Willen, mein Gott, und aus Liebe zu dir, will ich das bleiben und tun, was dein heiliger Wille für mich ist. Ich habe nicht eine einzige Träne geweint. Selbst wenn ich noch mehr leide als jetzt, will ich immer deinen heiligen Willen tun. Dies ist die dunkle Nacht der Geburt der Gemeinschaft. Mein Gott gib mir jetzt, in diesem Moment, den Mut, deinem Willen unbeirrt zu folgen.«

Verständlicherweise konnte sie in einer Notiz vom 21. Februar ihre freudige Erregung kaum verbergen:

»Gute Neuigkeiten wegen des Hauses in der Creek Lane. Wie seltsam und wunderbar sind doch Gottes Werke. In all seiner Armut ist das Haus doch reich. Ich muß nehmen, was du gegeben hast, nicht, was mir gefällt.«

Auch am 25. Februar war sie voller Begeisterung:

»Das neue Quartier wird langsam fertig, ich kann es kaum noch erwarten, dort zu sein.«

Und doch überfiel sie am Tag ihres Einzugs in der Creek Lane ein Gefühl der Einsamkeit, ausgelöst zweifellos durch die Tatsache, daß sie hier völlig allein war. Die vorangegangenen Wochen hatte sie in Gesellschaft der Kleinen Schwestern der Armen verbracht. Sie hatten gemeinsam gebetet, und sie hatte an den Abendmahlzeiten teilgenommen. Bei einer der seltenen Gelegenheiten, als sie auf ihre Anfänge zu sprechen kam, hat sie einmal zu mir gesagt: »Ich stand auf der Straße, ohne Begleitung, ohne Helfer, ohne Geld, ohne jede Garantie oder Sicherheit.« Das hilft vielleicht, den rührenden Eintrag dieses ersten Abends in der Creek Lane zu verstehen:

> »28. Februar – heute, mein Gott, welche Qualen der Einsamkeit. Ich frage mich, wie lange mein Herz das ertragen wird. Die Tränen waren nicht aufzuhalten. Soll jeder meine Schwachheit sehen. Mein Gott, gib mir jetzt den Mut, mir selbst und der Versuchung zu widerstehen. Laß mich keinen Rückzug machen von dem Opfer, das ich aus freien Stücken und Überzeugung erbracht habe. Reines Herz meiner Mutter Maria, hab Mitleid mit deinem armen Kind. Aus Liebe zu dir will ich als Missionarin der Nächstenliebe leben und sterben.«

Es war genau derselbe Raum, den der Gemeindepfarrer damals gesegnet hatte, in dem Michael Gomes nun einen mit Schreibheft, Kamera und Cassettenrecorder bewaffneten Fremden willkommen hieß. Ich erinnerte mich daran, daß Mutter Teresa ihn als »heiligen Mann« bezeichnet hatte, und seine sanfte und zurückhaltende Art war mir angenehm. Der schlanke Sechzigjährige saß da und hörte zu, während ich mein Anliegen vorbrachte. Er beantwortete ein paar Fragen beiläufig, ja, fast ein wenig widerstrebend. Nach einer Weile machte er den Vorschlag, ich sollte am folgenden Tag noch einmal wiederkommen. Ich fragte mich, ob der Grund hierfür in der Tatsache lag, daß Schwester Joseph Michael nicht in der Lage gewesen war, ihn über meinen Besuch und mein Vorhaben zu informieren. Am nächsten Abend war Michael Gomes wesentlich mitteilsamer; Mutter Teresas Nachrichtensystem hatte Wunder gewirkt.

Mutter Teresa hatte ein einzelnes Zimmer bezogen, erzählte er mir. »Sie hatte nichts dabei außer einer schwarzen Kiste, die sie hier hinstellte«, sagte Michael und deutete auf einen Platz nahe der Eingangstür. »Sie diente zugleich als Sitzbank und als Schreibtisch.« An die Wand hatte Pater van Exem ein Bildnis vom Reinen Herzen Mariens gehängt, das ursprünglich ein Geschenk von ihr an ihn gewesen war. Mutter Teresa war nicht ganz allein, sondern sie wurde begleitet von Charu Ma, einer Witwe, die Köchin in St. Mary's gewesen war. Nach bengalischer Sitte wurde sie mit dem Namen ihres Sohnes als Charu Ma, die Mutter von Charu, angeredet. Sie hing sehr an Mutter Teresa und hatte sich daher entschlossen, den Konvent zu verlassen, um für sie kochen und ihr Gesellschaft leisten zu können. Michael erinnerte sich daran, daß er Mutter Teresa auch Möbel angeboten hatte. »Schließlich standen ja die ganzen Möbel meines Bruders im Nebenraum zur Verfügung, aber sie wollte nur ungern Gebrauch davon machen.« Schließlich nahm sie einen Stuhl und ein paar Umzugskisten an, die als Sitzgelegenheiten wie auch als Tische dienten.

»Ich bewundere, wie sich das alles entwickelt hat«, sagte Michael gedankenverloren. »Wie hat sie das nur gemacht?« fragte er, ohne eine Antwort zu erwarten. »Wir haben unser Essen mit ihr geteilt, sooft wir konnten, aber ich weiß, daß es Situationen gab, in denen sie ihr eigenes Essen verschenkte und nichts aß. Manchmal schickte sie mir einen Zettel mit den Worten: ›Michael, borgen Sie mir doch sechs Becher Reis. Ich werde Ihnen später das Geld dafür geben.‹ In den meisten Fällen gab sie den Reis dann einer hungernden Familie, die am Eingangstor wartete. Sie hat nie versucht, uns Geld zu geben, weil sie wußte, das würde uns verletzen.« Was Michael Gomes verschwieg, die Schwestern aber verrieten, war die Tatsache, daß die Familie weder eine Miete noch Geld für Nahrungsmittel und zahlreiche andere Dinge, die sie damals zur Verfügung stellten, akzeptierte. »Wir haben nichts gegeben«, sagte Michael Gomes, »wir haben nur genommen.«

Während wir uns unterhielten, war mir deutlich bewußt, daß

Mutter Teresa vor vierundvierzig Jahren in genau diesem Raum ihr Werk begonnen hatte. Es war ein recht großes Zimmer, das sich auf beiden Seiten zu einer großzügigen Veranda hin öffnete. Auf dem sauberen blanken Boden stand ein ganz normales hölzernes Sofa, auf dem ich saß, und ein Paar passender Stühle, von denen Michael den einen besetzt hielt. An einem Ende stand ein großer Schreibtisch. Waren es wohl diese Möbel gewesen, die sie nicht hatte benutzen wollen, fragte ich mich? An den Wänden hingen mehrere Fotos, darunter das Bild einer Nichte von Michael Gomes, die sich den Missionarinnen der Nächstenliebe hatte anschließen wollen. Sie war noch jung eines allzufrühen Todes gestorben. Da war auch das Hochzeitsfoto von Gomes' Tochter Mabel, die jetzt in den USA lebt. Als sieben- oder achtjähriges Kind hatte sie Mutter Teresa nach ihrem Einzug häufig bei ihren Besuchen in den Slums begleitet. Sie war im wahrsten Sinne des Wortes eine von Mutter Teresas ersten Mitarbeiterinnen.

Mutter Teresa hat in ihrem »Buch« festgehalten, daß Pater Henry ihr eine »schöne« Statue der Lieben Frau von Fatima für den Altar geschenkt hatte. Ich nahm an, daß diese Statue ihren Platz im Nachbarzimmer gefunden hatte, das schließlich zur kleinen Kapelle umfunktioniert worden war. Mich überkam die Neugier, und ich fragte, ob ich wohl einen Blick hineinwerfen dürfte. »Damals standen hier keine Möbel«, sagte Michael und deutete auf das Himmelbett und einen großen Schrank, der den kleinen Raum beherrschte. »Es gab nur einen kleinen Altar. Als die Kongregation gegründet wurde, war dieser Raum ihre Kapelle. Nach ein paar Jahren waren hier oben fast dreißig Mädchen. Während der Freistunden schallte ihr Lachen durchs ganze Haus«, erinnerte er sich lächelnd.

»Nach und nach kamen Menschen, die um Hilfe und um Arzneimittel baten. Es gab einige Tuberkulosefälle im Frühstadium. Eines Tages sagte Mutter Teresa: ›Michael, können Sie mich begleiten, ich möchte auf eine Betteltour gehen.‹ Wir gingen zum Haus einer Bekannten, die Schulinspektorin war. Mutter Teresa berichtete ihr von der Arbeit und von den Menschen, die Arzneimittel und Hilfe brauchten. Sie redete und redete. Die Inspektorin hörte zu und gab nichts, aber ihre halbblinde Schwester war gerührt und gab fünf Rupien.« Er schwieg eine Weile. »Es gab viele Enttäuschungen in ihrem Leben«, fügte er hinzu. Dann, nach einer langen Pause, lächelte er wieder und sagte leise: »Wissen Sie, diesen Fußboden hat sie jeden Tag selbst geschrubbt.«

Es war interessant, von Michael Gomes zu erfahren, daß Mutter Teresa auch damals schon systematisch und methodisch vorgegangen ist. Sie hatte von Anfang an eine klare Vorstellung ihrer Vorgehensweise. Ihrer Satzung zufolge sollen die Schwestern paarweise hinausgehen, wie es auch die Jünger Jesu getan haben, in Krankenhäuser, zu Leprakranken und um Menschen von den Straßen aufzusammeln, selbst wenn diese betrunken sind. »Zu Anfang nahm sie oft die Kinder hier aus dem Haus mit, oder meine Frau oder ich haben sie begleitet. Eines Tages hatte Mutter Teresa unsere kleine Tochter mit in die Slums genommen. Normalerweise waren sie immer so gegen Mittag zurück, aber an diesem Tag war es bereits nach ein Uhr, und meine Frau fing an, sich Sorgen zu machen, vor allem, weil es an diesem Nachmittag einen richtigen Wolkenbruch gab. So um zwei Uhr nachmittags fuhr eine Rikscha vor, aus der Mutter Teresa und Mabel kletterten. Sie waren völlig durchnäßt. Das erste, was sie zu meiner Frau sagte, war, es täte ihr leid, daß Mabel naß geworden war. Dann berichtete sie, sie wären in Motijhil in ein Haus mit niedrigen runden Wänden gekommen, das ganz voll Wasser gelaufen war. Darin stand bis zu den Knien im Wasser eine Frau mit einem Kind auf dem Arm, das sie mit einer zerbrochenen Emailschüssel vor dem Regen zu schützen versuchte. Das Kind glühte vor Fieber. Der Hausbesitzer hatte seit zwei Monaten die Miete von nur vier Rupien pro Monat nicht bekommen und hatte trotz des Regens seine Angestellten geschickt, um das Dach vom Haus zu nehmen. Und das wegen nur acht Rupien! Nachdem sie Mabel nach Hause gebracht hatte, ging Mutter Teresa wieder zurück, um zu sehen, was sie für die Leute tun konnte. Obwohl dieses Erlebnis sie sehr traurig machte, verstärkte es gleichzeitig ihren Entschluß, etwas für die Armen zu tun. Sie war überzeugt, wenn sie nur dieser einen Frau und ihrem Kind helfen konnte, würde sich das gesamte Elend doch mindestens um ein Bruchteil verringern.«

Falls es Michael Gomes manchmal peinlich gewesen war, eine unbekannte, ungewöhnlich gekleidete Nonne auf ihren »Betteltouren« zu begleiten, so ließ er es sich nicht anmerken. Eines Tages machten sie sich auf den Weg zu einem dieser Besuche beim Manager eines Pharmaunternehmens. Er war ein flüchtiger Bekannter von Michael Gomes und hatte versprochen, ein paar Medikamente zu spenden. Es war ein typisch bengalischer Monsun-Tag, an dem der Regen so stark herniederprasselt, daß selbst Tiere nach einem Unterschlupf suchen. Auf dem Hinweg mit der Straßenbahn bemerkte Mutter Teresa einen Mann, der naß bis auf die Knochen unter einem Baum kauerte. Sie machte auch Michael auf ihn aufmerksam. Da sich die Straßenbahn aber zwischen zwei Haltestellen befand, konnten sie nicht aussteigen, und Mutter Teresa beschloß, auf dem Rückweg nach ihm zu sehen und ihm vielleicht ein Dach über dem Kopf zu verschaffen. Sie holten die Medikamente ab und eilten zurück, wo sie ihn an derselben Stelle fanden, nur war sein Kopf in eine Wasserlache gesunken. Er war tot. Mutter Teresa war verzweifelt. Vielleicht hatte er noch etwas sagen wollen, bevor er so tragisch und einsam gestorben war, aber es war niemand dagewesen, der seine letzten

Worte hören konnte. »Wenn wir nur einen Ort finden könnten, an dem die Menschen in Würde sterben können«, sagte Mutter. »Das war der Anfang ihrer Suche, die nach Kalighat führte«, erinnerte sich Michael.

Während er sich in seinen Erinnerungen verlor, schien es fast, als hätte er vergessen, daß ich da war. Mit halbgeschlossenen Augen schien er leise mit sich selbst zu reden. Ich stand vom Sofa auf, ging hinüber und setzte mich vorsichtig neben ihn, damit meine Bewegungen seinen Gedankenfluß nicht störten. »Eines Vormittags in dieser Anfangszeit fuhren wir mit der Straßenbahn nach Howrath. Ein paar Leute, die uns gegenübersaßen, ließen Bemerkungen fallen über die hellhäutige Dame im Sari. Einer behauptete, sie sei eine Nonne, die es darauf abgesehen hätte, Hindus zum Christentum zu bekehren. Ein anderer sagte, daß diese Fremde nicht einmal für Geld arbeitete, sondern nur, um mehr Christen zu gewinnen. Den Leuten war dabei nicht klar, daß Mutter Teresa jedes Wort verstand, das sie sprachen. Sie hatte die Schülerinnen von St. Mary's ja schließlich in Bengali unterrichtet. Sie hörte ihnen lange schweigend zu. Endlich drehte sie sich zu ihnen um und sagte sanft, aber bestimmt: ›*Ami Bharater Bharat Amar*‹, was soviel bedeutet wie: ›Ich bin Inderin, und Indien ist mein‹. Sie waren sprachlos. Sie wurden sich bewußt, daß Mutter Teresa jedes einzelne ihrer Worte verstanden hatte. Nun herrschte völliges Schweigen, bis wir in Howrath ankamen.«

Die Erinnerung an diesen Vorfall ließ Michael Gomes offenbar ebenfalls verstummen. Ich konnte das Ticken der Uhr im Zimmer vernehmen, während zwei Stockwerke tiefer der Lärm des Abendverkehrs unvermindert anhielt. Ich war bereits seit zwei Stunden da und war vielleicht schon zu lange geblieben. Als ich mich zum Gehen erhob, sagte er: »Wir dürfen sie nicht mit katholischen Augen oder mit hinduistischen Augen, sondern allein mit menschlichen Augen betrachten, denn sie selbst macht keine Unterschiede. Sie respektiert alle Religionen und alle Menschen. Das heißt nicht, daß sie keine gute Katholikin ist. Das ist sie, aber es schließt für sie nichts aus. Darin liegt die große Anziehungskraft ihrer Arbeit. Sie ist nicht so faßbar, wie wir meinen.« Ich konnte nicht ganz verstehen, was er damit sagen wollte, aber weil diese Worte einen fast mystischen Klang hatten, prägten sie sich mir ein. Mit der Aussage, sie schließe mit ihrer Religion niemenden aus, meinte Michael Gomes vermutlich, daß Mutter Teresas Mitleid alle Glaubensrichtungen umfaßt und die Nichtreligiösen und Ungläubigen dazu. Mir fiel auch ein, was Pater van Exem mir in diesem Zusammenhang einmal in einem Brief geschrieben hatte: »Für Mutter Teresa ist ihre Religion nicht nur das Wichtigste, sie ist alles. Diese Religion läßt sie jeden Menschen lieben. Ihr Leben ist Liebe zu Gott, den sie in den Armen wiedererkennt.«

Etwa drei Wochen nachdem Mutter Teresa in der Creek Lane eingezogen war, stieß die erste Postulantin zu ihr: Subashini Das, die zukünftige Schwester Agnes. Subashini war vielleicht die einzige von Mutter Teresas früheren Schülerinnen in St. Mary's, die eine vage Ahnung hatte, daß ihre Schulleiterin fortgehen würde, um einen eigenen Orden zu gründen. Sie war seit der siebten Klasse Mutter Teresas Schülerin gewesen und gehörte zu der Gruppe, die, angeregt durch Mutter Teresa, vor allem an den Samstagnachmittagen nach der Schule praktische Hilfe bei den Armen leistete. Da sie selbst den Konvent nicht verlassen konnte, hatte Mutter Teresa die älteren Schülerinnen von St. Mary's aufgefordert, bedürftige Patienten in den städtischen Krankenhäusern zu besuchen und arme Kinder in den Slums zu unterrichten. »Sie bat uns, die Kinder um uns zu versammeln, ihnen das Alphabet und ein paar Lieder beizubringen und sie glücklich zu machen«, erinnerte sich Schwester Agnes.

»Eines Tages«, erzählte Schwester Agnes weiter, »habe ich zu Mutter Teresa gesagt: ›Sie haben oft davon gesprochen, wie notwendig es ist, mit dieser Art von Arbeit zu beginnen. Wir sind bereit zu helfen, aber wir brauchen jemanden, der uns anleitet. Warum können Sie das nicht tun?‹ Das ist mir einfach so herausgerutscht. Mutter lächelte, bedeutete mir aber zu schweigen. Damals habe ich zum ersten Mal bemerkt, daß bereits etwas in ihr vorging. Als sie Loreto endgültig verließ, kam das für mich nicht überraschend. Nach dem Umzug in die Creek Lane schickte sie mir ein Briefchen, in dem sie mich um ein Treffen bat. Ich kann mich genau daran erinnern, daß ich sie am 1. März besuchte. Sie fragte mich, ob ich bereit sei. Ich antwortete, daß ich nur auf den Tag und die Stunde wartete. Mutter Teresa schlug den 19. März vor, das Fest des Heiligen Joseph. Ich konnte es kaum erwarten. An diesem Tag habe ich mein neues Leben begonnen, das mir seither nur Glück im Dienst an Gott gebracht hat.«

In ihren Notizen hielt Mutter Teresa den folgenden Eintrag fest:

> »19. März: Ein großer Tag. Subashini Das hat sich der kleinen Gemeinschaft angeschlossen. Wir sind nach Baithak Khana gegangen, um sie Unserer Lieben Frau zu weihen. Möge das Reine Herz, der Quell unserer Freude, den Anfängen dieser geringsten ihrer Gemeinschaften helfen, sie behüten, segnen und vervollkommnen. Sie ist so wunderbar einfach. Gott möge sie so erhalten.«

Kurze Zeit später stand plötzlich eine weitere Schülerin aus St. Mary's, Magdalena Gomes, vor der Tür. Während Subashini klein und ruhig war, war Magdalena groß und gesprächig. Sie wurde die zweite Postulantin und nahm den Namen Schwester

Gertrude an. Am 26. März schrieb Mutter Teresa überschwenglich:

> »Ein großer Tag. Magdalena Pattin [Gomes] ist Mitglied der kleinen Gemeinschaft geworden. Sie ist eine gute, starke Seele. Sie wird mit den Armen gut zurechtkommen. Wir sind zur Weihe nach Baithak Khana gegangen. Sie muß uns zulächeln, die wir versuchen, unserer Königin all unsere Liebe und Verehrung darzubringen.«

Und zwei Tage später:

> »Wir sind so richtig glücklich in unserem Konvent. Die Stille wird wunderbar eingehalten. Die jungen Postulantinnen sind so eifrig bei der Sache, daß ich gezwungen bin, ihrem Beispiel zu folgen.«

So wie Subashini dazu angehalten wurde, die letzten beiden Monate ihrer Lehrerausbildung zu beenden, wurde auch Magdalenas weitere Ausbildung gefördert. In dem Bewußtsein, wie nützlich es wäre, eine Ärztin in den eigenen Reihen zu haben, wurde Magdalena ein Medizinstudium verordnet. Michael Gomes (kein Verwandter von Magdalena) erinnerte sich, daß Mutter Teresa ihn gebeten hatte, Magdalena Nachhilfestunden in Mathematik zu geben. »Sie hat ein sehr gutes Examen gemacht«, sagte er. »Sie kam ganz aufgeregt nach Hause und zeigte Mutter die Goldmedaille, die ihr als drittbester Kandidatin verliehen worden war. Mutter Teresa überraschte sie daraufhin mit der Frage, was sie damit tun wollte. Magdalena antwortete, darüber hätte sie noch nicht nachgedacht. Mutter sagte, sie freue sich über ihr gutes Abschneiden, fügte aber hinzu, daß man keine Goldmedaillen brauche, um Arme zu behandeln. Die Medaille könnte statt dessen derjenigen verliehen werden, die Viertbeste geworden war. Was übrigens auch geschah.«

Ich fragte Schwester Agnes, ob die Anfänge schwierig für sie gewesen waren. Sie schüttelte den Kopf und sagte mit einem Lächeln: »Wenn man jung ist, ist man sehr begeisterungsfähig. Wir haben nicht über Schwierigkeiten nachgedacht und hatten immer das Gefühl, Gott würde schon für uns sorgen. Wir hatten nur das Einfachste, aber das genügte. Mutter Teresa machte sich vielleicht manchmal Sorgen um unser Essen, aber uns selbst kümmerte das überhaupt nicht. Es kam vor, daß wir keinen Reis hatten. Dann hat Mutter immer eine Nachricht an Michael geschickt, und er hat uns welchen gekauft. Unsere Tuberkulose-Patienten brauchten die Nahrung viel dringender als wir. Pater van Exem und Pater Henry riefen in der Messe am Sonntag zum *musti bhikkha* auf. Das ist eine bengalische Sitte, nach der jede Familie, die es sich leisten kann, eine ›Handvoll Reis für einen Bettler‹ beiseite legte. Eine religiöse Gruppe, die sich Legion Mariens nannte, ging von Tür zu Tür und sammelte diese Portionen sein. Oft waren es wild durcheinandergemischte Reste, aber es war trotz allem Nahrung für Menschen, die kurz vor dem Verhungern standen. Diese Reste waren der Anfang unseres Ernährungsprogramms.«

Innerhalb der nächsten paar Monate kam eine wachsende Zahl junger Frauen, um sich Mutter Teresa anzuschließen. Es überrascht nicht, daß die meisten von ihnen ehemalige Schülerinnen aus St. Mary's waren. Dazu gehörten auch die zukünftige Schwester Dorothy und Schwester Margaret Mary. Im Zeitraum von wenigen Monaten wurden aus vier Mitgliedern zehn. Bald waren das Zimmer und die Veranda überfüllt. »Eines Tages sandte Mutter mir die Nachricht, daß eines der Mädchen an Windpocken erkrankt sei und isoliert werden müßte. Ob sie wohl noch ein Zimmer haben könnte?« erinnerte sich Michael

Mutter Teresa beim Gebet.

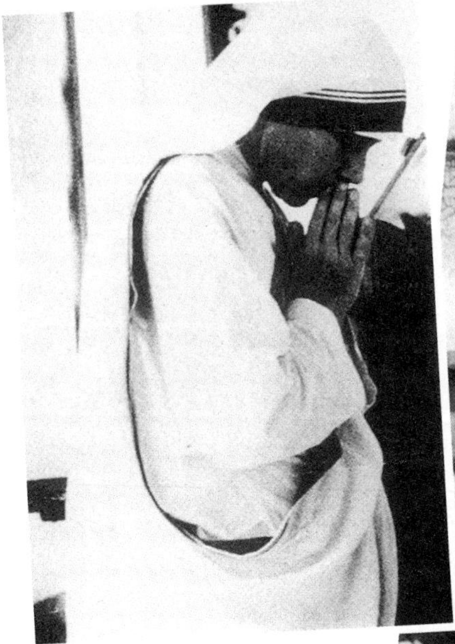

Oben links: Das erste Foto aus der Kapelle im Mutterhaus, 1955.

Oben rechts: Mutter Teresa mit einem der ersten Patienten im Heim für Sterbende (Kalighat), Kalkutta.

Rechts: Die erste Kapelle der Missionarinnen der Nächstenliebe in der Creek Lane Nr. 14, Kalkutta, 1950.

Mutter Teresas erstes Zimmer in der Creek Lane Nr. 14, Kalkutta
Als sie dort wohnte, gab es nur ganz wenige Möbelstücke.

Pater Celeste van Exem. Mutter Teresas geistlicher Berater.

Oben: Leprapatienten bauen die Siedlung in Titagarh.

Rechts: Eine Ansicht des Produktionszentrums, das die Leprapatienten von Titagarh errichtet haben.

Unten: Geheilte Leprapatientinnen weben die Saris für die Missionarinnen der Nächstenliebe.

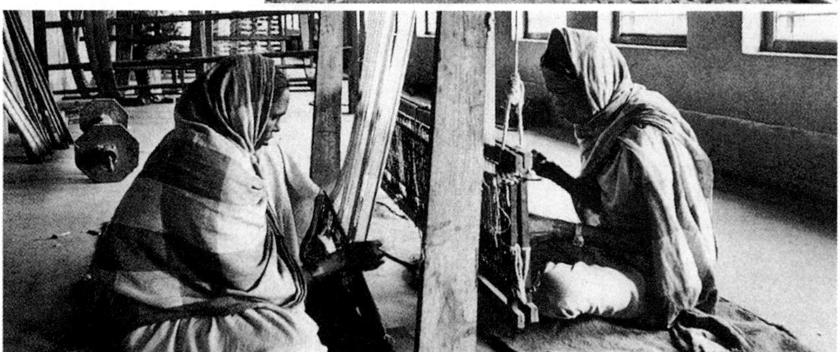

Oben: Prinz Charles bei einem Besuch im Shishu Bhawan von Kalkutta. Mutter Teresa ist in der Bildmitte zu sehen.

Mitte: Mutter Teresa mit Jacqueline de Decker in Rom, 1982.

Rechts: Der Autor mit Schwester Agnes, Mutter Teresas erster Postulantin.

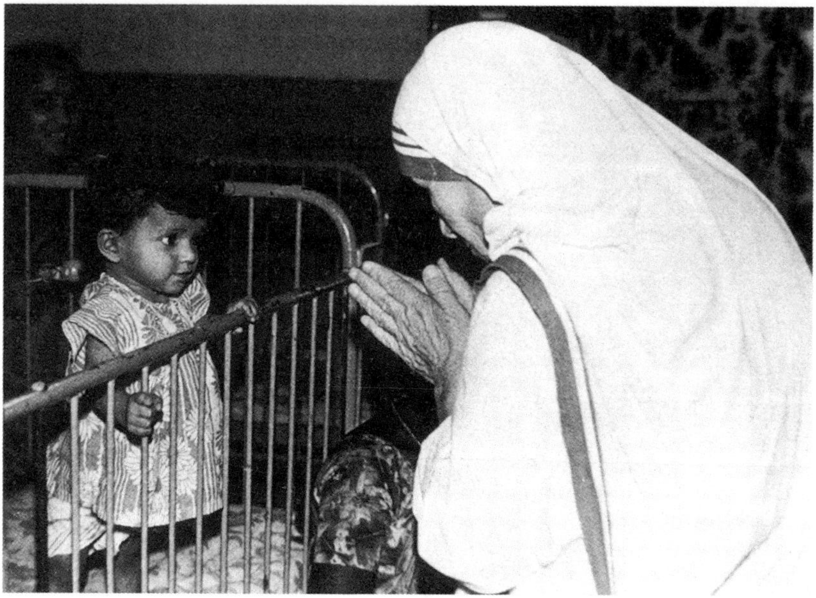

Mutter Teresa grüßt ein Kind im Shishu Bhawan von Delhi.

Schwestern beim Gebet im Mutterhaus.

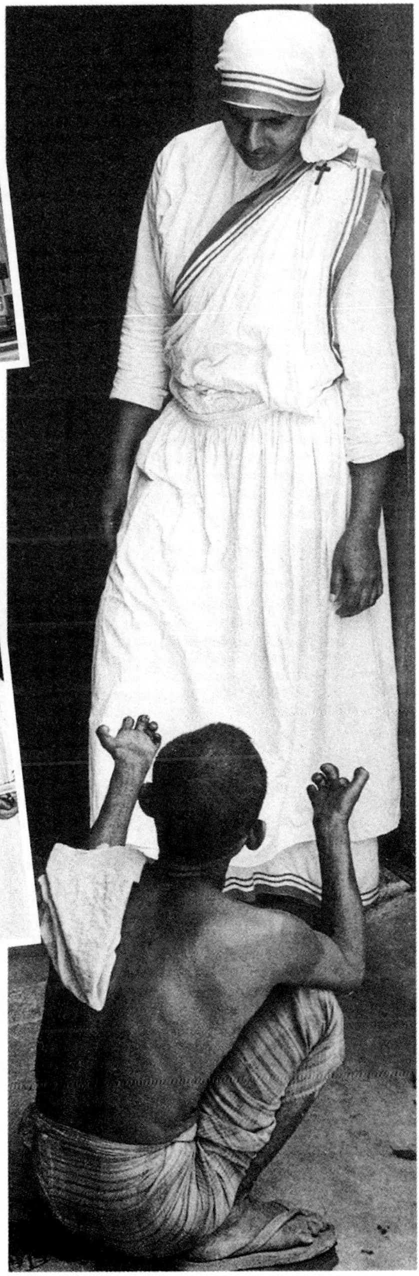

Oben links: Das Mutterhaus in der Lower Circular Road Nr. 54A in Kalkutta.

Mitte: Eine Schwester an der Eingangstür zum Mutterhaus. Die Kette hängt an der Tür, direkt unterhalb der Tafel.

Rechts: Ein Leprapatient spricht mit einer der Schwestern.

Mutter Teresa mit einem Kind im Nirmala Shishu Bhawan, Kalkutta.

Gomes. »Und dann war dies und dann war jenes, und bald bewohnten sie das gesamte Stockwerk! Ihr Tagesablauf wurde durch ein System von Glockenzeichen bestimmt. Wenn die Glocke läutete, mußten sie essen, an ihre Arbeit draußen gehen, beten oder ruhen. Während ihrer Freizeit spielten sie Spiele wie beispielsweise Tauziehen. Man konnte ihr Gelächter bis auf die Straße hören. Sie mußten auch sehr viel lernen. Sie durften ihre Ausbildung nicht abbrechen, und Mutter Teresa überwachte abends die Fortschritte.« »Wir lebten wie Nonnen«, erinnerte sich Schwester Agnes, »aber wir waren noch nicht als eigenständige Kongregation anerkannt. Der Erzbischof mußte unseren Weg noch billigen, und es gab noch keine Satzung. Aber wir waren überzeugt, daß die Zustimmung kommen würde.«

Michael Gomes war sich auch der bestehenden Kritik an Mutter Teresa bewußt und ging indirekt darauf ein. »Einmal war sie wieder auf einer ihrer ›Betteltouren‹ unterwegs. Sie war früh am Morgen, lange vor acht Uhr, losgezogen und kam gegen fünf Uhr nachmittags zurück. Ich war überrascht, sie auf der Ladefläche eines Lastwagens zu sehen, wo sie auf ein paar Säcken mit Reis und Mehl saß. Sie war zum Bahnhof gegangen, um diese Sendung in Empfang zu nehmen. Es gab keinen Abfertigungsagenten, der das für sie erledigt hätte, also ging sie selber hin. Sie hatte seit dem Morgen nichts gegessen oder getrunken. Ich höre manchmal Kritik, Mutter würde ihre Arbeit nicht ordentlich organisieren, Briefe nicht beantworten, Spenden nicht sofort bescheinigen, und sie hätte wenig Geschäftssinn. Wenn man sie so kritisiert, muß ich immer daran denken, wie sie da auf diesen Säcken mit Mehl und Reis saß, um sicherzustellen, daß nichts gestohlen wurde und ihre Mädchen etwas zu essen hatten.«

Die jungen Frauen in den auffälligen weißen Saris mit den blauen Rändern wurden bald ein vertrauter Anblick, nicht nur in der Creek Lane, sondern auch in den Armenvierteln, die sie versorgte. In Motijhil und anderen Slums waren die Bewohner »sehr warmherzig und offen«, erinnerte sich Schwester Agnes. Die Schwestern hielten vormittags Unterricht in der Schule und betrieben nachmittags das Dispensarium, jeden Tag mit Ausnahme des Sonntags. Sie machten regelmäßig Besuche bei kranken Familien und versuchten alles, die Kranken in den städtischen Krankenhäusern unterzubringen. Oft blieb ihnen aber auch nichts anderes übrig, als sich dort um die Sterbenden zu kümmern, wo sie sie fanden, nämlich auf den Straßen.

Erzbischof Perier hatte sich ständig auf dem laufenden über Mutter Teresas Arbeit gehalten. Er würde bald die Entscheidung zu fällen haben, ob die Gruppe aufgelöst und Mutter Teresa aufgefordert werden sollte, in den Loreto-Orden zurückzukehren, oder ob er sie als eine Kongregation für die Diözese von Kalkutta akzeptieren wollte. Pater van Exem, der nach wie vor Mutters geistlicher Beistand war, stand in ständigem engen Kontakt mit dem Erzbischof.

»Habe ich Ihnen schon erzählt, daß ich eine Anzeige in den *Statesman* gesetzt habe?« fragte mich Pater van Exem eines Tages. »Ich konnte Mutter Teresas Arbeit nicht aus den Mitteln meiner Kirche oder des Waisenhauses unterstützen, da die bereits vergeben waren. Obwohl sich die Kunde von ihrer Arbeit in Motijhil schnell verbreitet hatte, standen den Schwestern fast keine finanziellen Mittel zur Verfügung. An manchen Tagen hatten die Schwestern nur Reis zu essen. Also schrieb ich an den *Statesman* und schickte eine Anzeige mit, die um Unterstützung für Mutter Teresas Arbeit in Motijhil warb, und ich bekam sofort eine sehr nette Antwort. Sie lautete, daß man Mutter Teresas Arbeit sehr schätzte und beschlossen hatte, die Anzeige in der Zeitung zu drucken. Sie meinten: ›Geben Sie als Mutter Teresas Adresse lieber nicht Creek Lane Nr. 14 an, das klingt nicht vertrauenerweckend. Nennen Sie statt dessen die Anschrift ihrer Kirche.‹

Es muß wohl am zweiten oder am dritten Tag nach Erscheinen dieser Anzeige gewesen sein, genau weiß ich es nicht mehr, als ein Wagen vor meiner Kirche vorfuhr und ein Offizier herausstieg. Er war vom Chefminister von Bengalen, B. C. Roy, geschickt worden, um eine Spende für Mutter Teresas Arbeit zu überbringen. Das war die erste Reaktion. Und wissen Sie, ich weiß gar nicht mehr, ob ich für die Anzeige bezahlt habe«, sinnierte er.

Zu Beginn des Jahres 1950, nur wenige Monate nachdem Mutter Teresa mit ihrer Arbeit in Motijhil begonnen hatte, fällte der Erzbischof endgültig die Entscheidung, den Weg gutzuheißen, den die junge Nonne eingeschlagen hatte. Er stellte nur noch die eine Bedingung, daß Pater van Exem ihm bis zum 1. April eine Satzung der neuen Kongregation vorlegen sollte! Da er selbst im April nach Rom reisen würde, wollte er fünf Kopien mitnehmen und sie Kardinal Petrus Fumascni-Biondi übergeben, den Vorsitzenden der Kurienkongregation für die Glaubensverbreitung, der die endgültige Anerkennung erteilen mußte.

Erzbischof Perier hat eine wichtige Rolle in Mutter Teresas Entwicklung gespielt, auf vielfältigere Weise, als allgemein bekannt ist. Er stammte aus Antwerpen in Belgien und kam 1906 als junger Priester nach Indien. Es war in weiten Bereichen ein Erfolg seiner Bemühungen, daß die jugoslawischen Jesuiten sich darauf einließen, nach Bengalen zu gehen. Und die Briefe, die diese ersten jugoslawischen Jesuiten aus Indien nach Hause schrieben, waren es, die in der jungen Agnes den Wunsch erweckten, Missionarin in Bengalen zu werden.

Obwohl Erzbischof Perier den Dingen grundsätzlich vorsichtig und konservativ gegenüberstand, ließ er, sobald er sich überzeugt hatte, daß ihr Werk dem Willen Gottes entsprach, Mutter Teresa für den Rest seines Lebens seine uneingeschränkte Unterstützung zuteil werden.

Der Erzbischof betraute Pater van Exem mit der Aufgabe, die Satzung zu schreiben. Diese umfaßt heute 275 Regeln und trägt die Bezeichnung »Die Satzungen der Missionarinnen der Nächstenliebe«.

»Ich habe das bestehende kanonische Recht zugrunde gelegt und die Satzungen einiger anderer Kongregationen, vor allem aber die Eingebung, die Mutter auf der Zugfahrt nach Darjeeling empfangen hatte und die während ihrer Klausur mehrfach wiederkehrte. Ich hatte die Niederschrift der Eingebung nur einmal gelesen, wußte aber, was darin stand. Sie sollte ihren Konvent verlassen und wie die Armen leben, sie sollte weder ein großes Haus noch große Einrichtungen haben, ihre Arbeit würde in den Slums und auf den Gehsteigen von Kalkutta stattfinden. Falls die Schwestern doch große Häuser und Einrichtungen erwerben sollten, so wären diese allein für die Hilflosen bestimmt, wie etwa verlassene Säuglinge und Kinder, Leprakranke oder im Elend Sterbende. Es sollte eine religiöse Gemeinschaft sein, keine soziale Einrichtung. Es war Nächstenliebe für Christus in Gestalt der Armen.«

Sollte man das zugrundeliegende Konzept von Mutter Teresas Arbeit mit zwei Worten zusammenfassen, dann könnten das die Worte sein: »Mich dürstet«. Diese Inschrift trägt jedes Kruzifix in jeder Kapelle und in jedem Zentrum der Missionarinnen der Nächstenliebe, und die Worte stehen für den symbolischen Ruf Christi nach geistiger Liebe und Annahme. Sie dienen außerdem jeder Missionarin der Nächstenliebe als Erinnerung an das grundlegende Ziel der Gemeinschaft, den unendlichen Durst Jesu am Kreuz durch ein Leben in Gebet, Einkehr und Buße zu stillen. Um die besondere Berufung, »Christus in der jammervollen Gestalt der Armen zu lieben und zu dienen«, besser erfüllen zu können, sind die Missionarinnen der Nächstenliebe bereit, Leiden, Entsagung und sogar den Tod auf sich zu nehmen.

Mutter Teresa konnte es in ihrer religiösen Entwicklung und der Reaktion auf ihre Umwelt nicht mehr genügen, allein die drei Gelübde von »Keuschheit, Armut und Gehorsam« zu befolgen, die auch anderen Kongregationen eigen waren. Während sie diese uneingeschränkt übernahm, legte sie ein viertes Gelübde ab, »den Ärmsten der Armen von ganzem Herzen ohne Gegenleistung zu dienen«. Dieses Gelübde verpflichtete die Missionarinnen der Nächstenliebe dazu, freudig und ohne Aussicht auf Lohn für die harte Arbeit, den Kranken und Sterbenden, den Ungeliebten, den Ausgestoßenen, den Leprakranken und denjenigen, die allen Glauben und alle Hoffnung im Leben verloren hatten, Schutz und Nahrung für Körper und Seele zu gewähren, sie zu kleiden und zu pflegen. Die Berufung und die Niederschrift der Eingebung machte es mehr als deutlich, daß sie sich den Elenden auf den Straßen zuwenden mußten, was sicherlich hinter Klostermauern nicht möglich war. Die Schwestern bezeichneten dieses vierte Gelübde immer als »unseren Weg«.

Am 7. Oktober 1950 wurden die Satzungen von der Heiligen Kongregation in Rom angenommen. Pater van Exem verlas das Gründungsdekret während einer Messe, die von Erzbischof Perier persönlich zelebriert wurde. Es begann so:

> »Seit nunmehr über zwei Jahren hat es sich eine kleine Gruppe junger Frauen unter Leitung von Schwester Teresa, einer rechtmäßig exklaustierten Nonne vom Institut der Heiligen Jungfrau Maria, zur Aufgabe gemacht, den Armen, den Kindern und Erwachsenen, den Alten und Kranken in dieser unserer Großstadt zu helfen.«

In dem Dekret wurde weiter das vierte Gelübde näher erläutert. Es war die Rede von der zusätzlichen Notwendigkeit,

> »sich in Selbstverleugnung der Versorgung der Armen und Bedürftigen zu widmen, die durch Not und Elend in menschenunwürdigen Verhältnissen leben müssen. Diejenigen, die diesem Institut beitreten, sind daher entschlossen, sich unermüdlich aufzuopfern und in Städten und Dörfern, in heruntergekommensten Gegenden die Armen und Verlassenen, die Kranken und Schwachen, die Sterbenden zu suchen ...«

Als besondere Eigenart der Missionarinnen der Nächstenliebe steht das vierte Gelübde für den Entschluß, Gottes Liebe und Barmherzigkeit zu erwidern durch Liebe zu ihm in seiner »jammervollen Gestalt«, seien das nun ein ausgestoßener sterbender Aidskranker in einem Zentrum in New York oder die Leprakranken, die sich zu Tausenden in Dhapa, einem Slum von Kalkutta, drängen. Mutter Teresa hat mir mehrfach erklärt: »Ohne unseren Glauben, daß dies der Leib Christi ist, wären wir zu dieser Arbeit nicht in der Lage. Kein Geld der Welt könnte uns dazu bewegen. Wir dienen den Ärmsten der Armen ohne Gegenleistung von ganzem Herzen, und dabei ist es Christus, den wir in den zerstörten Körpern der Hungernden und Elenden berühren. Er hat gesagt: ›Was ihr dem geringsten meiner Brüder tut, das habt ihr mir getan.‹« Dann nahm sie meine Hände in die ihren und drückte mir den Daumen in die Handfläche und dann nacheinander jeden einzelnen Finger: »Das – habt – ihr – mir – getan.«

Michael Gomes konnte sich erinnern, daß im Laufe der folgenden beiden Jahre über dreißig junge Frauen dem Orden beitraten. Damit war nicht nur das oberste Stockwerk voll belegt, Mutter Teresa mußte auch einen provisorischen Raum auf dem Dach des Hauses bauen. Es war offensichtlich, daß sie ein größeres Haus brauchten. Pater Henry und Pater van Exem, deren stete Sorge dieser noch nicht ganz flügge gewordenen Kongregation galt, schwangen sich wieder einmal auf ihre Fahrräder und fingen an, nach einem größeren Haus zu suchen. Unterdessen sprachen die Schwestern besondere Gebete. Eines Tages, so berichtete Schwester Agnes, erschien ein Mann in der Creek Lane mit der Nachricht, daß ein geeignetes Gebäude zum Verkauf stand. Er bot an, Mutter Teresa das Objekt zu zeigen, das in der Lower Circular Road 54A lag, und sie mit dem Verkäufer in Kontakt zu bringen. Als Mutter Teresa sich mit Dr. Islam, einem Friedensrichter, traf, war er erstaunt, wie überhaupt jemand von seinen Verkaufsabsichten hatte wissen können, da er die Angelegenheit nur mit seiner Frau besprochen hatte. Der Mann, der Mutter Teresa hierhergeführt hatte, war inzwischen verschwunden. Als Dr. Islam von ihrer Arbeit hörte, war er beeindruckt, konnte sich Schwester Agnes erinnern. »Geld ist nicht alles«, hatte er zu Mutter Teresa gesagt.

Da das Gebäude zentral gelegen war und überaus geeignet erschien, erwog Mutter Teresa den Erwerb gemeinsam mit Pater van Exem und dem Erzbischof. »Ich bin hingefahren, um mir das Ganze einmal anzusehen«, sagte Pater van Exem. »Dr. Islam stand vor dem Haus und betrachtete es. Er schien sehr bewegt. Nach einer Weile fragte er mich, ob er wohl einen Moment fortgehen könnte, da er zur nahegelegenen Maula-Ali-Moschee gehen wollte, um dort zu beten. Ich sagte, ich würde in dem kleinen Raum warten, der später das Empfangszimmer werden sollte. Als er zurückkam, blieb er wieder vor dem Haus stehen. In seinen Augen standen Tränen. Er sagte: ›Gott hat mir dieses Haus geschenkt. Ich gebe es ihm zurück.‹ Und dann gingen wir auseinander. Ich habe ihn nie mehr wiedergesehen. Er verkaufte das Haus an den Erzbischof für eine, wie ich annehme, recht geringe Summe.«

Als Mutter Teresa sich an den Erzbischof wandte, wies er den Generalvikar der Diözese, Monsignore Eric Barber, an, das fragliche Objekt zu prüfen. Da niemand genau sagen konnte, wieviel damals für das Haus bezahlt worden war, habe ich Monsignore Barber eines Abends aufgesucht. Er konnte bestätigen, daß die Kirche Mutter Teresa einen zinslosen Kredit von 125 000 Rupien (1953 etwa 10 000 englische Pfund) gegeben hatte. Ich fragte ihn, ob Mutter Teresa diesen Kredit zurückgezahlt hätte. Er zog daraufhin die Originalunterlagen aus einem Regal neben sich und zeigte mir die Zahlen, die er während der folgenden zehn Jahre eigenhändig eingetragen hatte. Sie lagen zwischen tausend und dreitausend Rupien pro Monat. »Obwohl die Summe in Kleckerbeträgen getilgt wurde«, sagte Monsignor Barber mit einem Lachen, »hat sie doch jeden Pfennig zurückbezahlt.«

Im Februar 1953 zog die Schwesterngemeinschaft der Missionarinnen der Nächstenliebe, siebenundzwanzig an der Zahl, in die Lower Circular Road um. Das Haus wurde zum Hauptquartier der Missionarinnen der Nächstenliebe und wurde von nun an Mutterhaus genannt. Zu jener Zeit bestand es aus drei kleinen Gebäuden, die von einer Mauer umschlossen waren. Nach den wenigen Zimmern in der Creek Lane, waren die Schwestern zunächst über die vergleichsweise geräumige neue Umgebung erstaunt. Sie hätten sich dabei wohl nur schwer vorstellen können, daß daraus in weniger als vierzig Jahren das Herzstück eines der blühendsten religiösen Orden der Christenheit werden würde. Um es in moderner Geschäftssprache zu sagen: daß daraus eine interkontinentale Organisation mit nationenübergreifender Mitgliedschaft werden würde, zum Nutzen eines Großteils der Ärmsten der Armen auf der ganzen Welt. Auch ohne Mithilfe eines Heeres von Angestellten oder einer Batterie von Computern, Fax- und Kopiergeräten (statt dessen nur ein einzelnes Telefon, das Mutter Teresa nur sehr widerstrebend installieren ließ, aus Angst vor zusätzlichen Kosten) konnte Mutter Teresas Werk in fast jeder Großstadt und jedem Ort in Indien Wurzeln schlagen und dazu noch in über hundert anderen Ländern.

6

Das Mutterhaus

Das Mutterhaus ist ein unscheinbares dreistöckiges Gebäude, das inmitten fliegender Händler und kleiner Lebensmittelstände in der Lower Circular Road Nr. 54A steht. Die Straße wurde kürzlich in Acharya J. C. Bose Road umbenannt, aber die Leute in Kalkutta scheinen den alten Namen noch immer vorzuziehen. Der Eingang befindet sich in einer Steitengasse, die so eng ist, daß ein Auto nur knapp hindurchpaßt. Ein kleines Schild an der Tür verkündet »Mutter Teresa«. Darunter befindet sich ein Schieber, der sich auf *»in«* oder *»out«* stellen läßt. Durch ein kleines Loch hängt eine dünne Kette herunter, mit der man eine Messingglocke läuten kann. Das ist eine ausgesprochen sinnvolle Einrichtung, da eine elektrische Klingel wenig nützen würde, wenn Kalkutta während der Stunden der »Überlastungssperre« ohne Strom dahinschmort. Auf das Klingelzeichen hin wird die Tür sogleich von einer Novizin geöffnet, deren einzige Aufgabe offenbar der Pförtnerdienst ist. Das Sprechzimmer, in das man geführt wird, ist ein kleiner Raum mit einem hölzernen Tisch und fünf bis sechs Stühlen, von denen keiner zum anderen paßt. An den Wänden ringsum stehen hölzerne Bänke. Neben zwei handgemalten Tafeln, auf denen die Tätigkeitsbereiche der Missionarinnen der Nächstenliebe aufgelistet sind, hängen noch ein paar Fotografien an der Wand. Auf einer von ihnen ist Mutter Teresa mit Papst Johannes Paul II. zu sehen.

Das Sprechzimmer führt auf einen kleinen Innenhof hinaus, auf dem ständig geschäftiges Treiben herrscht. Hier ziehen die Novizinnen in altmodischen Metalleimern Wasser aus einem unterirdischen Tank, um damit ihre Saris zu waschen. Eine Unterbrechung ist dabei nur zu den Gebetszeiten festzustellen. Oft sieht man sie auch vor dem Standbild der Jungfrau Maria in der nahegelegenen Grotte stehen, wo sie einstimmig Kirchenlieder singen.

»Waren Sie schon einmal in der Messe?« fragte mich Mutter Teresa bei einem meiner Besuche in Kalkutta. Ich wollte sie nicht daran erinnern, daß ich das letzte Mal trotz ihrer Einladung verschlafen hatte. »Seien Sie morgen um sechs Uhr da«, sagte sie lächelnd. Ich verstand sehr genau, daß Mutter Teresa mir damit sagen wollte, daß die Teilnahme am Gebet, aus dem Mutter Teresa und ihre Schwestern Kraft und Inspiration schöpfen, für mich mindestens ebenso wichtig wäre wie die Notwendigkeit, die verschiedenen Bereiche ihrer Arbeit kennenzulernen.

Als ich am nächsten Morgen die Kapelle betrat, war mein erster Gedanke, daß es die schlichteste Kirche war, die ich je gesehen hatte. Es war ein großer kahler, rechteckiger Raum, bar jeden Schmucks, der die gesamte Längsseite des Gebäudes einnahm und dessen Fenster auf die Lower Circular Road zeigten. Es gab weder Bankreihen noch Stühle; alle saßen oder knieten auf einfachen Jutematten, die den Boden bedeckten. Die Schuhe wurden wie in einem Tempel oder einer Moschee vor der Tür ausgezogen. Als Altar diente ein schlichter Tisch, auf dessen einer Seite eine große Statue der Jungfrau Maria stand. Der einzige Schmuck war ein kleiner Blumenstrauß in einer Vase zu ihren Füßen.

Ich gesellte mich zu einer Gruppe von etwa zwanzig freiwilligen Helfern. Uns gegenüber saßen die Novizinnen, immerhin etwa hundert junge Mädchen, in weißen Saris, noch ohne den typischen blauen Rand. Gegenüber dem Altar saßen die Schwestern. Hinter allen, mit dem Rücken zur Wand, kniete Mutter Teresa mit gefalteten Händen und tief ins Gebet versunken.

An jenem Morgen waren Mutter Teresa und ihre Schwestern wie immer vor fünf Uhr aufgestanden. Der Messe war bereits eine halbstündige Meditation vorausgegangen. Nach der Messe würden sie mit den ihnen zugewiesenen Hausarbeitspflichten wie Kochen, Waschen oder Verwaltungsarbeit beginnen. Und gegen acht Uhr würden sie dann nach dem Frühstück aus Tee und Chapatties in alle Richtungen in die Stadt ausströmen. Manche würden den kurzen Weg zum Shishu Bhawan zu Fuß zurücklegen, während andere in einen ächzenden Lastwagen stiegen, der sie nach Kalighat brachte. Einige wenige würden sich auf den Weg in die Lepraklinik machen. Es gab Teams für die Tuberkulose-Klinik, die allgemeinen Dispensarien, für die Heime für verlassene Kinder, die Kindergärten und Krippen. Etwa zweihundertfünfzig Nonnen und Novizinnen würden das Mutterhaus verlassen, um sich in die ärmeren Viertel der Stadt aufzumachen.

Und auch dabei gab es bestimmte Regeln zu befolgen. Eine wichtige Alltagsregel ist die, daß die Schwestern immer paarweise gehen müssen. Ich fragte Mutter Teresa, ob der Grund hierfür die Sorge um ihre Sicherheit sei. Die Antwort war knapp: »Im Evangelium hat der Herr seine Apostel zwei und zwei ausgesandt.« Pater van Exem hat es mir dann genauer erklärt: »Mutter möchte, daß sie vorsichtig sind, besonders wenn sie in schwierigen und entfernten Gebieten arbeiten. Es kann auch Umstände geben [in manchen Gegenden der Welt], wo Gefahr für Leib und Leben droht – Krieg, Unruhen und so weiter. In manchen Orden gehen die Nonnen auch allein, aber aufgrund der besonderen Arbeit der Missionarinnen der Nächstenliebe auf den Straßen und in den Slums besteht Mutter auf der Zweierregel. Ich halte das für einen klugen Grundsatz.«

Aber selbst in den verrufensten Straßen von Kalkutta brauchen die Schwestern keinen Schutz. Man erkennt sie schon von weitem, und überall werden sie respektiert. Der Grund hierfür ist die Tatsache, daß sie ebenso arm sind wie alle anderen und die Armen als gleichwertig behandeln. »Gott sei Dank«, sagte Mutter Teresa, »hat keine unserer Schwestern auf der ganzen Welt jemals Schwierigkeiten gehabt. In Indien ist der Respekt vor der Heiligkeit besonders groß.«

Eine weitere wichtige Regel ist, daß die Schwestern außerhalb des Konvents oder ihres Arbeitsplatzes nichts essen oder trinken dürfen. Sie können noch nicht einmal eine Tasse Tee annehmen. Da aber bekannt ist, wie heiß ein indischer Sommertag sein kann, hat jede Schwester eine Wasserflasche in ihrem Stoffbeutel dabei. Meist sind das billige Plastikflaschen oder wiederverwendete Medizinflaschen. Wie üblich hat sich Mutter Teresa auch hier in ihren Entscheidungen von mehreren praktischen Gesichtspunkten leiten lassen. Eine der ersten Fragen, die ich Mutter Teresa vor einigen Jahren gestellt habe, war, warum sie während ihres Besuchs beim Generalgouverneur von Delhi die angebotene Tasse Tee abgelehnt hatte. Sie hatte damals geantwortet: »Wo immer meine Schwestern und ich hingehen, möchten die Leute uns auf ihre Weise danken. Manchmal bieten sie uns eine Tasse Tee, ein kaltes Getränk oder etwas zu essen an. Oft sind es Dinge, die sie sich selbst kaum leisten können. Ich kann das nicht bei ihnen ausschlagen und von den Reichen annehmen. Es ist einfacher, von niemandem etwas entgegenzunehmen. Auf diese Weise wird keiner verletzt.«

Die Schwestern reisen genau wie die Armen. In der Regel gehen sie zu Fuß oder benutzen, wenn der Weg zu weit ist, öffentliche Verkehrsmittel. In Kalkutta habe ich sie in den überfüllten Straßenbahnen der Stadt begleitet. Irgend jemand bietet ihnen immer einen Platz an. Auch in anderen Städten, in denen sie arbeiten, bewegen sie sich auf ähnliche Weise fort. In Rom hatte ich Gelegenheit, sie bei einem Fußmarsch zu begleiten. »Es ist nicht weit bis dahin«, erklärten mir zwei Tertianerinnen entwaffnend. Wir müssen mindestens drei Kilometer in kaltem Nieselregen zurückgelegt haben, bevor wir unser Ziel erreichten: ein baufälliges Zimmer, in dem ein Aids-Patient wohnte. Oft beten die Schwestern auch beim Gehen und messen die Entfernung auf seltsame Weise. »Es ist fünf Rosenkränze entfernt«, erklärten mir die beiden in Rom, als sie mich fragten, ob ich sie bei einem weiteren Hausbesuch begleiten wollte. Als sie mein erstauntes Gesicht sahen, brachen sie in helles Gelächter aus und erklärten, daß sie die Entfernung danach abschätzten, wie oft man auf dem Weg den Rosenkranz beten konnte.

Gegen zwölf Uhr werden die Schwestern zum Mittagessen zurückerwartet. Um dreizehn Uhr ruhen sie sich eine halbe Stunde lang aus. Nachdem sie bereits die Arbeit eines ganzen Tages verrichtet haben, ist ein halbstündiges Schläfchen lebenswichtig. Der vernünftige Rat, den Mutter Teresa von Mutter Dengal in Patna erhalten hat, wird damit ebenso klug befolgt. Denn ohne den Tag in zwei Hälften zu teilen, wäre es schwierig für die Schwestern, in der zweiten Schicht ebenso produktiv zu sein. Um vierzehn Uhr sind die Schwestern wieder auf den Beinen. Manchen werden nun andere Aufgaben zugewiesen, unter anderem, um die Arbeit nicht eintönig werden zu lassen. Sie arbeiten durchgehend bis achtzehn Uhr und kehren dann endgültig ins Mutterhaus zurück. Nun ist es Zeit für eine Stunde Anbetung, eine kleine Pause und das Abendessen, dem wiederum ein halbstündiges Gebet folgt. Um zweiundzwanzig Uhr liegen alle in den Betten.

Mutter Teresas Arbeitsalltag sieht erwartungsgemäß etwas

anders aus. Manchmal verbringt sie mehr als die Hälfte des Jahres damit, ihre Missionen in ganz Indien und im Ausland zu besuchen. Jede Schwester wünscht sich natürlich sehnlichst einen Besuch der Mutter in ihrem Haus. Kaum ist so ein Besuch vorbei, stellt sich schon wieder die Frage: »Wann kommt Mutter wieder?« Bei diesen Gelegenheiten machen die Schwestern sie auf Probleme aufmerksam, die sie selbst nicht lösen konnten. Besondere Angelegenheiten erfordern dann vielleicht einen Besuch im *Writer's Building* von Kalkutta, wo Mutter Teresa ihren Freund, den Chefminister von Bengalen, aufsucht (»Ich kann sein Zimmer jederzeit ohne Voranmeldung betreten«). Es könnte aber auch einen Besuch bei einem Staatsminister in Neu-Delhi oder sogar beim Premierminister nach sich ziehen, falls sie das Problem für besonders dringend hält. Außerdem hat sie noch ihre alltäglichen Verpflichtungen: Es vergeht kaum ein Tag, an dem sie nicht gebeten wird, eine Rede zu halten, an einer religiösen Veranstaltung teilzunehmen oder Kranke zu besuchen. Vielleicht inspiziert sie auch ein Gebäude als mögliches Objekt für ein neues Haus. Oder sie hat einen Termin mit einem Priester oder dem Bischof vor Ort. Während all dies geschieht, kommen ständig ganz normale Leute vorbei, die entweder eine Spende übergeben, um ein Foto bitten, über ein Problem sprechen oder sie um ihren Segen bitten wollen. So vielen wie möglich überreicht sie ihre »Visitenkarte«, ein kleines gelbes Kärtchen, auf das fünf Zeilen gedruckt sind:

> Die Frucht der Stille ist das Gebet.
> Die Frucht des Gebets ist der Glaube.
> Die Frucht der Liebe ist der Dienst.
> Die Frucht des Dienstes ist Frieden.
> Mutter Teresa

Am Ende des Tages, nachdem ihre Schwestern zu Bett gegangen sind, zieht sie sich in ihr kleines Büro zurück, wo sie sich mit Verwaltungsfragen und der Beantwortung von Briefen befaßt. Die vielen handgeschriebenen Briefe und Mitteilungen, die ich im Laufe der Jahre erhalten habe, sind in der Regel während dieser Stunden geschrieben worden. Und jedem hat sie ihre ungeteilte Aufmerksamkeit gewidmet. Bis zu ihrer jüngsten Erkrankung konnte man sie zu dieser Zeit auch telefonisch erreichen. Sie nahm grundsätzlich nach dem ersten oder zweiten Klingeln den Hörer ab mit den Worten: »Ja, Mutter Teresa am Apparat.«

Während sich Mutter Teresa keinen Tag frei nimmt, gehen die Schwestern donnerstags nicht ihren gewohnten Arbeiten nach. Es ist ein Tag für Haushaltspflichten, wie Putzen und Schrubben, oder sie können sich ihren religiösen Studien widmen. Es ist außerdem ein Tag der Einkehr. Gelegentlich, vielleicht ein oder zweimal im Jahr, ist es erlaubt, sie zu einem Picknick an einem ruhigen Ort einzuladen. An diesem Tag wird ihre reguläre Arbeit dann von den Novizinnen erledigt, die ihnen unter der Woche zur Unterstützung zugewiesen sind. Das gibt den Novizinnen Selbstvertrauen und stellt eine gute Übung für sie dar.

Donnerstags wird auch geflickt und gestopft. Jede der Schwestern besitzt insgesamt drei Saris. Entsprechend ihrem harten Arbeitsalltag müssen die Saris häufig gestopft und genäht werden. Wie immer geht Mutter Teresa auch in dieser Hinsicht mit gutem Beispiel voran. Ich kann mich nicht entsinnen, sie jemals in einem Sari gesehen zu haben, der nicht ordentlich ausgebessert war. Die Saris sind immer makellos. Es ist, als verkündeten die Saris, daß Ordnung und Sauberkeit durchaus mit Armut vereinbar sind.

Zusammen mit den drei Saris erhält jede Novizin oder Schwester ein kleines Kreuz (das an den Sari gesteckt wird), einen

Rosenkranz, einen Teller mit Metallrand für ihr Essen und eine dünne Strohmatratze, ähnlich denen, die von den Bewohnern im Heim für die Sterbenden benutzt werden. Der einzige Ventilator im Mutterhaus befindet sich im Sprechzimmer und ist für die Besucher gedacht. Seltsamerweise habe ich selbst bei meinen Besuchen im Mutterhaus nie ein Bedürfnis danach verspürt.

In einem Zeitalter der Maßlosigkeit, wo das Wort »Lebensqualität« ständig dafür benutzt wird, unsere stetig wachsenden Bedürfnisse zu erklären, führen die Schwestern ein Leben, wie es entgegengesetzter nicht sein könnte. In diesem Sinne hat Mutter Teresa auch das Geschenk einer Waschmaschine und kürzlich auch einen Generator, der während der Stromsperren wenigstens für etwas Licht sorgen könnte, zurückgewiesen. Das Telefon ist das einzige Zugeständnis, das sie in den letzten Jahren gemacht hat, und das nur, weil sie sich schließlich überzeugen ließ, daß es einen Nutzen hat. Es hat mich immer überrascht, daß in einer Stadt, in der Telefone nur gelegentlich funktionieren, dasjenige im Mutterhaus noch nie außer Betrieb war. Es gibt weder Fernseher, Video noch Faxgerät, nicht einmal einen Backofen oder einen Toaster. In der Küche wird das Essen noch immer auf einem Holzkohlenfeuer gekocht, dem Brennstoff der Armen. Und wie sieht es mit einem Radio aus, um über die Geschehnisse in der Welt informiert zu sein, fragte ich. »Nein«, gab Mutter Teresa zur Antwort, »wir haben die Realität.«

Die Realität ist für die Missionarinnen der Nächstenliebe, die zum Großteil noch sehr jung sind, ein hartes Leben, das aber dennoch erstaunlich erfüllend und froh ist. Die Missionarinnen der Nächstenliebe tragen ihr Glücklichsein offen zur Schau, wo immer sie ihren Pflichten nachkommen. Das ist sehr wichtig, weil ein fröhliches Wesen eine entscheidende Grundvoraussetzung und wichtiger als ein erstklassiges Examen ist. »Unsere Menschen verdienen die Freude der menschlichen Liebe ebenso wie einen hingebungsvollen Dienst«, sagte Mutter Teresa. Liebendes Vertrauen, völlige Hingabe und Fröhlichkeit sind Teil ihres Wesens. »Die beste Art, Gott und den Menschen unsere Dankbarkeit zu zeigen, ist, alles froh anzunehmen.« Diese Worte sind Teil ihrer Satzung.

Es ist verständlich, warum ein fröhlicher Charakter so wichtig ist. Die Ausbildung selbst dauert lang und ist hart. Neben der praktischen Unterweisung besteht sie aus Vorlesungen über Katechismus und Glaubensfragen. Im Laufe der Jahre hat Mutter Teresa keinen Versuch unternommen, diese strengen Regeln zu lockern, denn wer weiß besser als sie, daß die Wirklichkeit viele Eigenschaften fordert, nicht zuletzt eine rasche Auffassungsgabe und gesunden Menschenverstand. Die Mädchen, die der Gemeinschaft beitreten, wissen, daß sie die Verbindung zu ihrer Familie und ihren Freunden abbrechen müssen. Nur zu äußerst seltenen Gelegenheiten dürfen sie nach Hause zurückkehren, wenn ein Elternteil stirbt oder vor einer Versetzung in ein weit entferntes Land. Und dennoch haben die Missionarinnen der Nächstenliebe erstaunlicherweise eines der größten Noviziate der katholischen Kirche. Zu einer Zeit, in der die Kirche die rückläufigen Zahlen von Mitgliedern mit Sorge betrachtet, wird Mutter Teresa mit Beitrittsgesuchen überschwemmt, oft von Mädchen aus gutem Hause, die meist gut ausgebildet sind.

Ich habe Schwester Agnes, Mutter Teresas erste Postulantin gefragt, wie ihre Eltern reagierten, als sie sich im Jahre 1949 so mutig Mutter Teresa anschloß, als weder Mutter Teresa noch ihr Werk bekannt waren. Sie gab zur Antwort: »Meine Mutter war sehr traurig, und obwohl sie in Kalkutta lebte, hat sie mich von 1949 bis 1953 nicht besucht. Es hat lange gebraucht, bis sie es akzeptieren konnte.« Eine andere Schwester, die anonym bleiben möchte, sagte, daß ihre Eltern sie viele Jahre lang zum Verlassen des Ordens gedrängt hatten, aber als sie schließlich merkten, wie sehr ihre Tochter in Frieden mit sich selbst lebte, akzeptierten sie ihre Entscheidung. »Die Eltern sind in der Regel sehr glücklich, ihr eigenes Kind Gott zu schenken. Es ist eine große Sache, ein sehr großes Opfer von ihnen. Aber so ein Opfer macht nicht traurig, wenn man es Gott darbringt«, sagte Mutter Teresa.

Von Zeit zu Zeit erscheinen Sensationsgeschichten in der Presse über Schwestern, die austreten. Vor zwei Jahren brachte eine Sonntagszeitung einen Bericht über eine ältere Nonne namens Schwester Emaques, die schlechte Behandlung und Mutter Teresas »diktatorische« Art als Gründe für ihr Ausscheiden aus der Gemeinschaft anführte. Das Blatt behauptete, mit ihr wäre noch eine Reihe von Schwestern ausgetreten. Mitarbeiter in Kalkutta haben Mutter Teresa auf diesen Artikel aufmerksam gemacht. Anläßlich eines Besuches in Kalkutta ein paar Wochen später habe ich sie danach gefragt. Sie war offensichtlich verletzt. Es hat nie eine Schwester dieses Namens gegeben, sagte sie. Die Geschichte war völlig frei erfunden, und ein Leserbrief, der dies richtigstellte, war nicht veröffentlicht worden. »Anstandshalber hätte die Zeitung die Gegendarstellung unserer Mitarbeiterin abdrucken müssen«, sagte Mutter Teresa. »Die Menschen tun mir leid, die so eine Geschichte schreiben, nur um mehr Exemplare ihrer Zeitung zu verkaufen. Wie können sie unseren Namen so mißbrauchen?« fragte sie.

Damit soll nicht gesagt sein, daß es keine Novizinnen und Schwestern gibt, die austreten. Dazu gibt es reichlich Möglichkeit. Viele Mädchen treten zur Probe für ein paar Wochen oder Monate in den Orden ein, um zu prüfen, ob sie berufen sind. Manche haben Schwierigkeiten mit diesem Leben, andere möchten lieber zu ihren Familien zurückkehren oder heiraten. Aber die Zahl der Schwestern, die austreten, nachdem sie ihre Gelübde abgelegt haben, ist relativ klein. Vielleicht hat das etwas mit

Mutter Teresas Charisma zu tun und der Art und Weise, wie sie ihre Schäfchen beisammenhält. Ob der Orden auch weiterhin wachsen wird, kann nur die Zeit zeigen. Im Moment treten mehr Mädchen bei als den Orden verlassen, mit dem Ergebnis, daß es heute fast viertausend Schwestern und Novizinnen auf der ganzen Welt gibt.

In der Ausbildung sind eine Anwartschaftszeit von sechs Monaten und ein Postulat von einem Jahr vorgesehen. Zu den offiziellen Aufnahmekriterien gehören körperliche und seelische Gesundheit, Lernfähigkeit, reichlich gesunder Menschenverstand und ein fröhliches Wesen. Nach Ablauf des Postulats folgen noch zwei Jahre als Novizin. Wer das Noviziat beendet hat, darf die ersten Gelübde ablegen. Die Ordensschwestern durchlaufen dann fünf Jahre lang das sogenannte Juniorat. Dabei erneuern sie jedes Jahr ihre Gelübde. Das sechste Ordensjahr wird »Tertianat« genannt, nach dem sie dann die endgültigen Gelübde ablegen. Davor schickt Mutter Teresa die Schwestern noch einmal für drei Wochen nach Hause. Ihre Absicht dabei ist klar. Das Leben, das vor den Schwestern liegt, erfordert ein enormes und außergewöhnliches Maß an Hingabe; die Mädchen brauchen also eine letzte Gelegenheit, um sorgfältig zu entscheiden, ob sie bleiben und dienen wollen.

Ich habe diese Frage zwei Tertianerinnen gestellt, die ich auf einem ihrer regelmäßigen Hausbesuche bei einem Aidskranken in Rom begleitete. Die eine war Irin, die andere kam aus der Schweiz. Beide waren Ende Zwanzig. Sie trugen grobe Mäntel über ihren Saris aus handgewebter Baumwolle und praktische, für ihre Arbeit geeignete Schuhe. Unterwegs kamen wir an einer Gruppe hübscher junger Mädchen vorbei, die nach der neuesten Mode gekleidet waren. Nachdem wir die Gruppe hinter uns gelassen hatten, fragte ich die beiden, ob schöne Kleider und Make-up auch für sie einen Reiz hätten. Beide lachten entzückt, als hätte ich einen besonders komischen Witz erzählt. Sie versicherten mir, daß reichlich Gelegenheit gewesen wäre, diesen Weg einzuschlagen, wenn sie es gewollt hätten. Sie haben bei mir jeden Zweifel ausgeräumt, ich fand, daß sie ihren jungen Jahren geistig weit voraus waren.

Das soll nicht heißen, daß die Novizinnen und Schwestern Evangelisten der Jahrhundertwende sind. Italien ist natürlich ohnehin vorwiegend römisch-katholisch, so daß sich die Frage einer Bekehrung erst gar nicht stellt. In Indien hat sich die deutlich missionarische Rolle der Kirche, wie sie vom 18. Jahrhundert an bestand, seit der Erlangung der Unabhängigkeit im Jahre 1947 schrittweise gewandelt. Für Mutter Teresa ist es nicht länger von Bedeutung, einzelne Seelen, Taufen und Bekehrungen auf dem Totenbett zu zählen. In ihrem Leben mit Christus, dem sie durch die Armen dient, ist sie eins mit ihm. »Ich bin sozusagen mit Jesus verheiratet, so wie Sie mit ihrer Frau«, hat sie mir einmal erklärt. Ihre Vorliebe ist offensichtlich. »Ich bekehre ja«, sagte sie lachend zu mir, als ich sie nach ihrer Antwort auf diese Kritik befragte. »Ich mache aus ihnen einen besseren Hindu, einen besseren Katholiken, einen besseren Moslem oder Dschain oder Buddhisten. Ich möchte ihnen bei der Suche nach Gott helfen. Wenn sie Ihn gefunden haben, bleibt es ihnen überlassen, was sie mit Ihm tun.«

Ich weiß, daß die Babys von Shishu Bhawan nicht getauft werden, wenn nicht bekannt ist, daß auch ihre Eltern Christen waren oder sie zur Adoption in eine christliche Familie gegeben werden. Die meisten Kinder werden allerdings in Hindu-Familien gegeben, und für Mutter Teresa wäre es nicht nur undenkbar, ein solches Kind zu taufen, es wäre für sie eine Sünde. Entsprechend werden in Kalighat die Toten grundsätzlich zur Verbrennung geschickt, wenn nicht sicher ist, daß es Moslems oder Christen waren. In all den Jahren, die ich Mutter Teresa nun kenne, hat sie mir kein einziges Mal, nicht einmal andeutungsweise oder indirekt, einen Glaubenswechsel nahegelegt. Mutter Teresas oft wiederholte Worte waren: »Haben Sie schon angefangen zu beten?« Als ich sagte, daß ich von Zeit zu Zeit sie anbeten könnte, lachte sie und antwortete: »Dann ist es ja gut, denn ich bete für Sie!« Dann fügte sie ernst hinzu: »Sie müssen meine Gebete Gott darbringen.«

Eine Grundregel, bei der sie keine Lockerung zugelassen hat, ist die, daß die Missionarinnen der Nächstenliebe nach draußen auf die Straße gehen müssen. »Sie haben gesehen«, sagte sie zu mir, »wie schwierig es für unsere Lepra-Patienten ist, aus Dhapa oder Titagarh oder aus den Slums zu uns zu kommen. Wir müssen zu ihnen gehen. Wir dürfen nicht hinter unseren Mauern bleiben.« Die einzigen festen Einrichtungen, die sie gestattet hat, sind die für Kinder, für geistig Behinderte (so wie Prem Dan in Kalkutta), für verarmte Leprakranke und für Sterbende. Es sind alles besondere Fälle, die den Schutz einer solchen Einrichtung brauchen. Die Einrichtungen werden nur von einem kleinen Prozentsatz der Schwestern (mit der Hilfe von Novizinnen und freiwilligen Helfern) unterhalten, die meisten Schwestern gehen in die Slums und Gegenden, wo sie am meisten gebraucht werden. Das ist Mutter Teresas grundlegender Gedanke und stellt Teil ihrer Satzung dar: »Die Missionarinnen der Nächstenliebe werden standhaft bleiben, indem sie Christi Sorge um die Ärmsten und Niedrigsten leben.«

Sie hat stets alle Angebote eines regelmäßigen Einkommens abgelehnt. Eines Tages hat sie einen Millionär aus Kalkutta zurückgewiesen, als er ihr eine große Summe Geld anbot, unter der Bedingung, daß sie über die Zinsen (die beträchtlich gewesen wären) verfügen könnte, aber das Kapital selbst nicht anrühren dürfte. Wozu ist das Geld nütze, fragte sie, wenn ich es nicht einsetzen kann, wann und wo es vielleicht benötigt wird? »Ich möchte nicht, daß aus unserem Werk ein Geschäft wird. Es muß ein Werk der Liebe bleiben.« Ihre Überzeugung, daß Gott für sie sorgen wird, ist unerschütterlich. »An Geld«, so erklärte sie mir, »verschwende ich keinen Gedanken. Es kommt immer etwas. Wir tun unsere ganze Arbeit für den Herrn. Er muß für uns sorgen. Wenn Er will, daß etwas getan wird, muß Er uns die Mittel dafür geben. Wenn Er uns die Mittel nicht gibt, zeigt das, daß er diese spezielle Arbeit nicht will. Dann lasse ich es sein.«

Es ist leicht verständlich, warum Mutter Teresa niemals staatliche Finanzierung oder Unterstützung durch die Kirche akzeptiert hat. Beides würde eine Buchhaltung erforderlich machen. Das wiederum würde bedeuten, daß in jedem der 468 Häuser der Missionarinnen der Nächstenliebe auf der ganzen Welt mindestens eine Schwester von ihrer wahren Arbeit abgehalten würde, den Einsamen, den Gequälten und Verzweifelten Trost und Hilfe zu geben. Es würde auch eine Heerschar von Buchhaltern mit sich bringen. Wer das winzige Büro im Mutterhaus gesehen hat, wo drei Schwestern auf veralteten Schreibmaschinen herumhacken, um die Verbindung zu den Stationen in über hundert Ländern zu halten, der weiß, daß es Mutter Teresa um jede Rupie leid tut, die außerhalb der »richtigen Arbeit« ausgegeben wird.

In der Zeit bevor Mutter Teresa den Nobelpreis erhalten hatte, als sie noch nicht so berühmt und ihre Arbeit nicht ganz so bekannt war, gab es Gelegenheiten, wo die Vorsehung auf den Plan treten mußte. Ich erinnere mich, daß Mutter Teresa selbst mir davon erzählte, wie im Shishu Bhawan in Delhi eines Tages die Nahrungsmittel ausgingen. Es gab nichts zu essen und nicht einmal Geld, die billigsten *dal* (Linsen) zu kaufen. Die Schwestern machten sich gerade daran, Reis zu kochen, auf den sie ein wenig Salz streuen würden, denn das war alles, was sie hatten. Genau in diesem Moment fuhr ein Wagen vom Haus der Premierministerin Indira Gandhi vor, der von ihrer Schwiegertochter Laura geschickt worden war. Es war mit gartenfrischem Gemüse beladen. »Die Kinder und Schwestern haben es sich an diesem Tag schmecken lassen«, schmunzelte Mutter Teresa.

In diesem Sinne hat Mutter Teresa immer jeden Versuch der Geldbeschaffung abgelehnt. Sie hat es sogar explizit verboten. Kein Mitarbeiter darf irgendwelches Geld für die Gemeinschaft sammeln. Wo immer sie Spenden erhalten, werden sie der Regionaloberin überwiesen, die entscheidet, wie sie am besten eingesetzt werden können, je nach den Bedürfnissen des Hauses in der Region. Es gibt keinerlei Kapitalanlagen. »Ich brauche kein Geld auf der Bank«, sagte sie zu mir, »ich brauche Geld, das ich für meine Leute ausgeben kann.« Die recht beachtlichen Summen, die gespendet werden, sind meistens schnell für Arzneimittel (besonders gegen Lepra und Tuberkulose), für Nahrungsmittel und Milchpulver verbraucht. Manche Spenden sind enorm. Eine einzelne Anweisung im letzten Jahr belief sich auf drei Millionen Schweizer Franken! Es ergab sich so, daß das Geld schnell für dringend benötigte Versorgung in Osteuropa ausgegeben wurde. Der entscheidende Punkt ist der, daß in Mutter Teresas Planungen so große Summen zwar wichtig, aber nicht unbedingt notwendig sind. Was ihr wichtig ist, ist »Opfergeld«.

Das wurde mir klar, als ich Mutter Teresa einmal scherzhaft fragte, warum sie nur so ein trübes Licht auf dem Weg zu ihrem Zimmer im Mutterhaus hätte. Könnte sie nicht ein paar hellere Lampen anbringen? Ihre Antwort war ungewöhnlich ernst. »Das Geld, das ich bekomme, ist kein Geld für Geschäfte. Es ist Opfergeld. Die Menschen, die es geben, opfern eine Menge dafür. Sie kaufen billigere Kleider, lassen Mahlzeiten ausfallen. Habe ich Ihnen schon einmal von dem jungen Hindu-Ehepaar erzählt?« fragte sie. Als ich den Kopf schüttelte, fuhr sie fort: »Sie hatten sich so lieb, daß sie diese Liebe und die Freude mit mir und den Armen teilen wollte. Sie beschlossen, keine teuren

Kleider für die Hochzeit zu kaufen. Statt dessen kauften sie normale Kleider. Kein Festessen, keine Saris, nichts. Sie haben mir das ganze Geld gegeben, was sie gespart haben.«

Am nächsten Tag, als ich mit Mutter Teresa im Sprechzimmer saß und mich unterhielt, konnte ich selbst an einem Beispiel sehen, was sie meinte. Einige Leute betraten den Raum. Darunter waren ein Schweizer Bankier und ein Manager der größten Schweizer Supermarktkette, Migros, sowie ein schüchterner, etwa achtzehnjähriger junger Mann aus Kalkutta. Die beiden Schweizer übergaben Mutter ihre Visitenkarten. Woraufhin auch sie ihnen prompt ihre »Karte« überreichte. »Nun werden Sie beten müssen«, fügte sie schmunzelnd hinzu und sagte in meine Richtung gewandt, »und warum sollte er eine Ausnahme machen? Sie werden ebenfalls das Beten lernen müssen.« Mutter Teresas Lachen war ansteckend, und wir lachten herzlich. Der Bankier erzählte, er habe schon seit vielen Jahren Mutter Teresas Heime in Europa unterstützt. »Gott sei Dank«, sagte Mutter. Der Manager von Migros erklärte, daß seine Kette grundsätzlich jedes Jahr ein Prozent ihres Gewinns an wohltätige Einrichtungen spendet. Ob sie Mutter Teresa in irgendeiner Weise helfen könnten? Mutter Teresa gab zur Antwort: »Wir haben vor kurzem ein Heim in Rumänien eröffnet, wo viele Menschen in Armut und extremer Kälte leben. Dort werden dringend Nahrungsmittel und Kleidung benötigt. Könnte man dies direkt an die Schwestern in Rumänien schicken!« Der Manager versprach, das alles kurzfristig in die Wege zu leiten.

Dann wandte sich Mutter dem jungen Bengalen, Subroto Mitra, zu. Er wollte etwas sagen, hatte aber offenbar Schwierigkeiten, es in Worte zu fassen. Mutter sprach leise mit ihm auf Bengali. Zuerst stammelte er herum, doch dann sprudelten die Worte nur so hervor. Er hätte schon seit über eine Stunde draußen gewartet, sagte er. Er sei zum ersten Mal im Mutterhaus.

Mutter Teresas Name war ihm schon seit seiner Kindheit bekannt. Gestern hatte er sein erstes Gehalt von sechshundert Rupien erhalten, das er den wirklich Armen spenden wollte, und seine Mutter hatte ihm geraten, es Mutter Teresa zu geben. Nachdem er geendet hatte, legte der junge Mann Mutter Teresa einen Umschlag zu Füßen. Sie umfaßte seinen Kopf und zog ihn hoch. Sie segnete ihn. Sie wußte, wieviel die Lohntüte für diese Mittelschichtfamilie bedeutete. Viele entbehrungsreiche Jahre der Eltern standen dahinter. In diesem Moment schien weder Mutter Teresa noch allen anderen Anwesenden irgend etwas anderes wichtig zu sein.

In dem Sprechzimmer, in dem wir damals saßen, hängt eine handgemalte Tafel, auf der die ganze Bandbreite von Aktivitäten der Missionarinnen der Nächstenliebe aufgelistet ist. Im sozialen Bereich sind das Kinderfürsorge und Ausbildungsprogramme, Familienbesuche, Tageskrippen, Ernährungsprogramme und Heime für Alkoholiker, Übernachtungsplätze und Beratungsstellen für natürliche Familienplanung. Im medizinischen Bereich sind Dispensarien, Lepra-Kliniken und Rehabilitationszentren, Heime für verlassene, körperlich und geistig behinderte Kinder, für ledige Mütter, für verarmte Kranke und Sterbende und für Aids-Patienten aufgezählt. Zu den Aktivitäten im Bildungsbereich zählen die verschiedenen Schulen und Kurse in Nähen, Betriebswirtschaft und handwerklichen Tätigkeiten. Zum Missionarsauftrag gehören Gefängnisbesuche, Kontakte zu Familien, Katechismusunterricht, katholische Arbeitsgruppen und Sonntagsschulen.

Die Erweiterung der Aktivitäten ging schrittweise vor sich. Während der ersten zehn Jahre war die Gemeinschaft nur in Kalkutta angesiedelt. Das entsprach genau dem kanonischen Recht, das einer weniger als zehn Jahre alten Einrichtung die Eröffnung neuer Häuser außerhalb der Diözese untersagt. Einigen Berichten zufolge scheint Mutter Teresa wohl ein wenig ungeduldig in dieser Hinsicht gewesen zu sein. Erzbischof Perier hatte, vorsichtig wie immer, jedes Zugeständnis in diesem Punkt verweigert. Erst 1959 durfte Mutter Teresa ihr erstes Haus außerhalb Kalkuttas eröffnen. Das war in Ranchi, einer Stadt im indischen »tribal belt«. Das nächste Heim, in Delhi, wurde von Premierminister Jawaharlal Nehru persönlich eröffnet. »Er war krank, ist aber aus dem Bett aufgestanden und gekommen. Ich habe gefragt, ob ich ihm über unsere Arbeit berichten könnte. Er sagte: ›Nein, Mutter, Sie brauchen mir nichts über Ihre Arbeit zu berichten, sie ist mir bekannt. Deswegen bin ich gekommen.‹« Als Premierminister empfahl er sie dem indischen Staatspräsidenten für den prestigeträchtigen Padma-Shri-Preis, der ihr im Jahre 1962 verliehen wurde. Es war das erste Mal, daß dieser Preis an eine Frau vergeben wurde, die keine gebürtige Inderin war.

Die Eröffnung neuer Häuser folgte nun Schlag auf Schlag. Im Jahre 1960 wurde mit dem Bau in Jhansi und Agra begonnen. 1961 erhielt die Gemeinschaft Land für die zukünftige Lepra-Siedlung Shantinagar. Die Häuser in Ambala, Bhangalpur, Amravati, Goa, Bombay, Patna und Darjeeling folgten in kurzen Abständen. Jetzt gab es kein Zurück mehr. Ende der sechziger Jahre gab es fünfundzwanzig Häuser in Indien, Ende der achtziger Jahre war ihre Zahl bereits auf sechsundachtzig gewachsen. Bis 1991 sind insgesamt einhundertachtundsechzig Häuser eingerichtet worden, und ihre Zahl ist weiterhin steigend.

Es war unvermeidlich, daß Mutter Teresa ihre Aktivitäten auch ins Ausland ausweitete. Die Eröffnung des ersten nichtindischen Hauses, 1965 in Corocote, Venezuela, kam auf seltsame Weise zustande. Die Gemeinschaft war noch immer der Erzdiözese von Kalkutta zugeordnet, was bedeutete, daß sich Mutter Teresa gegenüber Erzbischof Perier zu verantworten hatte. Der

Erzbischof, der nur zögernd zuließ, daß sich die Aktivitäten in Indien ausweiteten, hätte Mutter Teresa wohl kaum die Erlaubnis gegeben, ein Haus am anderen Ende der Welt zu eröffnen.

Der Vorschlag kam von Erzbischof Knox, dem päpstlichen Nuntius in Neu-Delhi. Auf einer Konferenz in Rom hatte er von der Notlage der Bevölkerung afrikanischen Ursprungs ohne Landbesitz in Venezuela gehört und war nun der Meinung, eine Antwort auf ihre speziellen Bedürfnisse zu haben – Mutter Teresa und ihre Missionarinnen der Nächstenliebe. Erzbischof Perier konnte den päpstlichen Nuntius natürlich schlecht zurückweisen. Zudem wurde die Gemeinschaft im Februar 1965 direkt dem Vatikan unterstellt und wurde damit eine Kongregation des Pontifikalrechts.

Auf Einladung des Bischofs in Venezuela machte sich Mutter Teresa selbst ein Bild von der Situation. Das sollte auch später ihre gängige Praxis bei der Eröffnung aller Häuser werden: Der jeweilige Bischof lud sie ein, und sie fuhr hin, um zu einer eigenen Einschätzung zu kommen. Die Armut in Cocorote überzeugte sie von der Notwendigkeit einer Hilfsmission. Außerdem war die Zahl der Schwestern mittlerweile auf fast dreihundert angewachsen, was es ihr ermöglichte, auf die Bedürfnisse vor Ort einzugehen. Die ersten vier Schwestern, die Mutter Teresa ausschickte, waren alle Inderinnen. Auf dem Weg nach Venezuela brachte Mutter sie in den Vatikan, um den Segen des Papstes zu empfangen. Vielleicht wurde hierdurch die Eröffnung ihres zweiten ausländischen Hauses 1968 in Rom selbst angeregt. Im darauffolgenden Jahr richtete Mutter Teresa zwei Heime in Australien ein, eines für Alkoholiker und Drogenabhängige, das andere für Aborigines, die australischen Ureinwohner. Im Jahr 1970 eröffnete sie vier neue Heime, in London, Jordanien und zwei weitere in Venezuela. Danach entstanden in rascher Folge mehrere Häuser in der Bronx in New York, in

Bangladesh, Nordirland, dem Gazastreifen, Yemen, Äthiopien, Sizilien, Papua Neu-Guinea, den Philippinen, Panama, Japan, Portugal, Brasilien und Burundi. Dazu kamen noch Häuser in England und den USA, und in den letzten Jahren eröffnete sie Häuser in der ehemaligen UdSSR, in Südafrika und ganz Osteuropa. Und schließlich, nach vielen Gebeten, kam auch ihr Herkunftsland Albanien an die Reihe.

In vielen dieser Länder war es nicht einfach, ein Haus einzurichten. In der früheren Sowjetunion war es besonders schwierig. Mutter Teresa erzählte mir, daß sie mehrfach an den ehemaligen Präsidenten Gorbatschow geschrieben hatte. Obwohl sie keine Antwort bekam, gab sie die Bemühungen nicht auf. Eines Tages hat sie dann, wie sie mir lachend erzählte, ihm am St.-Michaels-Tag als kleine Erinnerung ein Glückwunschtelegramm geschickt. Die Erlaubnis kam als Folge einer Tragödie. Das vernichtende Erdbeben vom 7. Dezember 1988 in Armenien schuf die Umstände, unter denen Mutter Teresa eine Hilfstruppe von Schwestern mit Arzneimitteln, Kleidern und Ausrüstung einfliegen konnte. Alles weitere ging dann ganz leicht, und heute befinden sich zehn Häuser in der ehemaligen Sowjetunion.

Ich selbst konnte einen kleinen Beitrag zur Gründung einer Mission in Südafrika leisten. Indien unterhält keine diplomatischen Beziehungen zu diesem Land. Das bedeutet, daß Mutter Teresa, die im Besitz eines Diplomatenpasses der indischen Regierung ist, nicht nach Südafrika einreisen durfte. Sie erklärte mir, sie besitze zwar außerdem einen Paß des Vatikans, würde aber fast ausschließlich mit ihrem indischen Paß reisen. Wenn sie nun damit in Südafrika nicht einreisen könne, zöge sie es vor, überhaupt nicht zu fahren. Das bedeutete aber auch, daß sie sechs Schwestern zurückrufen mußte, die zu diesem Zeitpunkt bereits in Nairobi auf die Einreiseerlaubnis nach Südafrika warteten. Vier der sechs Schwestern waren ebenfalls Inderinnen. Ich

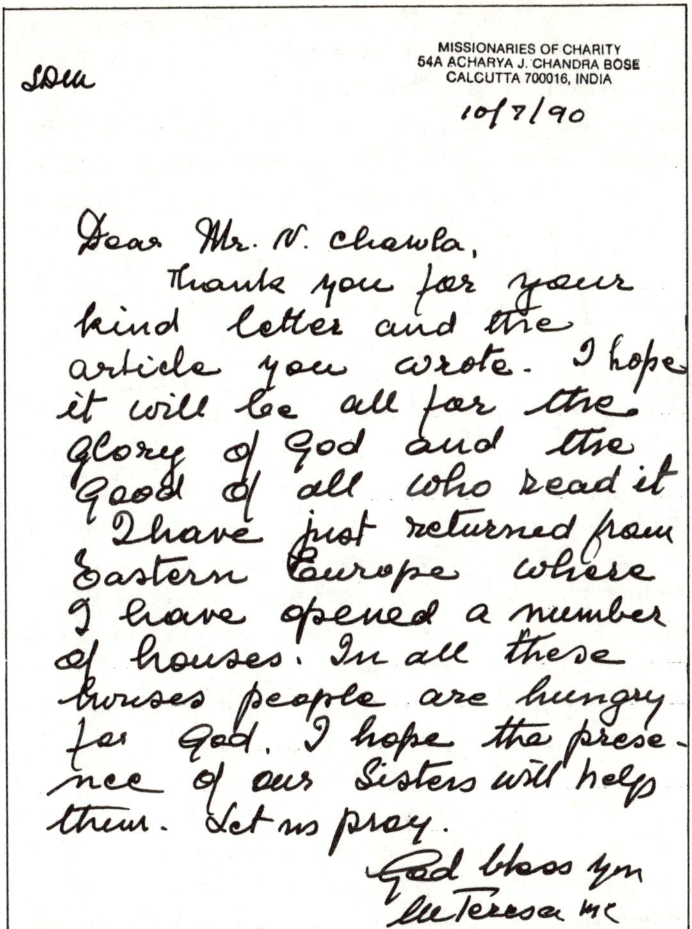
MISSIONARIES OF CHARITY
54A ACHARYA J. CHANDRA BOSE
CALCUTTA 700016, INDIA

LDM

10/7/90

Dear Mr. N. Chawla,
Thank you for your kind letter and the article you wrote. I hope it will be all for the glory of God and the Good of all who read it
I have just returned from Eastern Europe where I have opened a number of houses. In all these houses people are hungry for God. I hope the presence of our Sisters will help them. Let us pray.

God bless you
M Teresa MC

Lieber Mr. N. Chawla, *10/7/90*
vielen Dank für Ihren freundlichen Brief und den Artikel, den Sie geschrieben haben. Ich hoffe, es wird alles zu Ehren Gottes und zum Wohle derer sein, die es lesen.
Ich bin gerade aus Osteuropa zurückgekehrt, wo ich eine Reihe von Häusern eröffnet habe. In all diesen Häusern hungern die Leute nach Gott. Ich hoffe, die Anwesenheit unserer Schwestern wird ihnen helfen. Laßt uns beten.
Gott segne Sie *Mutter Teresa MC*

arrangierte für Mutter Teresa ein Treffen mit dem damaligen Cabinet Secretary, Mr. B. J. Deshmuk in Neu-Delhi. Mit ihm erörterte sie ihr Problem. Als oberster Verwaltungschef hatte er innerhalb weniger Stunden eine Lösung gefunden: Mutter Teresa bekam einen normalen Paß anstelle ihres Diplomatenausweises. Da nun keine diplomatischen Beziehungen mehr zur Diskussion standen, stellte die südafrikanische Regierung Mutter Teresa und ihren Schwestern umgehend die notwendigen Visa aus. Als sie nach Neu-Delhi zurückkehrte, berichtete sie mir, sie habe ihr erstes Haus in Kapstadt eröffnet.

Eine interessante Geschichte läßt sich in Verbindung mit der Eröffnung des Hauses im Vatikanstaat im Jahre 1988 erzählen. Obwohl zu diesem Zeitpunkt bereits drei Häuser in verschiedenen Arbeitervierteln von Rom existierten, war Mutter Teresa der Überzeugung, es gäbe genügend Arme im Schatten des Petersdomes, um die Eröffnung eines vierten Hauses im Vatikan selbst zu rechtfertigen. Als sie eines Tages dort war, brachte sie Papst Johannes Paul II. ihr Anliegen vor und erhielt eine äußerst positive Antwort. Bei ihrem nächsten Besuch im Vatikan erinnerte sie den Heiligen Vater daran, der sofort Anweisungen gab, damit ein geeigneter Platz zur Verfügung gestellt würde. Das war gar nicht so einfach, da der Vatikanstaat klein und überfüllt ist. Einige Monate vergingen bis zu Mutter Teresas nächstem Besuch. Inzwischen erkundigte sich der Papst, der schon mit Mutter Teresas vorsichtigen Nachfragen rechnete, nach den Fortschritten des Hauses. Er soll gesagt haben: »Sobald mich Mutter Teresa sieht, wird sie mich wegen des Hauses fragen.« Noch vor ihrem vierten Besuch war der Vatikan soweit. In dem Wissen, daß Mutter Teresa bestimmt nachfragen würde, sagte der Papst, er wünsche, daß der Schlüssel für sie bereitläge. Nachdem sie seinen Segen empfangen hatte, aber noch bevor sie ihre Frage stellen konnte, überreichte ihr der Papst den Schlüssel zu einem brandneuen Haus. Es war eigens innerhalb der alten Bausubstanz des Vatikans errichtet worden und grenzte direkt an den Audienzsaal. Mutter Teresa war hocherfreut. Mehr als einmal hat sie mir erklärt: »Jetzt haben unsere Armen einen Platz direkt im Vatikan. Unsere Leute [die Armen] sind die einzigen, die den Vatikan betreten dürfen, ohne eine Eintrittskarte kaufen zu müssen.«

In der Casa Dono di Maria, wie das Haus genannt wird, befinden sich zwei Speisesäle für jeweils sechzig Menschen. Außerdem gibt es Schlafsäle für alte Frauen. Ab vier Uhr nachmittags stehen die Leute für ein Abendessen an. Um sechs Uhr werden die Türen geöffnet und alle der Reihe nach bedient. Keiner muß hungrig fortgehen. Ich fragte Schwester Bharoti, die Leiterin, ob sie die Nahrungsmittel kauften. Sie lachte. »Wir kaufen niemals etwas. Am Anfang haben wir bei den Gemüse-, Fisch- und Fleischmärkten um etwas zu Essen gebettelt. Jetzt geben sie es uns einfach.«

Ich traf dort viele freiwillige Helfer, darunter auch die zweiundfünfzigjährige Luciana und ihre fünfundzwanzigjährige Tochter Venturella, die in der großen, gut ausgestatteten Küche schnitten, hackten und putzten. »Was zu Hause nur lästige Arbeit ist, stört uns hier nicht«, sagte die Tochter. Ein anderer Helfer war der fünfunddreißigjährige Riccardo, den ich bei der Essensausgabe sah. Er ist Flugbegleiter bei der Alitalia. Woher er die Zeit nähme, wollte ich wissen. »Wir haben immer zwei oder drei Tage zwischen den Flügen frei, dann arbeite ich hier«, antwortete er mit einem Lächeln.

An diesem kalten Winternachmittag, den ich in der Casa Dono di Maria verbrachte, klingelte es an der Tür. Ich begleitete Schwester Bharoti zur Tür. Zitternd stand dort ein Junge von etwa sechzehn Jahren im Regen. Er hatte keine warme Kleidung und sagte, er käme aus Mauritius. Ob die Schwester wohl etwas

Warmes zum Anziehen hätte, das sie ihm geben könnte? Unweit von ihm hatte jemand eine große Plastiktüte voller Kleider hingestellt. Obenauf lag eine weiße Jacke. Die Schwester deutete darauf und forderte ihn auf, sie anzuprobieren. Als ihm die Jacke tatsächlich genau paßte, konnte seine Freude nur durch Schwester Bharotis Lächeln überboten werden. Als ich Mutter Teresa von dieser Begebenheit erzählte, nickte sie und sagte: »Das kommt viele Male am Tag vor. Es kommt dauernd vor.«

Während wir über die Suppenküche sprachen, fragte ich Mutter Teresa, wie es den Missionarinnen der Nächstenliebe gelungen sei, ihre Organisation so schnell in fernen Ländern aufzubauen, und wie sie es schafften, über Nacht Lager für Katastrophenhilfe einzurichten. Mutter Teresa schien sich über meine Frage zu amüsieren und antwortete: »Wir haben ja schließlich reichlich Übung, nicht wahr? In den letzten sechsunddreißig Jahren haben wir nichts anderes getan.« Wir lachten beide. Sie fuhr fort: »Immer wenn etwas passiert, sind wir da, und wir wissen, was zu tun ist. Wir wissen, was die Menschen brauchen, und wir fangen einfach an, das zu tun. Bei Überschwemmungen sammeln die Schwestern Nahrungsmittel, während die Regierung Hubschrauber zur Verfügung stellt, um sie zu verteilen. Viele Organisationen bieten ihre Hilfe an. Die Leute spenden. Sie helfen. Wenn jeder etwas tut, ist die Arbeit bald erledigt. Ich habe viele Schwestern, die wunderbare Arbeit leisten.«

Und dennoch hat man den deutlichen Eindruck, daß die Stärke dieser wohlorganisierten Gemeinschaft vielleicht zugleich ihre Schwäche ist, da die Autorität allein in Mutter Teresas Händen liegt. Ich habe Mutter Teresa gefragt, ob sie alles überwachte. Ihre wohlüberlegte Antwort war folgende: »Nein, wir haben inzwischen viele Schwestern. Jedes Haus hat eine Oberin, dann ist eine Anzahl von Häusern gemeinsam einer Regionaloberin unterstellt. Jede der Regionaloberinnen ist für eine Provinz verantwortlich, zum Beispiel für Westeuropa, Amerika und so weiter. Dann haben wir noch vier Generalratsmitglieder. Wir haben das Kirchenrecht, an das wir uns halten müssen. Wir sind eine religiöse Kongregation. Die Kirche hat Gesetze und Bestimmungen für religiöse Kongregationen erlassen, wie wir in geistiger Liebe leben und gleichzeitig Regeln befolgen können, die uns leiten und den Weg weisen, sonst gäbe es nur Durcheinander. In jedem Land, in dem wir arbeiten, werden Sie genau dasselbe sehen: Die Schwestern sitzen auf dem Fußboden, dieselbe Armut, das einfachste Essen und so fort. Mutter Teresa ist nicht in all diesen Häusern zur selben Zeit. Und doch geht die Arbeit weiter. Gottes Werk will richtig getan sein. Wenn andere Menschen es für Geld tun, warum können wir es nicht um der Liebe Gottes willen tun?«

Es ist bekannt, daß viele um die Zukunft der Missionarinnen der Nächstenliebe fürchten, wenn Mutter Teresa einmal stirbt. Ich habe sie vorsichtig danach gefragt. Ihre erste Reaktion war, mit dem Finger gen Himmel zu deuten und zu sagen: »Warten sie erst mal, bis ich gehe!« Dann sagte sie in ernsterem Ton: »Wenn wir uns nicht von unserer Armut trennen und nicht am Ende unbewußt den Reichen dienen, wird alles gutgehen.«

Tatsächlich hat diese religiöse Kongregation eine detaillierte Satzung und Regeln, die alles bis ins Detail festlegen, so auch die Wahl für das Amt der Generaloberin und die vier Generalratsmitglieder. Das Generalkapitel hat die letzte Entscheidungsgewalt innerhalb der Kongregation. Alle sechs Jahre ernennt das Generalkapitel die Generaloberin und die vier Mitglieder des Generalrates. Das Kapitel besteht aus etwa einhundert Mitgliedern, darunter alle Regionaloberinnen und Delegierte der verschiedenen Regionen. Das Generalkapitel ist seit 1967 alle sechs Jahre zusammengetreten und dann nach fünf Jahren mit besonderer Erlaubnis aus Rom. Die Wahl findet durch geheime Abstimmung statt, und eine absolute Mehrheit ist erforderlich.

Pater van Exem zufolge hat Mutter Teresa bereits mehr als einmal versucht zurückzutreten: Das erste Mal, 1973, als sie zweiundsechzig Jahre alt war. Das zweite Mal, als das Generalkapitel 1979 zusammenkam, damals sagte sie zu den Schwestern: »Ich bin alt und müde. Die Arbeit fällt mir schwer. Es wäre jetzt besser, eine andere Schwester zu haben.« 1983, mit zweiundsiebzig Jahren, wurde sie zum ersten Mal ernsthaft krank: Sie besuchte gerade ihre Mission in Rom, als sie eines Nachts aus dem Bett fiel.

»Glücklicherweise war es ein MN[Missionarinnen der Nächstenliebe]-Bett«, sagte sie schlagfertig, »ich bin also nicht sehr tief gefallen.« Sie fühlte einen Schmerz auf der Seite, und mit der Vermutung, vielleicht eine Rippe gebrochen zu haben, entschloß sie sich zu einer Untersuchung. Die Nachforschungen der Ärzte brachte zutage, daß sie nicht, wie vermutet, etwas gebrochen, sondern ein Problem mit dem Herzen hatte. Sie wurde umgehend ins Krankenhaus überwiesen. »Man erklärte mir, was für ein Glück es war, daß ich ins Krankenhaus gegangen war, andernfalls hätte ich einen schweren Herzanfall erlitten.« Ihr Krankenhausaufenthalt – der erste einer ganzen Reihe – erregte überall auf der Welt Besorgnis. Das Salvator-Mundi-Krankenhaus wurde mit Briefen und Telegrammen überschwemmt. Der indische Staatspräsident, der Präsident der Vereinigten Staaten und ihr Freund Jyoti Basu (der Ministerpräsident von Westbengalen) schickten Telegramme. Der König und die Königin von Belgien fuhren eigens nach Rom, um sie zu besuchen. Ein besonders bewegender Brief ist ihr in Erinnerung geblieben, er kam von einem Mann in Kashmir, der schrieb, daß er als Hindu zur Göttin Kali bete, sie möge seine gute Gesundheit Mutter Teresa geben und Mutter Teresas schlechten Zustand auf ihn übertragen.

Im Dezember 1989 hatte Mutter Teresa einen kleinen Schwindelanfall und wäre fast die Treppe im Mutterhaus hinuntergefallen. Der Herzschrittmacher, der einige Jahre zuvor eingesetzt worden war, mußte ersetzt werden. Als ich sie im Krankenhaus in Kalkutta besuchte, wirkte sie ausgelaugt. Nach einer langen und kritischen Phase konnte sie sich wieder erholen. Diesmal schrieb sie an den Vatikan und bat in Übereinstimmung mit der Satzung um die Erlaubnis des Heiligen Stuhls, das Generalkapitel ein ganzes Jahr früher als üblich einzurufen, so daß eine Nachfolgerin gewählt werden konnte. Der Vatikan gab Mutter Teresas Bitte nach und gestattete ihr den Rücktritt. Das Generalkapitel wurde für die erste Woche im September 1990 einberufen.

Die Schwestern, auch die altgedienten, widersetzten sich aber noch immer einer Änderung. Pater van Exem berichtete mir, daß er direkt von der achttägigen Klausur, die der Wahl vorausgeht, Besuch von zwei hochstehenden Schwestern erhalten hatte, Schwester Agnes und Schwester Normala. Sie wollten genau wissen, ob ihnen von Seiten des Vatikan untersagt wäre, noch einmal für Mutter Teresa zu stimmen. »Ich weiß, daß Rom ihr erlaubt hat, zurückzutreten, aber ich denke nicht, daß der Vatikan den Schwestern Anweisung gegeben hat, nicht für Mutter Teresa zu stimmen.« Sie gingen zurück und berichteten den anderen Schwestern davon. Das Ergebnis war einstimmig für ein Verbleiben von Mutter Teresa. Ich weiß, daß Mutter nicht glücklich über diesen Ausgang war. Sie wollte nicht mehr weitermachen. Sie schrieb mir die folgenden Worte: »Es ist besser zu dienen, als bedient zu werden.« Aber wie in allen anderen Dingen nahm sie auch hier die Entscheidung an.

»Ich wollte frei sein, aber Gott hat seine eigenen Pläne«, erklärte sie mir eines Tages bezüglich dieser Wahl. Sie wies mit dem Finger gen Himmel. »Das ist sein Werk, nicht das meine. Solange wir ihm und unserer Armut fest verbunden bleiben, wird das Werk gedeihen. Ich bin nicht wichtig.«

7

Brüder und Mitarbeiter

Eines Nachts wurde am Howrah-Bahnhof in Kalkutta eine Gruppe junger Rowdys von der Polizei verhaftet. Es waren Taschendiebe, Alkoholiker, Zuhälter, Drogenverkäufer und andere Kleinkriminelle. Ohne viel Aufhebens wurden sie über Nacht in einer Zelle im Bahnhofsgebäude festgehalten, um am nächsten Tag dem Untersuchungsrichter vorgeführt zu werden. Unter ihnen war auch ein junger Ordensbruder. Er versuchte, den Polizisten zu erklären, wer er war, aber seine Stimme ging im allgemeinen Protestgeschrei und den Unschuldsbeteuerungen unter. Bevor er sich's versah, war auch er mit in die Zelle gesperrt worden. Während der heißen und feuchten Nacht wurde er von Moskitos gestochen und von Ratten gebissen. Aber unendlich schlimmer war die Art und Weise, in der ihn seine Mitgefangenen verspotteten. »Hey, Bruder«, lachten sie, »warum versuchst du überhaupt, uns zu helfen, wenn du dir nicht einmal selbst helfen kannst? Wo ist denn dein Gott jetzt?« Er wußte keine Antwort. Seine Augen füllten sich mit Tränen, und er fiel auf die Knie, um zu fragen, warum gerade er zu solcher Erniedrigung ausersehen war. War dies sein Kreuz, das er tragen mußte?

Der Priester war ein Missionar der Nächstenliebe, der erst kürzlich in den Orden eingetreten war. Es war Teil seiner Aufgabe, den Hunderten von jungen Wohnsitzlosen und verwahrlosten Jungen zu helfen, für die die Bahnhöfe von Howrah und

Sealdah das einzige Zuhause waren, das sie je kennengelernt hatten. Er machte schnell Bekanntschaft mit den Jugendlichen, die sich als Gepäckträger, Schuhputzer oder Laufboten durchschlugen. Da er selbst noch jung und unternehmungslustig war, organisierte er manchmal ein Fußballspiel für sie auf einem nahegelegenen Feld, und es war schwer zu sagen, wer diese Sonntagsausflüge wohl am meisten genoß. Weil er in den umliegenden Slums und Straßen arbeitete, wußte er auch bald, wer die Kleinkriminellen waren, die in und um die Bahnhöfe herum operierten. Er tat alles, um sie von der schiefen Bahn abzubringen, indem er sie zu überzeugen versuchte, statt dessen einen richtigen Beruf zu erlernen.

Es waren einige dieser jungen Rowdys, die sich in jener Nacht über ihn lustig machten – eine Erfahrung, die er nie mehr vergessen konnte. Hätte der Bruder ein Ordensgewand getragen, wäre dieser Fehler höchstwahrscheinlich nicht passiert. Aber im Gegensatz zu den Schwestern tragen die Brüder keine bestimmte Uniform und können so auch nicht so leicht von Weitem oder in der Menge erkannt werden. Noch dazu weist die Kleidung, die sie in Indien tragen, ein ganz normales Hemd und eine Hose, sie nicht gerade als Mutter Teresas Missionare der Nächstenliebe aus. Erst wenn man ihnen praktisch Angesicht zu Angesicht gegenübersteht, kann man ein kleines Kruzifix erkennen, das sie an ihr Hemd gesteckt haben. Für die meisten Menschen in Indien, die den Anblick von Priestern in Soutanen gewöhnt sind, läßt ein Rosenkranz oder ein Kruzifix allein noch nicht auf ein religiöses Leben oder Missionsarbeit schließen.

Es ist zwar nicht allgemein bekannt, aber die Notwendigkeit einer besonderen Tracht war ein Streitpunkt zwischen Mutter Teresa und Bruder Andrew, der der erste »Generaldiener« (also Generaloberer) der angegliederten Bruderschaft war. Bruder Andrew, der sich 1986 aus dem Orden zurückzog, hat einmal zu mir gesagt: »Mutter Teresa war der Meinung, daß die Brüder eine Ordenstracht tragen sollten. Auch viele der Brüder wollten das. Schließlich gab ihnen das einen gewissen Status. Ich war der Meinung, daß wir uns ohne eine Uniform weniger von den Armen und Benachteiligten unterscheiden würden. Außerdem gefiel mir die Schlichtheit eines an die Kleidung gesteckten Kreuzes.« Gleichzeitig sah er die Notwendigkeit ein, daß die Frauen eine besondere Tracht trugen, da diese eine Art Schutz darstellte. Und wenn die Brüder nun unter Erniedrigungen zu leiden hätten, weil man sie nicht erkannte?, fragte ich. »Dann soll es so sein«, sagte Bruder Andrew. Mutter Teresas Antwort war einige Monate später nicht unähnlich. Ihre Augen waren von tiefer Traurigkeit erfüllt, als sie sagte: »Dieser junge Bruder mußte nur eine Nacht lang die Demütigung durchmachen. Es gibt so viele unter unseren Armen, die das Nacht für Nacht durchstehen müssen.«

Ich habe Bruder Andrew die Geschichte seines jungen Bruders nicht erzählt, statt dessen habe ich ihn gefragt, ob er die Kleidungsfrage wirklich als so wichtig betrachtete. Nach einer kurzen Denkpause antwortete er: »Möglicherweise habe ich mich geirrt. Mutter Teresa würde die Brüder noch immer gerne in einer Uniform sehen. Vielleicht wird diese Regel in Zukunft geändert.«

Der neue Zweig der Missionsbrüder wurde 1963 eingerichtet, da man nach und nach erkannte, daß Männer für bestimmte Arbeiten besser geeignet waren. Wie in vielen anderen Fragen suchte Mutter Teresa auch hier den Rat von Pater van Exem. Er war damals Pfarrer in Asansol. Eines Tages im Jahre 1961 stattete ihm Mutter Teresa einen überraschenden Besuch ab. Sie erklärte, daß die Jungen in Shishu Bhawan langsam älter würden und die Schwestern bald Schwierigkeiten hätten, sie zu betreuen. Außerdem könnten Männer die schwereren Arbeiten in Kalighat und bei der Betreuung der Leprakranken übernehmen. Aus diesen Gründen wollte sie eine Kongregation von Brüdern gründen. Ob Pater van Exem wohl so freundlich sein könnte, den Erzbischof um seine Erlaubnis zu bitten? Pater van Exem fand die Idee ausgezeichnet und reiste nach Kalkutta, um die Sache mit Erzbischof Albert Vincent zu erörtern.

»Dieser Erzbischof war nun ganz anders als Erzbischof Perier, der immer gegen neue Ideen war. (Sie erinnern sich sicher an all die Fragen, die er mir immer stellte, wie ›Wie können Sie wissen, daß es der Wille Gottes ist?‹ und so weiter.) Ich habe ihm Mutter Teresas Vorschlag unterbreitet. Eine Minute – eine wirklich sehr lange Minute – schwieg er. Dann sagte er: ›Wir haben in Indien die Berufung eines Paters und die einer Schwester begriffen, aber was wir noch nicht verstanden haben, ist die Berufung eines Bruders. Ich kann die Berufung eines Bruders verstehen. Ich wünsche mir Brüder. Sagen Sie Mutter Teresa, sie soll anfangen.‹ Die Sache war in wenigen Minuten erledigt.«

Mutter Teresa war hocherfreut und bat Pater van Exem, ihr so bald wie möglich ein paar geeignete junge Männer zu schicken. Innerhalb weniger Wochen nach seiner Rückkehr nach Asansol machte er ein halbes Dutzend junge Männer ausfindig und schickte sie nach Kalkutta, damit das neue Unternehmen in Gang kam. »Ich weiß noch, sie wurden irgendwo in Shishu Bhawan untergebracht, zwischen all den Babys«, lachte er. »Dann begann Schwester Gertrude (die Ärztin), die sich interessanterweise auch noch mit Tischlerei auskannte, ihnen Unterricht in Holzarbeiten zu geben. Es war sehr witzig.« Pater van Exem mußte so lachen, daß er Schluckauf bekam. Erst nachdem er ein Glas Wasser getrunken hatte, beruhigte er sich wieder. »Dann erklärte mir Mutter Teresa: ›Sehen Sie, Pater, es sind Männer. Sie brauchen körperliche Betätigung. Ich habe ihnen gesagt, sie sollen jeden Abend Volleyball spielen.‹« Die Vorstellung, wie die winzige Mutter Teresa eine Gruppe kräftiger junger Männer auf irgendein Volleyballfeld führte, war endgültig zu viel für uns, und wir konnten uns beide vor Lachen kaum halten. Pater van Exem brauchte noch ein Glas Wasser.

Bevor die Kongregation richtig organisiert war, gab es allerdings noch eine Reihe von Kinderkrankheiten zu überwinden. Viele Männer zögerten mit dem Beitritt, solange die Einrichtung noch nicht anerkannt war, und umgekehrt hing die Anerkennung aus Rom von der Mitgliederzahl und einer ordentlichen Organisation ab. Eine weitere Schwierigkeit lag in der Tatsache, daß es die römisch-katholische Kirche einer Frau nicht gestattet, Oberhaupt einer religiösen Kongregation von Männern zu sein. Es dauerte mehr als ein Jahr, diese Fragen zu klären. Mutter Teresa versuchte Pater Gabrić, einen jugoslawischen Jesuiten, den sie kannte, für ihre Dienste zu gewinnen. Aber der Jesuitenorden war nicht bereit, ihn freizustellen. Dann bat sie um Pater Antoine, einen französischen Geistlichen, aber möglicherweise wollte er selbst die Verbindung zu seinem eigenen Orden nicht abbrechen. Zu genau diesem Zeitpunkt bewarb sich ein junger Mann, der gerade das Tertianat durchlief, und er wurde ausgewählt, obwohl Mutter Teresa ihn zuvor nicht gekannt hatte. Der Jesuitenorden stimmte seiner Freistellung zu. Er war Australier und hieß Ian Travers-Ball. Als religiösen Namen wählte er den Namen Bruder Andrew.

Trotz seiner über einen Meter achtzig, seiner Ausstrahlung und Redegewandtheit spricht Bruder Andrew leise, aber ohne jede Spur von Zögern. »Ich bin 1954 als junger Jesuit nach Indien gekommen«, sagte er. »Ich habe angefangen, mich für die Armen zu interessieren, als ich in Hazaribagh, dem Kohlebergbaugebiet des Staates Bihar, gearbeitet habe. Als Teil meiner Ausbildung hatte ich vor, einen Monat bei Mutter Teresa zu verbringen, da mir das für meine zukünftige Arbeit von Nutzen sein würde. Sie hatte eine Gruppe junger Männer, die sie leitete, aber sie suchte noch nach einem Oberhaupt für den Orden. Ich bin zufällig in diesem Moment gekommen.« Er war damals achtunddreißig Jahre alt.

Ich habe mit Bruder Andrew einen Abend in der Mansatala Row Nr. 7 verbracht, dem kleinen Haus in einer schmuddeligen Gegend, das dem Ordenszweig der Brüder als Hauptquartier dient. Es herrschte ein fürchterlicher Lärm und Gelächter und Händeklatschen, da gerade Freistunde war und die Brüder Dampf ablassen mußten, wie mir Bruder Andrew lächelnd erklärte. Er erzählte mir von der Anfangszeit. »Ich war der Überzeugung, daß wir von Shishu Bhawan loskommen mußten, wenn wir uns als unabhängige Gruppe entwickeln wollten. Ich weiß nicht, ob das mein männlicher Chauvinismus oder meine jesuitische Ausbildung waren. Ich glaubte, daß die Brüder eine eigene Führung in ihrem eigenen Stil entwickeln müßten. Wir würden uns Anregung und Unterstützung von Mutter Teresa holen, aber wir mußten autonom funktionieren. Mutter stimmte dem voll und ganz zu.

Wir mieteten ein Haus in Kidderpore, bevor wir dieses Haus hier fanden. Mutter hat es für uns gekauft. Wir waren ungefähr fünfzehn Brüder, als wir hier einzogen.« Bezeichnenderweise fügte er hinzu: »Der Lebensstil einer Gruppe von Männern wird sich zwangsläufig von dem einer Gruppe von Frauen unterscheiden. Wir konnten beispielsweise nicht so dicht gedrängt zusammenleben, wie es die Frauen geschafft haben. Männer müssen einen Spaziergang machen oder sonntags Fußball spielen oder sich einen Ringkampf anschauen können. Die Schwestern gehen außerhalb ihrer Arbeit niemals aus. Auch die Haushaltsorganisation konnte bei uns nicht dieselbe sein. Ich fühle mich nicht verpflichtet, allen kleinen Einzelheiten zu gehorchen.«

Bruder Geoff, der derzeitige »Generaldiener«, ist der Auffassung, daß sich Brüder und Schwestern nicht in wesentlichen Dingen voneinander unterscheiden, daß die andere Art von Arbeit aber dazu führt, daß die Brüder nach weniger strengen Regeln und nicht so klösterlich leben, besonders was den Kontakt mit Außenstehenden und Besuchern angeht. Von Anfang an haben sie einen anderen Weg als den der Schwestern beschritten. Da sie weniger zurückgezogen leben, müssen sie sich an die lokalen und kulturellen Gegebenheiten anpassen, die in den verschiedenen Regionen desselben Landes äußerst unterschiedlich sein können. Ihre Gemeinschaften sind außerdem kleiner; es leben weniger Brüder in einem Haus zusammen. Die Gemeinschaftssprache, die außerhalb Indiens gesprochen wird, ist nicht unbedingt Englisch, obwohl Englisch am weitesten verbreitet ist. Und schließlich, sagte Bruder Geoff, als wollte er auf Pater van Exems Kommentar eingehen, daß die Brüder ihre Aktivitäten in Shishu Bhawan begonnen haben, sie arbeiten nicht mehr mit Babys!

Einer der ersten Orte, an dem die Brüder mit ihrer Arbeit begannen, war der Howrah-Bahnhof. Dort gab es buchstäblich Hunderte von Jungen und jungen Männern, die in den Schlupfwinkeln unter seinem Dach lebten. Die meisten waren Waisen, manche waren von zu Hause fortgelaufen, andere hatten sich einer Bewährungsstrafe entzogen. Viele von ihnen litten unter Infektionen und Krankheiten. Die Brüder begannen, ihnen in kleinen Schritten zu helfen. Manche brauchten dringend medizinische Behandlung. Die Brüder versorgten sie mit Seifenstücken, damit sie sich sauberhalten konnten. Nach und nach organisierten die Brüder ein Abendessen für die Bahnhofskinder, so daß sie wenigstens eine warme und nahrhafte Mahlzeit am Tag bekamen. Einige Jungen konnten vorübergehend in der Mansatala Row unterschlüpfen, bis ein Ausbildungsplatz für sie gefunden war. Zusammen mit den älteren Jungen aus Shishu Bhawan wurden sie nach und nach in andere Häuser verlegt, die in Kalkutta und Umgebung eingerichtet wurden.

Das erste in dieser Reihe war Nabo Jeevan (Neues Leben), ein Heim speziell für heimatlose und behinderte Jungen, das in Howrah gegründet wurde. Die wachsende Notwendigkeit von irgendeiner Form von Ausbildungsangebot führte anfangs zur Einrichtung einer Radioreparaturwerkstatt in Dum Dum, wo die Jungen lernten, einfache Reparaturen auszuführen, was ihnen zu einem kleinen Job irgendwo verhelfen könnte. Für die geistig behinderten Jungen und die tuberkulosekranken Männer erwarben die Brüder eine Farm in Nurpur, etwa zwanzig Meilen von Kalkutta entfernt. Hier konnte auch ein wenig einfache Landwirtschaft betrieben werden.

Die Brüder setzten ihr Engagement in der Lepra-Hilfe fort. Zunächst unterstützten sie die Arbeit der mobilen Dispensarien. Später besuchten sie regelmäßig Dhapa, die große Lepra-Siedlung in Kalkutta, wo sie die Kranken versorgten. Sie fingen auch bald an, die Schwestern in Titagarh zu unterstützen. Die Probleme in der Lepra-Kolonie auf der anderen Seite der Bahngleise waren keine Aufgaben, mit denen Frauen so leicht fertig werden konnten. So dauerte es nicht lange, bis die Brüder diese Arbeit vollständig übernahmen.

Zehn Jahre nach der Ordensgründung in Indien eröffnete Bruder Andrew das erste ausländische Haus im vom Krieg verwüsteten Vietnam, einem Land, in dem die Schwestern damals nicht arbeiteten. Die Brüder eröffneten ihre ausländischen Häuser grundsätzlich in Ländern oder Städten, in denen die Schwestern nicht vertreten waren. Sie fingen an mit einem kleinen gemieteten Haus, das zunächst nur von einer Handvoll Leuten bewohnt wurde, darunter auch Kriegswaisen. Zwei Jahre später wurde ein zweites Haus eröffnet, diesmal in Los Angeles, Kalifornien, in einem zwielichtigen, von Kriminalität heimgesuchten mexico-amerikanischen Viertel, genannt »Skid Row«. Hier richteten sie ein kleines Heim für Alkoholiker und Drogenabhängige ein.

Schritt um Schritt führte Bruder Andrew sie auch noch an andere Brennpunkte und in üble Gegenden auf jedem Kontinent. Die Länder, in denen sie sich ausbreiten, sind unter anderem Hongkong, Japan, Taiwan, Korea, Guatemala, die Philippinen, El Salvador, die Dominikanische Republik, Haiti, Brasilien, Madagaskar und sogar Frankreich. In einigen dieser Gebiete kam es immer wieder zu Ausbrüchen von Gewalt, und einmal wurde in El Salvador auch ein Bruder gekidnappt. Er wurde nach drei Monaten freigelassen aufgrund der Intervention des Erzbischofs von El Salvador, der dann selbst einige Monate später durch einen Schuß lebensgefährlich verletzt wurde.

In der Hauptsache übernahmen die Brüder diejenigen Aufgaben, auf die sie sich am besten verstanden, wie etwa die Einrichtung von Schlafplätzen für heimatlose Jungen, Alkoholiker und Drogenabhängige. Sie richteten eine Suppenküche in Paris ein. An vielen Orten wurden sie von Leuten unterstützt, die unter dem Motto *»Come and See«* – »überzeug dich selbst« zur Probe arbeiteten. Dieses interessante Motto wurde von Bruder Andrew geprägt für die vielen jungen Leute, die Interesse hatten, sich für ein paar Wochen oder Monate an dieser Arbeit zu beteiligen. Es gab keinerlei Verpflichtung, dem Orden beizutreten oder ein Gelübde abzulegen. Auch Mutter Teresa übernahm dieses Motto bald für die jungen Frauen, die feststellen wollten, ob ihnen die Arbeit gefiel und sie damit zurechtkämen. Eine erhebliche Anzahl von Missionaren der Nächstenliebe, Brüder ebenso wie Schwestern, die heute von Taiwan bis Haiti, von Burundi bis Peru arbeiten, sind irgendwann einmal auf diese Weise für eine Probezeit beigetreten.

Bevor Bruder Andrew im Jahre 1987 den Orden verließ, trat

Bruder Geoff, ebenfalls ein Australier, seine Nachfolge an. Er brachte einen anderen Stil mit, einen Wechsel der Gangart, eine Zeit des Nachdenkens und der Bestandsaufnahme. Er soll den Orden in mancherlei Hinsicht Mutter Teresas ursprünglichen Vorstellungen nähergebracht haben. Die Satzung der Brüder wird momentan überarbeitet. Vielleicht wird das eine stärkere Angleichung an die Satzung der Schwestern mit sich bringen, aber Genaueres wird sich erst noch zeigen.

Die Kongregation wächst jedoch nur langsam. Die Zahl der neuen Kandidaten ist kleiner als in den vergangenen Jahren. Einer der Gründe ist, daß der Nachwuchs, aus dem die Kandidaten ausgewählt werden, nicht so »fruchtbar« ist wie früher. Die Folgen materialistischer Wertebetonung und kleinerer Familien wirken sich aus. Die Kongregation selbst ist wählerischer und hält zukünftige Kandidaten dazu an, ihre Schulausbildung abzuschließen. Unabhängig von diesen Zeiterscheinungen ist es normal, daß Brüdergemeinschaften weniger Berufene anziehen als die Kongregationen von Schwestern oder Patres, weil damit ein bestimmter Status verbunden ist. »Ja, es gibt auch Austritte«, sagte Bruder Geoff. »Während des Jahres des vorläufigen Gelübdes ist das in der Regel Teil der normalen Auseinandersetzung. Austritte nach Ablegen der endgültigen Gelübde gibt es weniger, aber wie in jeder Kongregation kommt auch das immer mal wieder vor. Dazu gehört auch die Tatsache, daß in unserer heutigen Zeit Verpflichtungen nicht sehr geschätzt werden und daher Gelübde auch leichter gebrochen werden.« Bruder Geoff ist zudem der Überzeugung, daß das rasche Wachstum während der vergangenen zehn Jahre die Organisation überfordert hat. Aus diesem Grund ist die Gesamtzahl von Häusern vom Höchststand vierundneunzig auf einundachtzig (im Jahre 1991) geschrumpft, wovon fünfundvierzig in Indien und sechsunddreißig in anderen Ländern liegen.

Ein Mann, der tief und fest an seine Berufung glaubt, ist mein Freund, der diese qualvolle Nacht im Bahnhofsgefängnis verbringen mußte. Zwanzig Jahre später habe ich ihn gefragt, ob er jemals etwas bereut oder sich versucht gefühlt hat, auszutreten. Ich schickte voraus, daß ich es ihm freistellte, diese intimen Fragen zu beantworten. Seine Antwort kam geradeheraus: »Das ist ganz und gar keine intime Frage«, sagte er. »Es gab eine Zeit, bevor ich in den Orden eingetreten bin, da hatte ich viele Probleme und viele Träume und Wünsche. Ich war labil und unglücklich. Warum Gott so eine traurige Gestalt wie mich gerettet hat, ist und bleibt ein Rätsel. Er hat mich zu diesem Leben berufen. Jetzt kann ich mir nicht einmal für einen Moment vorstellen, meine Berufung als Missionsbruder der Nächstenliebe aufzugeben. Je schwieriger und anspruchsvoller mein Leben wird, desto näher fühle ich mich Ihm. Ich werde den Orden niemals verlassen können.«

Als ich aufstand, um das kleine Besucherzimmer zu verlassen, in dem wir saßen, fiel mein Blick zufällig auf ein gerahmtes Hindi-Sprichwort, das neben der Tür hing:

Hast du
  zwei Laib Brot,
so gib einen den Armen,
  verkaufe den anderen –
und kauf dir Hyazinthen
  als Nahrung für deine Seele.

*

Weit entfernt vom eleganten Teil Londons, in einem der weniger wohlhabenden Viertel der Stadt, steht eine heruntergekommene Kirche. Die abblätternde Farbe und die zerbrochenen Fenster bezeugen, daß das Gebäude leersteht, weil sein Unterhalt zu teuer geworden ist. Jahrelang blieb die Eingangstür verschlossen, doch jetzt wird sie wieder jeden Abend um achtzehn Uhr von einer Gruppe von meist ausländischen Frauen in Saris geöffnet. Das sind Mutter Teresas Missionarinnen der Nächstenliebe. An ihrer Seite befinden sich ein paar ehrenamtliche Helfer und eine Handvoll Mitarbeiter. Etwa hundert Almosenempfänger schlurfen herein; größtenteils Männer, manche erstaunlich jung. Alkohol oder Drogen scheinen sie der Realität entzogen zu haben. Ein Teil der Frauen ist geistesgestört. Da gibt es einen wild ausschauenden Mann, dessen ganzes Gesicht tätowiert ist. Sie treten schweigend herein und setzen sich an die im Saal gedeckten Tische. Nach einem Gebet wird eine warme Mahlzeit aufgetragen. Sie essen in völligem Schweigen und schlurfen dann wieder hinaus.

Das Essen, das sie bekommen, ist nicht mit Geld bezahlt. Jene Mahlzeit bestand zum Beispiel aus Resten eines sehr teuren Londoner Krankenhauses. Es war eigens von dem Küchenchef zubereitet worden, der ebenfalls ein Mitarbeiter ist. Eine bekannte Supermarktkette schickt übriggebliebenes Gemüse und Obst. Die Mitarbeiter haben außerdem bei Metzgern und Bäkkern verbreitet: »Bitte werfen Sie keine Nahrungsmittel weg, schicken Sie alles an Mutter Teresa.« Im Saal helfen ein halbes Dutzend Freiwillige beim Auftragen und später beim Abdecken und Abwaschen. Es sind keine festen Mitarbeiter, sie kommen nur gelegentlich zum Helfen vorbei. Ein junger Mann kommt direkt aus Winchester, einem der führenden Internate Englands. Er studiert Jura und schaut ab und zu vorbei. »Das gehört zum Leben«, sagt er. »Außerdem macht es mir Spaß, mit den Leuten und den Schwestern zu reden.«

Die beiden Mitarbeiterinnen, die mich in die Quex Road mitgenommen hatten, waren Bridget Eacott, die internationale

Schriftführerin, und Faye Larkins, die Landesbeauftragte für Großbritannien. »In ganz Großbritannien schauen wir zuerst, was wir in unserer eigenen Region und Umgebung tun können«, sagte Faye. »Im Nordosten leiten wir alles, was wir sammeln, in unsere besonders bedürftigen Gebiete weiter. In den Innenstädten von Manchester, Birmingham und Liverpool kümmern sich die Mitarbeiter um das Elend der Menschen auf den Straßen. Andere Gegenden leiden dagegen eher unter emotionaler und geistiger Unterversorgung. Es gibt Tausende von einsamen Menschen, die ganz für sich leben. Sie sind nicht unbedingt wirklich arm, aber auf andere Weise ärmer als die Menschen in Kalkutta, sagt Mutter Teresa. Sie behauptet, daß die geistige Armut des Westens weit größer ist als die physische Armut der sogenannten Entwicklungsländer. Sie bezeichnet diese ungeliebten Menschen als ›Eingeschlossene‹. Es ist weit schwieriger, diese Art der Einsamkeit zu beheben. Diese Menschen sind ›niemand‹. Niemand bemerkt sie. Mutter möchte, daß die Mitarbeiter als ›jemand‹ für ›jemanden‹ da sind.«

Einige dieser Menschen, die von den wenigsten auch nur eines Blickes gewürdigt werden, leben in Siedlungen aus Pappkartons unter der Waterloo Bridge, in Parks wie den Lincoln's Inn Fields und in der Nähe der Londoner U-Bahn-Stationen. Ihr Heim ist ein Pappkarton, nur wenig größer als ein Sarg. Oft ist das ihr einziger Schutz gegen die eisigen Winterwinde. Für die meisten dieser Menschen sind die Schwestern und Mitarbeiter die einzigen, die ihnen einmal ein Lächeln schenken. In zwei Nächten pro Woche versorgt sie eine ambulante Suppenküche ab etwa zweiundzwanzig Uhr mit einer heißen Mahlzeit und ein paar aufmunternden Worten.

Den Begriff *»Co-Worker«* – »Mit-Arbeiter« hat Mutter Teresa vor fast einem halben Jahrhundert von Mahatma Gandhi übernommen, den sie sehr bewundert, aber nie persönlich kennengelernt hat. (Er wurde ermordet, kurz nachdem sie mit ihrer Arbeit begonnen hatte.) Gandhi hatte seine Helfer als *»Co-Workers«* bezeichnet. Das waren die Menschen, die seine sozialen Maßnahmen unterstützten, um die Stellung der Frauen zu verbessern, die Lepra zu bekämpfen, die Alphabetisierung zu fördern und die unmenschliche Tradition der »Unberührbarkeit« zu beseitigen, die von den oberen Kasten gegenüber den niedrigsten Schichten der indischen Gesellschaft praktiziert wurde. Der Begriff traf genau das, was sich Mutter Teresa vorstellte: ihre Mitarbeiter sollten ein Zusammenschluß von Männern, Frauen, Jugendlichen und Kindern aus aller Welt sein, Anhänger aller Religionen, ungeachtet ihres sozialen Status. Ihr Ziel sollte es sein, »Gott in ihrem Nächsten zu lieben, indem sie sich voll und ganz dem Dienst an den Ärmsten der Armen aller Kasten und Bekenntnisse widmeten und sich im Geist von Gebet und Opferbereitschaft mit dem Werk von Mutter Teresa und ihren Missionarinnen der Nächstenliebe verbinden wollten.«

Die ersten Mitarbeiter waren Michael Gomes und seine Familie. Die Ärzte und Ärztinnen, Zahnärzte und Schwestern, die ihrem ersten Aufruf folgten und sich mit ihrem Fachwissen zur Verfügung stellten, waren ebenfalls Mitarbeiter in diesem Sinne. Das Konzept einer Gemeinschaft von Mitarbeitern entwickelte sich allerdings erst nach und nach.

Während der fünfziger Jahre wurde eine Gruppe britischer Frauen, die ehrenamtlich soziale Aufgaben in Kalkutta erfüllten, von Mutter Teresas starkem »Sog« angezogen. Anne Blaikie, Ehefrau eines britischen Geschäftsmannes, hatte über Mutter Teresas Arbeit in der Zeitung *The Statesman* gelesen, die anfing, ihren Aktivitäten Aufmerksamkeit zu schenken. Neugier brachte sie dazu, Mutter Teresa eines Morgens im Juli 1954 aufzusuchen. Sie bot ihre Hilfe an. Mutter Teresa verfrachtete sie sofort in einen klapprigen Kleinlaster und brachte sie in das

Heim für Sterbende in Kalighat. Als Anne Blaikie an diesem Abend nach Hause zurückkehrte, hatte sich ihr Leben grundlegend gewandelt. Noch im selben Monat, am 26. Juli 1954, gründete Anne die erste Mitarbeitergruppe in Kalkutta. Während der nächsten Monate setzte sich die Gruppe dafür ein, nützliche Kleidung zu sammeln, die den Kindern von Shishu Bhawan und in den Slums zu Weihnachten überreicht werden konnten. Sie waren recht erfolgreich und meinten, sich nach Weihnachten befriedigt zurücklehnen und Glückwünsche entgegennehmen zu können. Mutter Teresa kam bald, um ihnen für ihre Bemühungen zu danken, erklärte aber gleichzeitig, daß sie wenig Zeit zu verlieren hätten, da Id und Diwali, die höchsten Feste der Moslem- und Hindu-Gemeinden, kurz bevorstanden und diese Kinder ebenfalls ihren Anteil an Kleidern erwarteten! Von da an gab es für Anne Blaikie kein Zurück mehr.

Im Jahre 1960 kehrte Anne Blaikie wieder nach England zurück. In ihrer Nähe lebte in Sussex John Southworth, der bei der Lepra-Arbeit geholfen hatte, als er in Kalkutta gewesen war. Bald fanden sich noch mehrere andere Ehemalige aus Kalkutta ein, die ebenfalls Mutter Teresa geholfen hatten. Es dauerte nicht lang, und ein »Mutter-Teresa-Ausschuß« wurde gegründet, mit Southworth als Vorsitzendem und Anne Blaikie als seiner Stellvertreterin. Mutter Teresas Englandbesuch im November 1960 gab ihrer Arbeit neuen Ansporn.

Nach ihren bescheidenen Anfängen in Kalkutta und der Etablierung in England begannen nun auch in anderen Ländern, wo die Missionarinnen der Nächstenliebe ihre Häuser eröffneten, kleinere Gruppen von Mitarbeitern zu entstehen. Die Gesamtzahl ist nicht bekannt, aber es wird geschätzt, daß es allein in Großbritannien etwa dreißigtausend und in den USA zehntausend Mitarbeiter sind. In manchen europäischen Ländern sind es dagegen nur wenige hundert.

In Indien bin ich auf Hunderte von Mitarbeitern gestoßen, aber die Gruppen sind nicht gut organisiert. Das einzige, was sich mit Sicherheit sagen läßt, ist allerdings, daß auf jeden einzelnen Christen mindestens zehn nicht-christliche (meist Hindus) Mitarbeiter kommen. Der Erfolg der verschiedenen Arbeitsgruppen hängt von der Tatkraft und der Initiative der jeweils für das bestimmte Gebiet Verantwortlichen ab. Diese Beauftragten werden als *»links«* – als Verbindungsleute – bezeichnet. Die Stadtteilgruppen sind klein, zwischen zwei und zwölf Mitgliedern. Sobald sie größer werden, wird eine neue Gruppe gebildet. Bei ihren Zusammenkünften werden nur alkoholfreie Getränke serviert, damit so ein Treffen ebensoleicht im Haus eines Reichen wie in dem eines Armen stattfinden kann.

Die Organisation der Mitarbeiter ist nicht sehr bekannt, da ihnen jede Art der Werbung oder Spendenbeschaffung untersagt ist.

Die einzige Veröffentlichung erfolgt intern, in Form des *Co-Workers Newsletter*, einer Informationsschrift, die auf billigstem Papier gedruckt und an alle Mitglieder verschickt wird. Mutter Teresa bevorzugt dabei die Vervielfältigung durch Matrizen, da dies die billigste Lösung darstellt. Die Mitarbeiter, die für die Veröffentlichung zuständig sind, dürfen weder ein Büro mieten noch Angestellte beschäftigen. Das gleiche gilt für die Altkleidersammelstellen, die nicht angemietet werden sollten. Der Raum kann statt dessen ein Keller in irgend jemandes Haus oder eine Garage oder ein freies Zimmer sein. So erzählte Faye Larkins lachend: »Mein Mann sagt, daß wir uns nun, wo jeder Winkel unseres Hauses mit Kleidern für Mutter Teresa angefüllt ist, ein neues Haus für uns selbst suchen müssen!«

Es ist bemerkenswert, daß mittlerweile recht beachtliche Summen auf den Namen einer Frau gespendet werden, die ihr Werk vor weniger als fünfzig Jahren ohne eine Rupie begonnen hat.

Die internationalen Sprecher der Mitarbeiter berichteten mir, daß regelmäßig Schecks über große und kleine Beträge mit der Post ankommen. Diese Summen sind fast ebenso schnell ausgegeben wie sie eintreffen.

Die Schwestern schicken in regelmäßigen Abständen Bestellungen für Arzneimittel, Milchpulver, Eiweißnahrung und Kleidung an die Mitarbeiter, die mit dem Großeinkauf betraut sind. Dieses Team wird vom internationalen Beauftragten für Hilfssendungen geleitet, der seinen Sitz in Antwerpen hat. Dieser Beauftragte wird von einem Mitarbeiterausschuß unterstützt.

Um eine gewisse Vorstellung vom Ausmaß dieser Sendungen zu geben: Allein im Jahr 1990 wurde Milchpulver im Wert von siebzehn Millionen belgischen Francs und Eiweißkekse im Wert von zweihunderttausend holländischen Gulden gekauft und nach Afrika, Süd- und Mittelamerika und Asien verteilt. Dazu wurde noch Kleidung im Wert von drei Millionen belgischen Francs zu einem Zehntel ihres normalen Preises gekauft und in neun westafrikanische Länder verschickt. Im Jahr 1991 wurden vierundzwanzig riesige Container mit gebrauchten Kleidern in gutem Zustand sowie dringend benötigte Decken und Verbandmaterial nach verschiedenen Orten in Asien verschifft. Britische Mitarbeiter hatten dies alles in privaten Haushalten gesammelt.

Und trotzdem ermahnt Mutter Teresa ihre Mitarbeiter in jedem *Newsletter* erneut, sich nicht von niederen Arbeiten abbringen zu lassen. Nichts darf zu gering sein, weder einen Brief für einen blinden Menschen zu schreiben noch einer alten Nachbarin beim Hausputz oder Wäschewaschen zu helfen. Laßt andere die großen Dinge tun, wiederholt sie ständig. Nachbarschaftliche Hilfsbereitschaft ist ebenso wichtig. Es gibt Tausende von »Eingeschlossenen«, die nicht einmal von ihrer eigenen Familie Besuch bekommen.

In Zusammenhang mit der Armut des Westens erwähnte Mutter Teresa einmal den Fall einer Frau, die allein in einem Wohnblock in einer Londoner Schlafvorstadt lebte. Sie bekam fast nie Besuch und auch keine Briefe. Damit ihre Nachbarn nicht glaubten, daß ihr niemals jemand schrieb, schrieb und schickte sie Briefe an sich selbst. Diese traurigen und einsamen Leben sollen die Mitarbeiter nach dem Willen Mutter Teresas aufheitern. Ein Paragraph in der Satzung der Mitarbeiter definiert ebenfalls Mutter Teresas grundlegende Philosophie: »Die Mitarbeiter von Mutter Teresa erkennen, daß alle weltlichen Gaben, die Begabungen von Körper und Geist, Vorteile von Geburt oder Ausbildung ein reines Geschenk Gottes sind und daß keiner das Recht auf Wohlstand und Überfluß hat, während andere Hungers sterben und in irgendeiner Weise Not leiden. Sie bemühen sich, diese große Ungerechtigkeit durch freiwillige Armut und den Verzicht auf Luxus in ihrem eigenen Lebensstil auszugleichen.«

Mutter Teresa und ihre Mitarbeiter sind vereint in den Worten des Heiligen Franziskus von Assisi, in einem Gedicht, das auch Mahatma Gandhi sehr geschätzt hat:

> Herr, mach mich zu einem Werkzeug deines Friedens ...
> daß ich Hoffnung bringe in die Verzweiflung,
> Licht in das Dunkel
> Und Freude in die Traurigkeit ...*

*

Eine Besonderheit der Institution der Mitarbeiter sind die Kranken und Leidenden, die sich aufgrund von Behinderung, Krankheit oder hohem Alter nicht an der aktiven Arbeit beteiligen können. Statt dessen sind sie jeweils einer bestimmten Schwester

* Der volle Wortlaut des Gebets ist im Anhang II nachzulesen.

oder einem Bruder der Missionare der Nächstenliebe verbunden. Sie bieten nur ihren Schmerz, ihre Qual und Gebete für die Arbeit. Dafür arbeiten ihre aktiven Gegenstücke mit erneuerter Energie und beten für sie. Einer ist dem anderen ein »zweites Ich«. Auf diese Weise konnte vielen schmerzerfüllten Leben ein Sinn gegeben werden, denn ihr Leiden wird als eine Form der Erlösung gesehen.

Diejenige, die Mutter Teresa mit der Organisation der »Kranken und Leidenden Mitarbeiter«, wie sie mittlerweile genannt werden, betraute, war Jaqueline de Decker. Als die Internationale Vereinigung der Mitarbeiter von Mutter Teresa am 26. März 1969 vom Vatikan anerkannt wurde, wurde Jaqueline de Decker zur Internationalen Beauftragten für die Kranken und Leidenden ernannt, ein Posten, den sie seitdem innehat. Im Laufe der Jahre hat sie sorgfältigst jede Schwester und jeden Bruder der Missionare der Nächstenliebe mit einem Menschen »verbunden«, der krank ist und Schmerzen leidet. Trotz ihrer ständigen Qual hat sie eigenhändig Tausende von Briefen geschrieben. Als Mutter Teresas »zweites Ich« war sie auch anwesend, als Mutter Teresa 1979 in Oslo der Nobelpreis verliehen wurde.

»Vor zwei Wochen habe ich eine Europäerin im Sari im Gemeindehaus der St. Joseph's Cathedral in Trivandrum kennengelernt«, schrieb ein Journalist in einer Zeitschrift in Kerala am 25. August 1948. »Zuerst war ich nicht besonders beeindruckt von ihr... Ich hielt sie für exzentrisch oder verschroben.« Er änderte seine Meinung rasch. »Sie ist geborene Belgierin und entstammt einer gutkatholischen Familie. Sie hat an der berühmten Katholischen Universität von Louvain (Leuwen) mit Schwerpunkt Soziologie studiert. Außerdem hat sie ein Diplom in Krankenpflege und Erster Hilfe abgelegt. Nach Beendigung ihres Studiums an der Universität hat sie sechs Jahre als Krankenschwester gearbeitet und wertvolle Dienste bei der Betreuung der Verletzten und Kriegsgefangenen geleistet. Ihr größter Wunsch war es jedoch, nach Indien zu gehen, um die sozialen Verhältnisse der Armen und Schwachen in diesem Land zu verbessern. Miss de Decker lebt erst seit einem Jahr in Indien. Sie hat die indische Kleidung und Ernährungsweise angenommen. Sie trägt einen Sari, nimmt ihr Essen auf dem Boden sitzend zu sich, ohne Löffel, Messer, Gabeln etc., und sie schläft auf dem Boden, da Betten und ähnliche Annehmlichkeiten nicht geschaffen sind für eine Frau, die ihr Leben der Sache der Armen gewidmet hat.« Der Verfasser war gerührt, daß sie bereit war, jedem Hilfsbedürftigen beizustehen und nun nach einem Haus in Madras Ausschau hielt, das den Armen leicht zugänglich war.

Jaqueline de Decker war siebzehn Jahre alt, als sie zu der Überzeugung gelangte, daß sie berufen sei, Missionarin zu werden. Ein paar Jahre später lernte sie einen Jesuitenpater kennen, der sie dazu anregte, nach Indien zu gehen, um dort eine Schule für soziale und medizinische Ausbildung aufzubauen. Doch dann kam der Krieg dazwischen. Nach Kriegsende bereitete sie alles für ihre Auswanderung vor, erhielt aber, sobald sie an Bord des Schiffes war, ein Telegramm mit der Nachricht, daß der Priester, der angeboten hatte, sie zu beraten und zu unterstützen, gestorben war. Obwohl sie nur sehr wenig Geld und keine weitere Absicherung hatte, setzte sie ihre Reise fort. Sie beschloß, sehr anspruchslos zu leben, und übernahm die indische Lebensweise.

Ein Jesuitenpater, den sie in Madras kennenlernte, erzählte ihr von einer Nonne, damals in Patna, die ihre Ordenstracht abgelegt hatte und – wie sie auch – indische Kleidung trug. Obwohl es zu jener Zeit eine lange Zugfahrt nach Patna war, wollte Jaqueline sofort aufbrechen, um eine verwandte Seele zu treffen, die sich ebenso wie sie der Arbeit für die Armen in Indien verschrieben hatte.

»Es war fünf Uhr nachmittags, als ich bei der Medizinischen

Mission in Patna ankam«, sagte Jaqueline. »Ich kann mich noch genau an die Zeit erinnern, weil ich auf meine Frage nach ›Schwester Teresa von Loreto‹ die Antwort erhielt: ›Es ist siebzehn Uhr. Das heißt, die Arbeit ist vorbei und sie ist in der Kapelle.‹ Und da war sie dann auch. Später habe ich mit ihr gescherzt: ›Als wir uns das erste Mal getroffen haben, haben Sie mir den Rücken zugekehrt!‹«

Sie lernten sich bald näher kennen und entdeckten viele Gemeinsamkeiten: die Liebe zu den Armen, die Liebe zu Indien und die Liebe zu ihrem Herrn. Schwester Teresa fragte Jaqueline, ob sie sich an der Arbeit beteiligen möchte, mit der sie demnächst beginnen wollte. Für Jaqueline war das die Antwort auf ihre Gebete. Aber zunächst mußte sie dringend nach Belgien zurückkehren, um sich wegen ihrer immer stärker werdenden Rückenschmerzen behandeln zu lassen. Sobald sie wieder gesund war, wollte sie Mutter Teresa bei ihrer Arbeit in Kalkutta unterstützen. »Ich fragte Schwester Teresa, wie sie sich ihre Arbeit vorstellte. Sie antwortete einfach: ›Ich werde im Dezember nach Kalkutta zurückkehren. Ich will auf die Straße gehen und sehen, was ich tun kann. Er wird mich führen.‹«

Die Ärzte, die Jaqueline in Belgien untersuchten, stellten fortschreitende Abnutzungserscheinungen an der Wirbelsäule fest. Um daraus resultierende Lähmungen zu vermeiden, mußten sie eine Reihe von Operationen durchführen und einen künstlichen Rückenwirbel einpflanzen. Nach vielen schmerzhaften Operationen erklärte ihr der Arzt: »Ich habe noch nie in diesem Ausmaß operiert wie bei Ihnen«, und er bereitete sie auf die Notwendigkeit von weiteren Operationen vor. Für Jaqueline bedeutete dies das Ende ihres Traumes, der schon so kurz vor seiner Verwirklichung gestanden hatte. Bis heute ist sie der Meinung: »Mein Leben ist mißraten.«

Jaqueline de Decker entstammt einer sehr alten belgischen

Familie. Ihr Vater war ein wohlhabender Geschäftsmann, dem Kaffeeplantagen in Brasilien und Kautschukplantagen in Indonesien gehörten. Ihre ersten Erinnerungen sind diejenigen an das Leben in ihrer Villa, die im Park des Landsitzes ihrer Großmutter gelegen war. Plötzlich, in einer Umkehrung des Schicksals, gab es einen Preissturz bei Rohstoffen, und ihr Vater verlor beinahe alles. Jaqueline wurde Krankenschwester. Sie arbeitete selbstlos während des Krieges und leistete den britischen Soldaten in Antwerpen unschätzbare Hilfe. Heute lebt Jaqueline ein einfaches Leben in einer Wohnung in Antwerpen. Sie ist umgeben von Büchern und Manuskripten, auf ihrem Schreibtisch stapeln sich Briefe mit Fragen über ihre Arbeit. Über dem Schreibtisch hängt ein Foto, das ihre Mutter im Abendkleid zeigt, und die über den Raum verteilten Kunstgegenstände sind Zeugnis des Wohlstandes ihrer Vergangenheit.

Heute trägt sie einen orthopädischen Kragen um den Hals, ihr Körper steckt in einem Stahlkorsett, und sie braucht Krücken, die ihr beim Gehen helfen. Sie hat ein schönes Gesicht und strahlt ungeheure Würde aus. Während ich bei ihr in Antwerpen zu Gast war, kam ihr nicht ein einziges Mal das Wort »Schmerz« über die Lippen, obwohl er sie nachts kaum schlafen läßt.

Die Geschichte von der Gründung der Untergruppe der »Kranken und Leidenden Mitarbeiter« läßt sich nicht besser schildern als in Mutter Teresas frühen Briefen an Jaqueline. Während einige Abschnitte der Briefe so persönlich sind, daß sie weggelassen wurden, stellen diese alten, verblichenen Briefe eine einzigartige und seltene Dokumentation des Aufbaus und der Entwicklung von Mutter Teresas Werk in Indien dar. Aus diesem Grund sollen sie hier soweit wie möglich für sich selbst sprechen.

Am 29. Mai 1949 schrieb Mutter Teresa zum ersten Mal an Jaqueline, wobei sie eine ganz förmliche Anrede wählte:

14 Creek Lane
Kalkutta 14
29. Mai 1949

Meine liebe Miss de Decker,
möge Gott Sie segnen für ihr freundliches Andenken und die großzügige Spende. Sie müssen selbst auf vieles verzichtet haben, um mir helfen zu können. Aber gewiß wird Er es Ihnen lohnen.
Es wird Sie freuen zu hören, daß ich mittlerweile drei Begleiterinnen habe, die großartig und begeistert arbeiten ... Wir haben fünf verschiedene Slums, in die wir jeweils für ein paar Stunden gehen. Welches Leid, welches Bedürfnis nach Gott. Sie sollten nur einmal sehen, wie sich ihre erwartungsvollen Gesichter aufhellen, wenn die Schwestern kommen. Mögen sie auch nackt und schmutzig sein, ihre Herzen sind voller Zuneigung.
Meine liebe Schwester, seien Sie mutig und fröhlich, und wenn es Ihnen schwerfällt, so denken Sie oft an die Missionarinnen der Nächstenliebe, damit wir alle gemeinsam nach Gottes Willen handeln.
Gott segne Sie und bewahre Sie immer in Seinem Herzen.
Mit herzlichen Grüßen im Namen des Herrn
Mutter M. Teresa

Etwa sechs Monate später schrieb Mutter Teresa ein weiteres Mal an Jaqueline, die sich gerade von einer Operation erholte:

Missionarinnen der Nächstenliebe
14 Creek Lane
Kalkutta 14
19. November 1949

Meine liebe Jaqueline,

Ihren Brief vom 8. November 1949 habe ich gestern erhalten. Ich bin so froh zu hören, daß es Ihnen wieder gutgeht und Sie so gut aufgehoben sind...

Ja, es gibt sehr viel zu tun. Zur Zeit sind wir fünf, aber, so Gott will, werden noch mehr beitreten, und dann können wir einen Ring der Nächstenliebe um Kalkutta legen und unsere Zentren in den verschiedenen Slums von Kalkutta als Punkte nehmen, von denen aus sich die Liebe [Gottes] frei über das große Kalkutta ausdehnen kann...

Die Ärzte und Schwestern im Dispensarium sind wunderbar. So wie sie sich um die Menschen kümmern, könnte man denken, daß es die Prinzen im Land wären.

Liebe Jaqueline, beten Sie viel und oft für die kleine Gemeinschaft und für die Schwestern. Im Moment bereiten sie sich alle auf verschiedene Prüfungen vor, aber sie lieben ihre Arbeit und die Armen. In den Slums können sie jetzt die Kinder singen hören.

Seien Sie mutig und froh und beten Sie viel für
Ihre, Ihnen in Jesus Christus verbundene
Mutter M. Teresa

Im Laufe der folgenden Jahre mußte sich Jaqueline einer Reihe von Operationen unterziehen. Die kleinste Bewegung bereitete ihr Schmerzen. Sie benötigte besondere Halskrausen und Korsetts, wenn sie sich nur hinsetzen wollte. Sie war sich darüber klargeworden, daß sie nun jede Hoffnung aufgeben mußte, eine Missionarin der Nächstenliebe zu werden. Drei Jahre später schrieb Mutter Teresa ganz aufgeregt über eine neue Idee, die sie entwickelt hatte:

Missionarinnen der Nächstenliebe
14 Creek Lane
Kalkutta 14
20. Oktober 1952

Meine liebe Miss de Decker,
ich hoffe, es geht Ihnen besser. Ich denke sehr oft an Sie und verbinde die Arbeit mit Ihrem Leiden und habe Sie so in meiner Nähe. Heute möchte ich Ihnen etwas sagen, das Sie bestimmt sehr glücklich machen wird. Sie wollten gerne Missionarin der Nächstenliebe werden, und das sind Sie im tiefsten Grunde Ihres Herzens auch. Warum binden Sie sich nicht im Geiste an unsere Gemeinschaft, die Ihnen so teuer ist? Während wir in den Slums arbeiten, nehmen Sie am Erfolg, an den Gebeten und der Arbeit durch Ihr Leiden und Ihre Gebete teil. Es gibt hier unendlich viel zu tun, und ich brauche Arbeiterinnen, das ist wahr, aber ich brauche auch Seelen wie die Ihre, die für das Werk beten und leiden. Möchten Sie meine Geistesschwester sein und eine Missionarin der Nächstenliebe werden, deren Körper in Belgien, deren Seele aber in Indien ist?

Sie schrieb weiter:

Wir sind inzwischen vierundzwanzig, und etwa fünf weitere Schwestern haben sich beworben. Alle kennen Sie, denn ich habe oft von Ihnen erzählt. Wenn Sie beitreten, werden Sie an erster Stelle in ihren Gebeten stehen. Wie geht es Ihnen? Müssen Sie noch immer liegen? Wie lange werden Sie noch so aushalten müssen? Wie sehr unser Herr Sie lieben muß, daß er Ihnen so großen Anteil an seinem Leid gibt. Sie sind die Glückliche, denn Sie sind die Erwählte. Seien Sie mutig und froh, und opfern Sie viel für mich. Ich bete oft für Sie.

In Jesus bin ich Ihre
M. Teresa MC

In ihrem nächsten Brief, dem ersten aus dem neuen Konvent, hatten sich Mutter Teresas Vorstellungen schon präzisiert:

Missionarinnen der Nächstenliebe
14 Creek Lane
Kalkutta 14
13. Januar 1953

Mein liebes Kind Jaqueline,

ich bin froh, daß Sie zu den leidenden Mitgliedern der Missionarinnen der Nächstenliebe gehören wollen. Das Ziel unserer Gemeinschaft ist es, den Durst Jesu am Kreuz zu stillen, indem wir zum Heil und zur Rettung der Armen in den Slums arbeiten. Und wer könnte das besser als Sie und die anderen Menschen, die wie Sie leiden. Um diesen Durst zu löschen, brauchen wir einen Kelch, und Sie und die anderen Männer, Frauen und Kinder, alte und junge, arme und reiche, sind alle willkommen, diesen Kelch zu bilden. In Wirklichkeit können Sie von ihrem Schmerzenslager aus viel mehr tun als ich, die ich auf meinen Füßen herumlaufe. Aber Sie und ich können alles gemeinsam in Ihm tun, um uns zu stärken.

Es wird keine Gelübde geben, es sei denn, jemand erhält vom Beichtvater die Erlaubnis dazu. Was uns verbinden muß, ist der Geist unserer Gemeinschaft. Völlige Hingabe an Gott, liebendes Vertrauen und vollkommener Frohsinn.

Daran wird man Sie als Missionarin der Nächstenliebe erkennen. Jeder, der ein Missionar der Nächstenliebe werden möchte, ein Botschafter der Liebe Gottes, ist uns willkommen. Aber ich wünsche mir besonders, daß sich die Gelähmten, die Verkrüppelten, die unheilbar Kranken uns anschließen. Auf unserer Seite wird jede der Schwestern eine Schwester haben, die für sie betet, leidet, an sie denkt und schreibt und so ein zweites Ich ist ... Ich bin ehrlich froh und danke Gott, Sie als mein zweites Ich zu haben.

Gott segne Sie, meine liebe
Schwester. Ich bin in Jesus Ihre
Mutter Teresa

Im Februar 1953 zogen Mutter Teresa und ihre Schwestern in die Lower Circular Road 54A. Von hier aus schrieb sie:

Missionarinnen der Nächstenliebe
54A Lower Circular Road
Kalkutta
15. März 1953

Meine liebe Schwester,
endlich haben wir unseren eigenen Konvent. Sicher würden Sie ihn gerne einmal sehen. Sobald irgend jemand ein Foto macht, werde ich es Ihnen schicken.

Ich habe nicht geschrieben, aber ich habe sehr oft an Sie gedacht. Wenn ich in Schwierigkeiten bin, gibt es meiner Seele Mut, zu wissen, daß Sie für mich beten und leiden. Dann fällt es mir wieder leicht, und das Lächeln für den lieben Gott kommt schneller. Es muß sehr schwer für Sie sein, zu schreiben, und doch tun Sie's. Ich brauche alles, was Sie geben können. Die anderen Schwestern fühlen genauso für ihre Schwestern. Im Moment können sie nicht schreiben, weil sie sich auf ihre Gelübde vorbereiten. Die ersten zehn werden am 12. April die Gelübde ablegen, mit denen sie sich für ein Jahr binden. Ich werde am selben Tag meine endgültigen Gelübde ablegen.

Am 9. Januar 1956 schrieb sie einen Rundbrief an alle Kranken und Leidenden:

9. Januar 1956

Meine lieben Brüder und Schwestern,
die Schwestern und ich wünschen Euch allen ein glückliches Neues Jahr. Möge es ein Jahr der Liebe und der Freude für uns alle werden.
Nehmt es uns bitte nicht übel, wenn wir nicht schreiben. Unsere Liebe für Euch alle wird nicht kleiner, sondern sie wird immer brennender, und eines Tages werdet Ihr überrascht sein zu entdecken, wie nah wir uns gewesen sind. 1955 war ein ertragreiches Jahr. Wir hatten 1 114 Kinder in unserer Schule; 1 416 in unseren Sonntagsschulen; 48 313 Kranke sind behandelt worden, 1 546 Sterbende wurden begleitet. Ihr seht also, daß sich Euer Leiden lohnt. An allen habt Ihr halben Anteil.
Gott segne Euch alle und uns
In Jesus Christus bin ich
M. Teresa

Am 18. Juli 1956 redete Mutter Teresa sie zum ersten Mal als »Jaqueline-Teresa« an. Sie schrieb:

Ich frage mich, wie enttäuscht Sie wohl sein mögen über mein Schweigen. Bitte verzeihen Sie mir, denn ich werde den ganzen Tag in Trab gehalten. Bitte danken Sie in meinem Namen allen, die so großzügig gespendet haben. Ich habe das Geld für den Konvent verwendet... Schwester Gertrude wurde Drittbeste in ihrer medizinischen Vorprüfung. Schwester Francis Xavier hat als Zweitbeste in Bengalen ihr Examen in Medizin abgelegt. In ein paar Jahren werden wir unsere eigenen Ärztinnen haben.

Am 21. Mai 1958 schrieb sie in aller Eile einen kurzen Brief:

> Wir sind jetzt 76, und bald werden noch einmal acht dazukommen. Sie stammen aus allen Teilen Indiens und kommen auf seltsamen Wegen zu uns. Ich hoffe, daß wir eines Tages auch Mitglieder aus Europa und ein paar anderen Ländern bekommen.
> Bestimmt haben Sie von unserer Lepra-Arbeit gehört. Wir haben dafür eine mobile Versorgungsstation mit acht Zentren. Ich möchte eine Siedlung für Leprakranke aufbauen.

Den nächsten Brief schrieb sie am 10. März 1961 aus Agra. Innerhalb eines Jahres hatte sie vier neue Häuser eröffnet:

> Meine liebe Jaqueline-Teresa,
> sicher fragen Sie sich schon, was mit mir los ist. Nun, ich habe keine andere Erklärung, als daß meine Schwestern jede freie Minute von mir in Anspruch nehmen. Wir sind jetzt 127 [Schwestern] mit neuen Häusern in Delhi, Ranchi, Agra, Jhansi, Creek Lane und Kalkutta. Nächsten Monat gehen wir nach Simla.
> Schreiben Sie und lassen Sie mich alle Ihre Neuigkeiten wissen. In Agra haben wir sehr viel Arbeit.
> Den Schwestern in Delhi geht es sehr gut. Wir haben Novizinnen aus England, Deutschland, Amerika und

Malta. Wann wird eine Belgierin dazukommen? Da müssen Sie helfen.

Gott segne Sie

M. Teresa MC

Bis zum Jahr 1965 hatte sich Jaqueline de Decker bereits der Hälfte der fünfzig Operationen unterzogen, die sie insgesamt über sich ergehen lassen mußte. In einem Brief vom 22. April 1965 schrieb Mutter Teresa:

Nach so langer Zeit wieder von Ihnen zu hören. Ich denke sehr oft an Sie, und weil mein zweites Ich soviel leidet, kann ich wachsen und mich fortbewegen. Sie liegen wieder im Bett. Ich glaube, Sie hatten schon so viele Operationen wie wir Häuser haben ... Sie scheinen alle Krankheit und alles Leiden zu übernehmen, denn ich bin trotz allem noch immer in der Lage, weite Reisen in der dritten Klasse* zu unternehmen. Wir sind jetzt 235 Schwestern und hoffen, daß dreißig neue Mädchen beitreten werden.

Am 16. Dezember 1972 schrieb Mutter Teresa voller Sorge an Jaqueline:

Meine liebe Jaqueline-Teresa,
meine Gedanken und Gebete sind oft bei Ihnen. Mit Ihrem fast ganz verkrüppelten Körper voller Schmerzen versuchen Sie, für Ihre Mutter all das zu übernehmen, was selbst gesunde Menschen heutzutage nicht oft tun. Ihr auf-

* Das war damals die billigste Art in Indien mit dem Zug zu reisen. Inzwischen ist die dritte Klasse abgeschafft, und es gibt nur noch Wagen der ersten und zweiten Klasse.

opferndes Leben ist meine Stärke. Ihre Mutter ist Christus in seiner jammervollen Gestalt, und Ihre Sorge bringt Sie mir in Nirmal Hriday ganz nahe, wo unsere Menschen sich nach Liebe und Fürsorge sehnen. Ich wünschte, ich könnte zu Ihnen kommen und mich um Ihre Mutter kümmern, wenn Sie operiert werden.

Was Briefe angeht, werden wir von den Menschen hier einfach aufgefressen wie Brot. Für mich [ist es schwierig], Briefkontakt zu halten. Ich gehe um zwei Uhr morgens zu Bett und stehe um vier Uhr vierzig wieder auf. Ich möchte nicht, daß eine der jungen Schwestern dasselbe täte, daher komme ich auch nicht zum Schreiben.

Während dieser Jahre war Mutter Teresa ständig unterwegs. In einem Brief vom 26. Juli 1973 ist wieder einmal vom Reisen die Rede:

> Ihr Brief hat mich so gefreut und mir Kraft gegeben. Ihretwegen kann ich acht Nächte im Zug verbringen und tagsüber arbeiten.

Mit den Jahren haben das fortschreitende Alter und Krankheit Mutter Teresa eine etwas langsamere Gangart aufgezwungen. Auch ihre Briefe an Jaqueline wurden seltener. Nachdem Mutter Teresa der Einrichtung eines Telefons im Mutterhaus zugestimmt hatte, begann sich Jaqueline zunehmend darauf zu verlassen. Ein paar Briefe trafen aber dennoch ein. In einem relativ aktuellen Brief, geschrieben am 13. März 1990, als sie selbst ziemlich krank war, bricht Mutter Teresas Humor durch:

> Es tut mir leid zu hören, daß das Geräusch in Ihrem Ohr noch immer da ist und Sie nachts wach hält und daß auch

Schmerzmittel keine Linderung bringen. So behandelt der Herr seine Freunde. Wie schade, daß die Operation Ihrer Zähne und Kieferknochen nicht erfolgreich war und Sie noch einmal operiert werden mußten. Der liebe Gott wird Sie sicherlich hundertfach belohnen, daß Sie sich durch Ihr Leiden und Ihre Operationen für 1) Albanien, 2) Leningrad, 3) Rumänien opfern. Ich werde den Herrn bitten, seine Gaben nicht in so rascher Folge zu verteilen, da Sie jetzt wirklich mal eine anständige Pause haben müssen.
Gott segne Sie
M. Teresa MC

Mutter Teresas »zweites Ich« hat eine Kette von zur Zeit etwa fünftausend Kranken und Leidenden Mitarbeitern aus siebenundfünfzig Ländern aufgebaut. Diese Zahl schließt nicht die fast zweieinhalbtausend Kranken und Leidenden ein, die gestorben und durch andere ersetzt worden sind. Manchmal schreiben zwei Mitarbeiter an dieselbe Nonne. Die Zahl dieser Mitarbeiter beträgt höchstens vierhundert in England, dreihundert in Frankreich und jeweils etwa zweihundert in Kanada und den USA.

An meinem letzten Abend in Antwerpen saß ich mit Jaqueline an ihrem Schreibtisch, und sie las mir mehrere Briefe vor, die sie an jenem Tag erhalten hatte. Darunter war ein besonders ergreifender aus den Vereinigten Staaten:

Ich bin dreißig Jahre alt und leide seit meinem zweiundzwanzigsten Lebensjahr an Multipler Sklerose. Ich war viele, viele Male im Krankenhaus. Mein Neurologe sagt, daß es nur eine Frage der Zeit ist, bis ich an den Rollstuhl gefesselt oder möglicherweise bettlägerig sein werde. Offensichtlich weiß er nicht, daß Gott der Große Arzt ist, nicht er.

Während der Zeiten, die ich im Bett liegen mußte, habe ich unzählige Stunden damit verbraucht, aufmunternde Briefe zu schreiben und für andere zu beten. In den vergangenen acht Jahren habe ich gelernt, daß Gottes Gnade allein ausreicht und daß mein Leben für ihn einen Sinn hat, auch wenn mich das System der Welt ausstößt.
Es drängt mich, für diejenigen zu beten, die körperlich in der Lage sind, die Arbeit, die ich selbst nicht leisten kann, zu tun. Ich habe angefangen, für Mutter Teresa zu beten.

Jaqueline las mir noch weitere Briefe vor. Manche waren voller Kummer, andere voller Hoffnung. Jeder einzelne stellte ein kleines, aber wichtiges Glied in einer langen Kette dar, die aus einer einfachen Idee von Mutter Teresa entstanden war. Und wie gut Jaqueline das Kompliment erwidert hatte. Als ich aufstand, um zu gehen, sagte sie: »Im Geiste habe ich immer nach Indien gehört. Ich habe Mutter Teresa gebeten, daß ich, wenn ich sterbe, in einem Sari der Missionarinnen der Nächstenliebe beerdigt werde. Was ich in meinem Leben nicht erreichen konnte, könnte ich so wenigstens ein Stück im Tod erlangen.«

8

Shishu Bhawan

Eines frühen Januarmorgens im Jahre 1975, es war noch dunkel und kühl, wie es Wintermorgen in Kalkutta erstaunlicherweise sind, hielt eine Fahrrad-Rikscha vor dem Nirmala Shishu Bhawan an der Lower Circular Road. Heraus stieg eine etwa dreißig Jahre alte Frau, die ein Kind von vier oder fünf Jahren in den Armen hielt. Sie zog ihr Umschlagtuch eng um den Jungen und drückte ihn fest an sich, als wäre es das letzte Mal. Einen Moment oder zwei hielt sie inne, bevor sie an der Kette zog, eine altmodische Glocke im Innern des Hauses läutete. Fast sofort wurde eine Seitentüre geöffnet, und eine Schwester führte sie in einen kleinen, kahlen Raum in der Nähe des Eingangs. Dort erzählte sie zögernd ihre tragische Geschichte.

Ihr Sohn war mit vielen Problemen auf die Welt gekommen. Fast vom ersten Tag an waren sie und ihr Mann von einer Klinik und einem öffentlichen Krankenhaus zum anderen gelaufen. Vor zwei Jahren war ihr Mann bei einem Unfall ums Leben gekommen, und sie und das Kind waren nun allein. Sie arbeitete als Waschfrau für mehrere Haushalte und begann im Morgengrauen mit der Arbeit. Sie hatte keinen, dem sie das Kind tagsüber überlassen konnte. Sie hatte es sogar schon bei einer Kinderkrippe in der Nachbarschaft versucht, die sie sich kaum leisten konnte, doch dort wollte man die Verantwortung für ein krankes Kind nicht übernehmen. In der vergangenen Woche hatte ihr eine Dame, für die sie arbeitete, von Mutter Teresa erzählt und ihr geraten, das Kind zum Shishu Bhawan zu bringen. Mutter Teresa war ihr letzter Ausweg.

Die Schwestern stellten bald fest, daß Bapi, so hieß der Junge, an Multipler Sklerose litt, einer Erkrankung des Rückenmarks, die ihn an jeder noch so kleinen Bewegung hinderte. Er konnte sich nicht einmal auf die Seite drehen oder sich kratzen. Dazu war er auch noch taub und stumm. Er konnte nur mit seinen großen, ausdrucksvollen Augen kommunizieren. War er glücklich, so blitzten sie; war er traurig, dann stieg ihm die Röte ins Gesicht und Tränen liefen ihm über die Wangen. Fragen beantwortete er auf seine Art, indem er seinen Mund weit öffnete und stoßweise seufzte. Mühsam lernten die Schwestern, Bapis »Sprache« zu verstehen. Bald begriffen sie, ob er sich setzen oder hinlegen, auf die Toilette gebracht oder in seinen Rollstuhl gehoben werden wollte. Sie wußten, wann er glücklich war, und wenn nicht, konnten sie seine Tränen vorausahnen. Wie von selbst wurde ihr Umgang mit Bapi ebenso fürsorglich wie mit den kleinsten Babys in ihrer Obhut.

Im Laufe der Jahre habe ich Bapi mehrfach gesehen. Das erste Mal war er etwa acht Jahre alt, ein schönes Kind mit langen, schwarzen Wimpern. Eine Schwester war gerade dabei, ihn vorsichtig mit einer Flüssignahrung zu füttern. Als ich den Raum etwa eine halbe Stunde später verließ, war der Vorgang noch nicht beendet. Nach ungefähr zwei Jahren sah ich ihn wieder. An jenem Morgen versuchte er gerade, mit den Schwestern zu »sprechen«. Dabei geriet sein ganzer Körper in derartige Zuckungen, daß ich fürchtete, er würde aus seinem Rollstuhl fallen. Ich erfuhr, daß seine Mutter nicht mehr zu Besuch kam. Die Schwestern meinten, sie müßte wohl gestorben sein. Von da an sah ich ihn etwa zwei bis drei Mal pro Jahr. Und noch einmal kurz nach seinem vierzehnten Geburtstag. Er hielt sich oben in den hellen

Räumen auf, wo die Schwestern die Frühgeborenen und kranken Kinder ständig überwachen. Damals habe ich ihn zum letzten Mal gesehen.

Im Oktober 1991, als ich im Nirmala Shishu Bhawan ein paar Fotos machen wollte, traf ich ihn nicht an seinem gewohnten Platz. Dann erst erfuhr ich, daß Bapi gestorben war. Die Schwestern erzählten mir, daß er einen starken Husten und Fieber bekommen hätte. Er verweigerte jede Nahrung. Nur mit größter Mühe konnten sie ihn dazu bewegen, ein wenig Milch zu trinken. Schließlich gaben die behandelnden Ärzte die Hoffnung auf. Bapi starb am Morgen des 28. Juli. In ihrem Kummer zeigten mir die Schwestern einige Fotos von Bapi, die im Lauf der Jahre entstanden waren. Das letzte war aufgenommen worden, bevor seine Leiche nach Kalighat zur Verbrennung gebracht wurde, denn Bapi war Hindu. Das Foto zeigte ihn über und über mit goldgelben Tagetes bedeckt. Um ihn herum standen die trauernden Schwestern und Kinder von Nirmala Shishu Bhawan.

Jedes Shishu Bhawan hat seinen Kummer. Und doch herrscht in diesen Heimen keine Traurigkeit. Im Gegenteil, sie sind voller fröhlich spielender Kinder, hübscher Vorhänge, farbenfroher Poster an den Wänden und mit Spielzeug übersäten Fußböden. Die Kinder tragen unterschiedliche Kleider, deren Form und Größe davon abhängt, mit welchem Geschick die »Erbstücke« geändert wurden. Überall ertönt Lachen. In der Regel trifft man auf ein oder zwei Schwestern, die mit Unterstützung einiger Novizinnen und einer Handvoll freiwilliger Helfer alles organisieren. Die Kleinkinder reagieren in vorhersehbarer Weise auf einen Besucher. Manche würdigen ihn nicht eines Blickes, andere verstecken sich schnell hinter dem nächsten Kleid oder Sari, während die Draufgänger dem »Onkel« guten Tag sagen und sich fotografieren oder in den Arm nehmen lassen. In deutlichem

Gegensatz zu Mutter Teresas anderen Heimen sind die Shishu Bhawans fast luxuriös. Vielleicht will Mutter Teresa auf diese Weise die fehlende elterliche Liebe bei diesen Kindern ersetzen.

Shishu Bahwan ist der allgemeine Name für die vielen Kinderheime der Missionarinnen der Nächstenliebe in Indien. Sie werden üblicherweise in der Nähe der Konvente errichtet, da Frühgeborene und kranke Kinder ständiger Pflege bedürfen. Die Zahl der Kinder in jedem Shishu Bhawan hängt von Form und Größe des Gebäudes ab. Es können zwanzig, aber auch zweihundert Kinder sein, vom Säugling bis zu Siebenjährigen. In Delhi gibt es beispielsweise zwei Shishu Bhawans. Das ältere ist ein kleiner Bungalow, der etwa fünfzig Kinderbettchen Platz bietet. In dem neueren Haus, das ein Industrieller vor einigen Jahren eigens als Geschenk für Mutter Teresa bauen ließ, leben etwa zweihundert Kinder ab dem Alter von zwei Jahren. In manchen Zentren haben die Shishu Bhawans eine kleine Vorschule, soweit der Platz das zuläßt. Die Kosten für den Unterricht sowie für Kleidung und Bücher werden allein von den Missionarinnen der Nächstenliebe getragen.

Mutter Teresa bemüht sich besonders, in jedem ihrer Lepra-Zentren ein Shishu Bhawan zu errichten. In der ländlichen Atmosphäre des Shishu Bhawan in Shantinagar in Westbengalen befürwortet es Schwester Albert, daß leprakranke Eltern, sooft sie wollen, zu Besuch kommen. Sie sollen die Kinder nur nicht küssen. Als ich bemerkte, daß so eine Trennung traumatisch sein könnte, besonders wenn die Behandlung länger dauerte, berichtete Mutter Teresa mir von einer Frau, die in der Nähe von Shantinagar lebte. Eines Tages bemerkte sie einen kleinen, verräterischen Fleck auf dem Rücken ihres Kindes. Sie war so besorgt, daß sie das Kind drei Meilen weit zum Lepra-Zentrum trug. Das wäre nichts Ungewöhnliches, wenn die Frau nicht selbst stark unter Lepra gelitten und nur noch Stummel anstelle von Füßen gehabt hätte. »Als der Fleck tatsächlich als Lepra diagnostiziert wurde, bat sie inständig, daß das Kind im Shishu Bhawan aufgenommen würde. Sie kam jeden Tag. Manchmal näherten sich ihre Hände dem Kind, sie wollte es halten, es küssen. Dann sanken sie zurück. Die tiefe Liebe dieser Mutter zu ihrem Kind ist mir unvergeßlich«, erzählte Mutter Teresa.

Und doch sind es die tragischen Lebensgeschichten, wie die von Bapi und Gita, die einem im Gedächtnis eingebrannt bleiben. Gita war ein Kind, das sein Lächeln verloren hatte. Ich sah sie in ihrer Wiege im Shishu Bhawan in Shantinagar liegen. Das wäre nichts Ungewöhnliches gewesen, wäre sie mit ihren fast drei Jahren nicht schon viel zu alt für eine Wiege gewesen. Während die anderen Kinder auf dem Boden herumpurzelten oder mit ihren Spielsachen spielten, stand sie mit dem Gesicht zur Wand. Die ganze Zeit, die ich mit Schwester Albert im Kinderzimmer verbrachte, weigerte sie sich, in unsere Richtung zu blicken. Schwester Albert erklärte, warum. Vor einigen Jahren hatte es ein schreckliches Feuer in der nahegelegenen Stadt Dumka gegeben. Viele Menschen, darunter auch die Eltern des Kindes, kamen dabei ums Leben. Die kleine Gita wurde von den Feuerwehrmännern gerettet und auf schnellstem Wege ins Krankenhaus gebracht. Wochenlang kämpfte sie mit dem Tod. Schließlich überlebte sie, doch ihr Gesicht bestand nur noch aus Narben. Da keine auch noch so entfernten Verwandten ausfindig gemacht werden konnten und man das Kind nicht mehr länger im Krankenhaus behalten konnte, wurde sie schließlich zu den Missionarinnen der Nächstenliebe nach Shantinagar gebracht. Weitere Operationen waren notwendig, damit sie ihren Mund wieder ganz öffnen und ihre Finger besser bewegen konnte. Die Ärzte versprachen, diese Behandlungen kostenlos durchzuführen, betonten aber gleichzeitig, daß weitreichende kosmetische Eingriffe notwendig sein würden, bis das Kind wieder einigermaßen normal aussähe. »Gita ist so traumatisiert, daß sie noch lange nicht in der Lage sein wird, irgendwelche Schmerzen zu ertragen«, sagte Schwester Albert. »Wir müssen einfach abwarten und ihr zunächst dabei helfen, den Schmerz in ihrem Herzen zu besiegen.«

Es gibt viele Kinder, die Frühgeburten, versuchte Abtreibungen oder die Folgen von Drogenmißbrauch der schwangeren Frauen nicht überleben. Häufig sind sie bereits dem Tode nahe, wenn sie den Schwestern gebracht werden. Mutter Teresa ist oft gefragt worden, wie sinnvoll es ist, wenn ihre Organisation soviel wertvolle Zeit und Mittel auf Kinder verwendet, die ohnehin bald sterben. Könnten diese Kräfte nicht sinnvoller eingesetzt werden? »Das verstehe ich nicht«, sagte sie irritiert. »Für mich darf selbst ein Kind, das nach wenigen Minuten stirbt, nicht allein und unversorgt sterben. Auch der kleinste Säugling kann schon menschliche Wärme spüren. Darum muß ein sterbendes Kind Liebe und Trost erhalten. In Kalkutta kursiert ein Witz«, fuhr sie fort. »›Mutter Teresa redet immer über Familienplanung, handelt aber nicht danach, denn sie hat von Tag zu Tag mehr Kinder!‹ In Kalkutta weiß jeder, daß ich bereit bin, jedes Kind bei mir aufzunehmen. Ich habe oft gesagt: ›Wenn es irgendwo ein ungewolltes Baby gibt, laßt es nicht sterben, sondern schickt es mir.‹«

In regelmäßigen Abständen werden Briefe an alle Kliniken und Pflegeheime in allen Städten geschickt, die darauf hinweisen, daß die Missionarinnen der Nächstenliebe jedes Kind aufnehmen, selbst wenn es schwer behindert oder eine Frühgeburt ist. Trotz dieser Aufrufe und der Versicherung, daß keine weiteren Fragen gestellt werden, gehen die Abtreibungskliniken nicht immer darauf ein. Soweit wie möglich erhalten hilfsbedürftige junge schwangere Frauen die Gelegenheit, bis zur Geburt in einem Zentrum der Schwestern zu arbeiten. »Das ist eine Möglichkeit, sie von der Straße zu holen«, sagte eine Schwester. Wenn sich die Mutter nach der Geburt nicht dazu bewegen läßt, das Kind zu behalten, oder wenn sie aufgrund ihrer Lebensumstände oder Tätigkeit nicht in der Lage ist, für das Kind zu sorgen, dann wird es von den Missionarinnen der Nächstenliebe aufgenommen. Das sollte aber immer der letzte Ausweg bleiben. »Ich kann die Liebe der richtigen Mutter nicht ersetzen«, sagt Mutter Teresa, »aber ich habe noch kein Kind zurückgewiesen. Nicht ein einziges. Jedes Kind ist kostbar. Jedes ist ein Geschöpf Gottes.«

Obwohl Mutter Teresa behauptet, daß sie alle ungewollten Babys auf der ganzen Welt aufnehmen kann, so ist das sicherlich nicht möglich. Tatsache ist, daß die Shishu Bhawans aus allen Nähten platzen. Allerdings geht man in Indien mehr und mehr dazu über, Hunderte von Kindern zur Adoption freizugeben. Jungen, die zu alt für eine Adoption sind, werden in die Heime für Jungen verlegt, die von den Missionsbrüdern der Nächstenliebe betrieben werden. Hier erhalten sie eine Schul- sowie eine Berufsausbildung und werden bei der Arbeitssuche unterstützt. »Wenn ein Kind nicht adoptiert wird, bei älteren Kindern zum Beispiel oder wenn Bruder und Schwester nicht getrennt werden sollen, dann finden wir in der Regel einen Geldgeber für ihre oder seine Ausbildung. Wir haben Tausende von Kindern, deren Ausbildung von ›Paten‹ aus Indien und dem Ausland bezahlt wird«, sagte Mutter Teresa.

Die Kinder zeigen dabei insgesamt erstaunlich gute Leistungen. Viele qualifizieren sich für ein Studium an der Universität. Mädchen mit schlechten schulischen Leistungen werden verheiratet. Mutter Teresa ist dabei realistisch genug, ihnen jeweils eine kleine Mitgift zu geben: ein paar Saris, Gerätschaften, Möbel und ein wenig Geld auf einem Sparbuch auf ihren Namen. Ohne Berücksichtigung dieser hinduistischen Sitte wäre es schwierig, die Mädchen zu verheiraten. Mutter Teresa ist keine Intellektuelle, aber niemand kann ihr vorwerfen, sie sei nicht praktisch veranlagt. Unzählige Mädchen aus Shishu Bhawans haben nun eine gesicherte Existenz und ihre eigenen glücklichen Familien. Diejenigen, die in Kalkutta leben, sind regelmäßige Besucher im Mutterhaus, besonders zu festlichen Gelegenheiten und Feiertagen. Mutter Teresa ist dann meistens anwesend, um ihre Familien willkommen zu heißen und zu segnen. Oft wissen die Mädchen gar nicht, welche der vielen Schwestern sie zuerst umarmen sollen. Einer der gängigen Scherze der Schwestern ist, daß ein zukünftiger Bräutigam bei ihren Mädchen vorsichtig sein sollte, da er sich mit seiner Braut gleich eine ganze Reihe von »Schwiegermüttern« einhandelt!

Mutter Teresas Ansichten zum Thema Abtreibung und Sterilisation finden viele Kritiker. Soziologen haben sie wiederholt deutlich darauf hingewiesen, daß viele Länder, in denen sie arbeitet, mit massiven Bevölkerungsproblemen zu kämpfen haben und daß sich diese wohl kaum lösen lassen, indem sie anbietet, alle unerwünschten Kinder aufzunehmen. Familienplanung und Wohlfahrtsprogramme sind ein fester Bestandteil der Entwicklungshilfe, und in den meisten dieser Länder stehen ausreichende Möglichkeiten für Sterilisationen und Abtreibungen zur Verfügung. Es wird vielfach gefordert, Mutter Teresa sollte ihren bedeutenden Einfluß nutzen, um die Geburtenkontrolle zu propagieren. Darauf erwidert Mutter Teresa standhaft, daß sie die »natürliche Familienplanung« befürwortet, die den Paaren Enthaltsamkeit und damit eine gewisse Selbstkontrolle abverlangt. Mutter Teresa ist der Überzeugung, daß diese Methode »gegenseitige Liebe und Respekt« erfordert und daß im Laufe der Jahre auf diese Weise Tausende von Geburten verhindert worden sind. Es ist bemerkenswert, daß der Jahresbericht für 1989 neunundsechzig Zentren für natürliche Familienplanung aufführt. Nicht selten wird auf die Unsicherheiten dieser Methode hingewiesen, da sie ein genaues Verfolgen des Menstruationszyklus erfordert. Trotz ausführlicher Aufklärung über die sogenannte Knaus-Ogino-Methode und einer Schnur mit verschiedenfarbigen Perlen, die beim Erkennen der empfängnisbereiten Tage helfen sollen, wird häufig etwas vergessen. Auf jede verhinderte Empfängnis kommen sicherlich mehrere Geburten, weil die Perlenmethode nicht richtig verstanden wurde, weil es Probleme mit der Disziplin gab oder weil die Methode auch dann nicht immer funktioniert, wenn alle Punkte eingehalten werden. Für viele arme Menschen ist Sex eines der wenigen Vergnügen, das noch dazu nichts kostet!

Natürliche Familienplanung kann selbstverständlich nicht von ledigen Müttern oder Mädchen angewandt werden, die zur Prostitution gezwungen werden. Noch hat Mutter Teresa eine besonders überzeugende Antwort auf das Problem des Drucks, der auf den meisten Familien in Indien, genau wie in den meisten anderen konservativen Gesellschaften, lastet, wenn sie sich mit dem Problem einer unverheirateten Mutter in ihrer Mitte konfrontiert sehen. In diesen Ländern bringt das Kind eines unverheirateten Mädchens nicht nur Schande für ihre Familie, sondern sogar für das ganze Dorf oder eine Gemeinschaft.

In den meisten Großstädten in Asien, Südamerika und Afrika sind die Möglichkeiten zur Abtreibung weder leicht verfügbar noch billig, und doch kratzen die Familien in solchen Notlagen oft die Mittel zusammen, um das Ungeborene loszuwerden. Eine kleine Zahl vergleichsweise wohlhabender Familien kann ihre Töchter während einiger als Urlaub deklarierter Monate fortschicken, um so eine heimliche Entbindung zu ermöglichen. Das Kind wird dann einer Organisation wie den Missionarinnen der Nächstenliebe überantwortet und zur Adoption freigegeben. In den meisten Fällen landen diese unglücklichen Mädchen allerdings in Abtreibungs-»Kliniken«, wo sie oft unter äußerst unhygienischen Verhältnissen zu zweit oder dritt in einem Bett liegen. Häufig treten Blutvergiftungen und Infektionen auf, und falls diese zum Tod des Mädchens führen, wird das in den meisten Fällen von den Familien totgeschwiegen, die ohnehin mit Scham und Schuldgefühlen belastet sind.

All das kann Mutter Teresa nicht abschrecken. Sie glaubt fest an die Position der römisch-katholischen Kirche gegenüber Geburtenkontrolle und verabscheut das Wort »Abtreibung«. Bei zahlreichen Anlässen, besonders während ihrer Besuche in den Vereinigten Staaten und Europa, hat sie sich dagegen ausgesprochen. In ihrer Rede anläßlich der Verleihung des Nobelpreises in Oslo 1979 sagte sie, sie sei der Überzeugung, daß nicht Krieg, sondern Abtreibung die größte Gefahr für den Frieden sei. Abtreibung sei »direkter Krieg«, ein von der Mutter selbst begangener Mord. »Viele Menschen sind sehr besorgt wegen der Kinder in Indien und Afrika, von denen nicht wenige an Fehlernährung, Hunger und so weiter sterben. Aber viele sterben vorsätzlich durch den Willen ihrer Mutter. Wenn eine Mutter ihr eigenes Kind umbringen kann, was bleibt dann noch?«

Während der Jubiläumsfeierlichkeiten zum vierzigsten Jahrestag der Vereinten Nationen fand als Galaveranstaltung die Premiere eines Films über Mutter Teresa statt. Am Ende des Films hielt Mutter Teresa, die anwesend war, eine kurze Rede. Sie sprach über Liebe und Teilen und die Notwendigkeit, dem Gebet wieder einen Platz in unserem Leben zu geben. »Wir haben Angst vor dem Atomkrieg«, erklärte sie der erlesenen Gesellschaft von internationalen Staatsdienern und Berühmtheiten. »Wir haben Angst vor dieser schrecklichen neuen Krankheit, Aids, aber wir haben keine Angst davor, ein unschuldiges Kind zu töten. Ich habe heute das Gefühl, daß die Abtreibung zur größten Bedrohung für den Frieden geworden ist.«

Diese Ansicht war vielen ihrer Zuhörer unangenehm, nicht zuletzt deswegen, weil die Vereinten Nationen im Rahmen ihres Bevölkerungshilfswerks (UNFPA) Abtreibungen unter bestimmten Umständen unterstützen. Einigen anderen Anwesenden schien es etwas unlogisch, daß Mutter Teresa sich gegen Abtreibungen aussprach, da viele Länder, in denen sie arbeitet, stark überbevölkert sind und große Teile der Bevölkerung in, wie es den Delegierten schien, wirklich unannehmbaren Verhältnissen leben. Unweigerlich zog ein Teil der Zuhörer den Schluß, daß Mutter Teresa zwar eine durch und durch gute Frau, aber doch ein wenig weltfremd sei. Andere bemerkten, daß man selbst Heiligen die eine oder andere Idiosynkrasie zugestehen müsse.

Mutter Teresa ist sich im übrigen völlig bewußt, daß ihre Ansichten zum Thema Abtreibung nicht allgemein geteilt werden und von den meisten Regierungen, der Presse und den Intellektuellen nicht unterstützt werden. Sie weiß auch, daß andere Glaubensrichtungen nicht immer so eine ablehnende Haltung gegenüber Abtreibungen einnehmen. Sie ist sich sicherlich bewußt, daß viele katholische Organisationen nicht mit ihr übereinstimmen; immer wieder haben Umfragen in Amerika und Europa gezeigt, daß die Mehrzahl der Katholiken Empfängnisverhütung und Abtreibung unter bestimmten Umständen gutheißen. Nichts davon konnte sie bewegen, auch nur im geringsten von ihren Überzeugungen abzuweichen. Sie hat oft zu mir gesagt: »Für mich ist das Land das ärmste, das ungeborene Kinder töten muß. Sie schrecken davor zurück, ein Kind mehr ernähren zu müssen, nur damit sie es selbst ein wenig besser haben.«

In Indien vergeht kaum ein Tag, an dem die Missionarinnen der Nächstenliebe nicht ein paar Kinder in dem einen oder anderen ihrer Zentren aufnehmen. »Oft werden die Kinder von der Polizei gebracht. An anderen Tagen kommen die ledigen Mütter selbst. Von Zeit zu Zeit erhalten wir einen Anruf von einem Krankenhaus oder einer Klinik mit der Bitte, ein Baby abzuholen. Es kommt auch vor, in letzter Zeit nicht mehr so oft, daß wir verlassene Kinder auf der Straße finden. Manchmal wird uns ein Baby auf die Schwelle gelegt. Das sind dann meist schwer körperlich oder geistig behinderte Kinder«, erzählte eine Schwester im Shishu Bhawan von Nirmala. »Es ist ein Wunder«, sagte Mutter Teresa. »Jeden Tag kommen ein oder zwei Familien, sogar Hindu-Familien aus einer hohen Kaste, die ein Kind adoptieren wollen. Nach Hindu-Gesetz wird ein adoptiertes Kind zum gesetzlichen Erben und kann Besitz erben.«

Die allgemeine Haltung gegenüber Adoptionen hat sich verändert. »Vor ein paar Jahren wollten die Leute nur Jungen und waren wählerisch wegen heller Hautfarbe und hübscher Nasen«, sagte eine Schwester lachend. »Jetzt sind die Leute immer öfter bereit, die Kinder unbesehen, im wahrsten Sinne des Wortes, anzunehmen, und auch Mädchen. Noch vor ein paar Jahren haben kinderlose Paare dafür gesorgt, daß eines unserer Babys diskret in eine Entbindungsklinik gebracht wurde, die die Frau dann ein paar Tage nach der ›Entbindung‹ verließ. Heute gehen die Leute offener damit um«, sagte sie. Die Bevorzugung männlicher Kinder rührt in Indien vornehmlich daher, daß Mädchen in der Hindu-Gesellschaft traditionell als *paraya dhan* (anderer Leute Reichtum) angesehen wurden, da sie in eine andere Familie einheiraten würden. Während Mädchen in der Mittelschicht inzwischen mehr und mehr akzeptiert werden, sind die körperbehinderten Kinder noch immer schwer unterzubringen. »Das liegt zum Teil daran, daß wir noch keine Mittel und Wege haben, einem behinderten Kind zu helfen. Aber das wird bald kommen«, sagte die Schwester.

Die Verschickung der Kinder ins Ausland zu Adoptionszwecken ist immer schon kritisiert worden. Kinderhandel ist nichts Unbekanntes, und Geschichten über den Schmuggel von Kindern sind regelmäßig in der Presse auf der ganzen Welt zu lesen. Diese Geschichten sind nicht immer übertrieben. Überall auf der Welt sind reiche Leute oft bereit, beachtliche Summen für »perfekte« Kinder zu zahlen, womit natürlich weiße, nichtbehinderte Babys gemeint sind. Südamerika war schon immer eine besonders beliebte Quelle beim »Kindergeschäft«. Die Nachfrage nach solchen Babys ist so groß, daß manche Adoptionsvermittler nur mit Mühe einen Bruchteil erfüllen können. Manche Agenturen geben das Verhältnis von Angebot und Nachfrage sogar mit eins zu fünfzig an. Die gelegentlichen Vorfälle, daß Neugeborene aus öffentlichen Krankenhäusern gestohlen werden, sorgen verständlicherweise für Aufsehen. Das führt aber gleichzeitig dazu, daß Auslandsadoptionen erschwert oder sogar die gesetzlichen Adoptionsbestimmungen geändert werden.

Es ist vorgekommen, daß Mutter Teresa aufgrund von Medienberichten keine Kinder mehr zur Adoption angeboten hat. Eine der wenigen Gelegenheiten, bei denen ich sie in großer Angst und Sorge erlebt habe, war, als eine Zeitschrift eine Sensationsstory veröffentlichte, der zufolge behinderte Kinder aus Dritte-Welt-Ländern angeblich zur Adoption in ein europäisches Land gebracht wurden, statt dessen aber als Versuchskaninchen für medizinische Experimente endeten. Mutter Teresa war so erschüttert, daß sie das nächstbeste Flugzeug von Kalkutta nach Neu-Delhi bestieg. Ich fuhr sie zur Botschaft des genannten Landes. Der Botschafter empfing sie sofort und verstand ihre Besorgnis. Ein Brief ging an den Herausgeber der Zeitschrift, in dem richtiggestellt wurde, daß die Geschichte ein Skandal und eine Verleumdung sei. Eine Entschuldigung folgte, aber Mutter Teresa brauchte eine ganze Weile, bis sie sich von dem Schock erholt hatte.

»Die Franzosen, Schweizer und Kanadier sind besonders großzügig«, sagte eine der Schwestern. »Sie sind gerne bereit, Babys zu nehmen, die schwere orthopädische Probleme oder Kinderlähmung haben oder an Thalassämie [einer erblichen Stoffwechselkrankheit, A. d. Ü.] leiden. Es kümmert sie nicht, ob ein Kind hübsch ist oder nicht. Manche Familien haben eigene leibliche Kinder und nehmen unsere behinderten Kinder zusätzlich auf. Falls Sie einmal nach Europa oder Nordamerika kommen, können Sie ein paar dieser Familien besuchen. Ich bin sicher, daß man Sie dort freundlich aufnehmen würde. Es wäre bestimmt interessant für Sie«, fügte sie hinzu.

Einige Zeit später habe ich während eines Aufenthalts in der Schweiz die Gelegenheit genutzt, ein paar dieser Familien zu besuchen. Durch einen glücklichen Zufall hatte ich an einen Adoptionsservice geschrieben, der schon seit Jahren eng mit den Missionarinnen der Nächstenliebe zusammenarbeitete. Jo Millar, die Gründerin des »Diwali Adoption Service«, lebt in Genf. Mit ihrer Hilfe kam ein Besuch bei einigen Familien in der Nähe zustande.

Wir trafen uns in der Cafeteria von einer der vielen internationalen Einrichtungen der Vereinten Nationen, die sich in Genf angesiedelt haben. »Ach, übrigens«, sagte sie, »mein Sohn arbeitet hier als Koch. Vielleicht möchten Sie ihn gern kennenlernen.« Wenige Minuten später sah ich den Koch auf unseren Tisch zukommen. Was sie mir nicht gesagt hatte, war, daß er indischer Abstammung war. Erst dann erfuhr ich, daß die Millars, selbst Eltern von vier »hausgemachten« Kindern, ihn als Neunjährigen adoptiert hatten. Babloos Vater war Gepäckträger am Bahnhof von Siliguri, einer etwa vierhundert Kilometer von Kalkutta entfernten Stadt. Er war an Tuberkulose gestorben, als der Junge sieben Jahre alt war. Als Babloo dann von den Schwestern am Ort aufgenommen wurde, war er so schwach, daß er nicht einmal sitzen konnte. Jetzt ist er Mitglied einer Fußballmannschaft. Vor zwei Jahren kehrte er nach Siliguri zurück, diesmal als Bürger der Schweiz. Seine verständnisvollen Eltern hatten ihn zu dieser Reise ermutigt, damit er sich auch weiterhin seiner Herkunft bewußt sein konnte, obwohl er eine europäische Identität angenommen hatte.

Jo Millar ist alles andere als eine Missionarin, aber der Eifer, mit dem sie behinderten Kindern ein sorgfältig ausgewähltes, liebevolles Zuhause verschafft, macht sie zu einem hervorragenden Werkzeug für Mutter Teresa in der Schweiz. »Ich muß eine Familie wirklich gerne mögen, bevor ich ihnen ein Kind anbieten kann. Manchmal versuche ich es bei fünfzig Familien, bevor ich weiß, daß ich die richtige gefunden habe«, sagte sie. Das mag erklären, warum die meisten der von ihr vermittelten Kinder ein wirklich dauerhaftes Glück finden. Es wäre mir schwergefallen, das zu glauben, wenn ich es nicht mit eigenen Augen gesehen hätte. Ich selbst habe eine Zufallsauswahl aus einer Liste getroffen, die mir von den Schwestern in Kalkutta zur Verfügung gestellt worden war. Ich wählte dabei nur Familien aus der Nähe von Genf, da meine Zeit in der Schweiz beschränkt war. Bei meinen Nachforschungen stellte ich fest, daß es auch weniger gelungene Vermittlungen gab, aber glücklicherweise waren das nur wenige.

Am folgenden Morgen befand ich mich im Haus der Familie Rudaz in einem Dorf in der Nähe von Genf. Oliver, achtunddreißig Jahre alt, ist bei einer Computerfirma beschäftigt, und seine Frau, Marguerite, hat ihren Beruf aufgegeben, um für die Familie zu sorgen. Das junge Paar lebt in einem kleinen sonnigen Haus voller Spielsachen und Kinder. Obwohl sie eigene Kinder bekommen könnten, warum wollten sie dann welche adoptieren? Marguerite antwortete: »Blut ist überall das gleiche. Es gibt viele arme Menschen auf der Welt; das allein ist schon eine große

Ungerechtigkeit. Eigene Kinder in die Welt zu setzen, das wäre ein egoistischer Akt.«

Das Ehepaar Rudaz hat als erstes ein Mädchen aus Jugoslawien adoptiert. Dann, vor zwei Jahren, hörten sie von Daddu, einem vier- oder fünfjährigen Jungen. Man hatte ihn in den Straßen von Raipur gefunden, einer Stadt in Mittelindien, und ihn den Schwestern gebracht. Daddu litt unter akuter Kinderlähmung, die seine beiden Beine und, weniger stark, auch seine Arme befallen hatte. Jo Millar zeigte ihnen Fotos des Kindes und einen medizinischen Bericht, der vom Shishu Bhawan in Nirmala vorbereitet worden war. Daraus ging hervor, daß Daddu keine oder nur geringe Aussichten hatte, jemals laufen zu können. Oliver und Marguerite Rudaz beschlossen, ihn zu adoptieren. Jo Millar fing an, die umständlichen Formalitäten in Indien zu erledigen, und brachte das Kind ein paar Monate später mit nach Genf, wo das Ehepaar Rudaz ihn am Flughafen abholten.

»Vom ersten Moment seiner Ankunft an«, sagte Oliver, »war er an allem interessiert, was um ihn herum vorging. Besonders interessierte er sich für Autos und wiederholte immer wieder das Wort *gari*, was auf Hindi ›Auto‹ bedeutet, bei jedem vorbeifahrenden Wagen.« Marguerite fügte hinzu: »Er wurde bald nach seiner Ankunft operiert und mußte zwei Monate in Gips liegen. Die Ärzte waren erstaunt über seine guten Fortschritte. Am Anfang sagten sie, er würde immer an den Rollstuhl gefesselt bleiben, aber inzwischen sind sie zuversichtlich, daß er sich selbst mit Hilfe von Beinschienen und Krücken aufrecht halten kann.«

»Er ist ein schlauer kleiner Junge«, sagte sein Vater und strich über Daddus Haare. »Er geht gern in die Schule. Und wissen Sie, er hat in nur zwei Monaten Französisch gelernt.«

Als wären zwei Kinder nicht schon genug, adoptierten die Rudaz' auch noch Alexis, einen fast dreijährigen Jungen mit leichter Kinderlähmung, und Camille, ein niedliches kleines Mädchen, die stark unter Thalassämie litt. Die Ärzte hatten ihr nur noch ein Jahr zu leben gegeben. Als sie in der Schweiz ankamen, war sie ein Jahr alt, als ich sie kennenlernte, war sie fünf und von der Krankheit geheilt. Die Ärzte erklärten, daß sie dem Blut ihrer Mutter entwachsen sei. Als ich von ihr zu den anderen blickte, die mit uns im Zimmer saßen, schienen sie mir eine perfekte Familie zu sein. Ich fragte, ob sie religiös seien. Marguerite lächelte. »Ich bin kein gläubiger Mensch, und Oliver auch nicht«, sagte sie. »Wir gehen nur ganz selten in die Kirche.«

Die Familien, die behinderte Kinder aus Indien, vor allem aus Mutter Teresas Heimen adoptiert haben, bezeichnen sich selbst als »Diwali-Familien«. (Diwali ist das traditionelle indische Lichterfest, das sogar die einfachsten Hindu-Familien feiern, um an die siegreiche Rückkehr des Lord Rama in sein Königreich nach zwölf langen Jahren des Exils zu erinnern.)

In dieser Tradition wurde ich in einem ordentlichen kleinen Schweizerhaus in Lausanne herzlich empfangen. Auf dem Tisch im Wohnzimmer stand eine »Diwali«-Lampe, die zur Begrüßung angezündet war. Dieses nicht mehr ganz junge Paar, das um Anonymität gebeten hat, hatte sich entschlossen, ein Kind zu adoptieren, bekam dann aber selbst zwei Töchter in kurzem Abstand. Trotzdem kamen sie von der ursprünglichen Idee einer Adoption nicht mehr los und gaben schließlich nach. Sie stellten bald fest, daß sie die Auswahl unter mehreren Ländern hatten: Chile, Kolumbien, Indien. Irgendwann hörten sie von einer »Diwali-Familie« und besuchten sie. So kamen sie mit Jo Millar in Kontakt. »Wir haben ihr viele Fragen gestellt. Wir haben auch viel über kranke Kinder nachgedacht. Schließlich waren wir bereit.«

Der Junge, für den sie sich entschieden, hatte nur noch sechs Monate zu leben, wenn er nicht alle drei Wochen eine Bluttransfusion erhielt. Das Baby litt an Thalassämie und benötigte daher regelmäßig das Wundermittel Desferal, das den überschüssigen Eisengehalt im Blut reduziert. Der behandelnde Arzt warnte sie, ihr Herz nicht zu sehr an das Kind zu hängen. »Er wird nicht immer dasein«, hatte er gemahnt, aber das war bereits vor mehreren Jahren gewesen. Inzwischen besteht Hoffnung, daß das Kind eine normale Lebenserwartung haben wird.

Um sich auf das Kind vorzubereiten, mußte die Familie Opfer bringen. Der Vater, ein Fahrer, verdiente gutes Gehalt, aber nicht genug für die hohen medizinischen Kosten, die ihr Entschluß mit sich brachte. »Wir hatten kein Geld auf dem Konto, also haben wir unser Auto verkauft. Solche Dinge sind nicht wichtig. Das Leben ist viel wichtiger. Das, was die Kinder meiner Frau und mir geben, läßt sich nicht mit materiellen Dingen aufwiegen.« Nach einer Pause fügte er hinzu: »Manche Leute halten uns für ein wenig verrückt. Ich erkläre ihnen, daß wir in Kinder investieren.«

Ein Kind, an das sich Mutter Teresa mit großer Zuneigung erinnert, ist Prince. Er war anderthalb Jahre alt, als er als neues Mitglied der Familie Ballestraz nach Sierre, einer Stadt in den Bergen, geschickt wurde. Herr Ballestraz ist Spezialist für die Probleme von Behinderten. Prince hat keine Hüften, keine Beine, und seine Hände sind nach hinten gedreht. In dieser einzigartigen Familie mit einer ganzen Heerschar von behinderten Kindern spielte das überhaupt keine Rolle. Zum Ausdruck kam allein die Schönheit, die Gelassenheit und das lebhafte Wesen des Kindes. Es war ebenso erfreulich, zuzusehen, als er sich geschickt die Wendeltreppe zu seinem Zimmer hinaufzog, wie seine ersten zögernden Schritte zu beobachten. Vor kurzem erst hatten Spezialisten seinem Torso eine »Gummischale« angepaßt, an die ein Paar künstlicher Beine montiert wurde. Das alles war noch im Versuchsstadium, aber Prince probierte es mit dem größten Vergnügen aus und ließ sich von mir fotografieren. Er konnte sich außerdem in einem batteriebetriebenen Rollstuhl bewegen, der wie ein Spielzeugauto gestaltet war. Man berichtete mir, er würde bald allein zur Schule fahren.

Prince war das sechste Mitglied der Familie. Nach drei »hausgemachten« Kindern war noch immer genug Platz vorhanden, um ein paar weitere Zimmer anzubauen. Sie suchten eine Adoptionsvermittlung auf, wo ihnen Fotoalben mit Kindern vorgelegt wurden; so als wollten sie aus einem Versandkatalog bestellen. Angewidert gingen sie fort. Es dauerte nicht lange, und sie hörten von »Diwali«. Sabita kam als erste, ein zweijähriges Mädchen mit psychischen Problemen. Ihr folgte die siebenjährige Maya, die ursprünglich aus Nepal stammte und von den Schwestern vor einem gefährlichen Leben auf den Gehsteigen von Kalkutta gerettet worden war. Im Shishu Bhawan waren sie und die kleine Sabita unzertrennlich, und Maya kümmerte sich wie eine große Schwester um die Jüngere. Als die Schwestern diese Bindung bemerkten, rieten sie Jo Millar, die beiden zusammen zur Adoption zu geben. Während Familie Ballestraz bereit war, beide Kinder aufzunehmen, hielt der Richter in Kalkutta Mayas Papiere für unvollständig und gestattete ihr die Ausreise zusammen mit Sabita nicht. Es dauerte sechs Monate, bis er zufriedengestellt war und die beiden Mädchen wieder vereint waren, diesmal als Schwestern.

Mit Sarjan, einem kleinen Jungen, der bei seiner Ankunft fast blind war, und Sapna, vermutlich ein Contergankind, war die Familie komplett. Zumindest dachten sie das, bis sie von Prem Kumari hörten. Dieses hübsche dreizehnjährige Mädchen wurde vor einigen Jahren in einer Stadt in den Bergen im Nordosten Indiens gefunden. Sie hatte weder Arme noch Beine. Im Gegensatz zu Sapna lag bei ihr kein Geburtsfehler vor. Es wird vermutet, daß die Arme und Beinde des Kindes bei irgendeinem entsetzlichen Unfall amputiert worden waren. Als Herr und Frau Ballestraz von Prem Kumari hörten, waren sie überzeugt, daß sie dieses Kind annehmen mußten, auch wenn sie schon fast zehn und damit weit über das durchschnittliche Adoptionsalter hinaus war. »Es war wie eine Berufung für mich. Als ich von diesem Kind hörte, fühlte ich, daß dies ihr Zuhause sein würde«, sagte Frau Ballestraz.

Mutter Teresa berichtete mir über ein anderes Kind namens Rani, das nicht weit von Sierre entfernt lebte. Familie Machoud war sehr entgegenkommend; sie hatten nicht nur Rani, sondern auch noch sechs weitere Kinder adoptiert. Die ersten waren zwei Jungen, die der Krieg in Kambodscha zu Waisen gemacht hatte. Dann beschlossen die Machouds, die Halbbrüder Raj und Suraj zu adoptieren, die fünf und sieben Jahre alt waren, als sie aus Darjeeling ankamen. Bei vier Jungen im Haus wünschten sie sich bald auch ein Mädchen und bekamen schließlich drei! Zuerst kam die sechsjährige Gita, die offenbar niemand so recht haben wollte, weil sie sehr scheu und ungewöhnlich dunkelhäutig war. Als letzte kam die taubstumme Bindu. Schwestern hatten die Dreijährige verlassen in den Straßen von Delhi gefunden. »Sie war in einer schrecklichen Verfassung, als sie hier ankam«, sagte Frau Machoud. »Sie konnte nicht vermitteln, ob sie Hunger hatte, ob ihr kalt war oder ob sie etwas Bestimmtes wollte. Es dauerte Stunden, sie zu füttern oder anzuziehen. Heute ist sie schon viel weiter.« Mit Hilfe der Zeichensprache erklärten die Jungen Bindu, was die Mutter gesagt hatte, und alle brachen in schallendes Gelächter aus.

Aber eindeutig ist Rani der Sonnenschein in der Familie Machoud. Sie wurde als Baby in Darjeeling gefunden und ist ebenfalls taub. Als sie ankam, war sie vier Jahre alt, obwohl sie nur halb so alt wirkte. Als ich sie kennenlernte, war sie zehn und wirkte nicht älter als sechs. Die Ärzte haben gesagt, daß sie höchstens einen Meter groß werden wird. Das macht nichts; sie ist in einer warmherzigen und liebevollen Familie geborgen. Wenn man dieses lächelnde Kind sieht und ihr Lachen durchs Haus schallt, dann weiß man, daß die Familie Machoud durch ihre Gegenwart bereichert wird.

*

Zu Anfang begleitete Mutter Teresa die Kinder noch selbst zur Adoption ins Ausland. Aber solche Reisen sind teuer, und sparsam wie Mutter Teresa nun mal ist, gefiel es ihr nicht, daß sie die Flugkosten selbst zahlen mußte. Als wir vor nicht allzu langer Zeit einmal zusammen flogen, habe ich sie gefragt, wie sie es geschafft hatte, die Fluggesellschaften zu überreden, ihr uneingeschränkt Freiflüge zu geben. Die Erinnerung ließ sie vor Vergnügen lachen.

»Als die Arbeit immer ausgedehnter wurde, habe ich mehrfach an die indische Regierung geschrieben mit der Bitte, mir und einer begleitenden Schwester einen Freiflugpaß auszustellen. Schließlich habe ich angeboten, mir meine Reisen als Stewardeß selbst zu verdienen, und daraufhin habe ich sofort eine Antwort erhalten. Air India hat mir einen Paß zugestanden, dann hat mir Indian Airlines [die innerindische Fluggesellschaft] zwei Pässe gegeben, und inzwischen bekomme ich auch bei Alitalia, Pan Am und Ethiopian Airlines meine Tickets umsonst«, sagte sie mit einem Zwinkern der Augen.

Die Vorstellung von Mutter Teresa als Stewardeß war amüsant, aber es ist wohl besser, wenn sie als normaler Fluggast reist. Ich kann bezeugen, daß ihr Service sonst vermutlich darin bestünde, auf der ganzen Strecke Autogramme zu verteilen.

Ich habe schon sehr früh in unserer Bekanntschaft Mutter Teresas Wirkung auf andere kennengelernt. Ich hatte sie mehrere Monate nicht gesehen, da sie eine lange Auslandsreise unternommen hatte. Eines Tages erhielt ich die Nachricht, daß sie noch am selben Abend aus Rom ankommen würde. Da ich nicht sicher war, wie lange sie in Delhi bleiben würde, beschloß ich, zum Flughafen zu fahren, um sie dort zu treffen. Der Air-India-Flug aus Rom landete eine Viertelstunde zu spät, und bis Mutter Teresa im Flughafengebäude ankam, war es schon fast neunzehn Uhr dreißig.

»Wie gut, daß Sie da sind«, sagte sie und begrüßte mich mit einem Lächeln. »Sie müssen dafür sorgen, daß ich noch heute abend den Flug nach Kalkutta erwische.«

Ich hielt das für unmöglich und wies darauf hin, daß der Flug nach Kalkutta vom Inlandsterminal startete. Planmäßige Abflugzeit war zwanzig Uhr; ärgerlicherweise war der Flug pünktlich, während Mutter Teresas Gepäck aus der Air-India-Maschine noch nicht ausgeladen war. Mir war das Phänomen Mutter Teresa noch immer neu, und daher hatte ich nicht mit ihrer Entschlossenheit gerechnet. In jedem Fall waren ihre folgenden Worte mehr als deutlich.

»Im Shishu Bhawan von Kalkutta liegt ein Kind im Sterben. In meinem Gepäck ist ein Medikament, mit dem das Leben dieses Kindes vielleicht gerettet werden kann. Sie müssen mir helfen, den Flug zu erwischen«, sagte sie sanft. Sie hatte ihren Rosenkranz aus der alten Leinentasche gezogen, die sie bei sich trug, und begann zu beten. Ihr dabei zuzusehen, machte mich ziemlich nervös. Es war inzwischen schon nach neunzehn Uhr fünfundvierzig, und die Passagiere nach Kalkutta waren bereits an Bord der Maschine.

Währenddessen hatte eine Reihe von Leuten Mutter Teresas Anwesenheit im Flughafengebäude bemerkt und kamen nun zu ihr und baten um ihren Segen, um Autogramme, oder wollten nur in ihrer Nähe sein. Gleichzeitig war ohne mein Wissen bekannt geworden, daß in Kalkutta ein Kind im Sterben lag, das

Mutter Teresas Hilfe dringend brauchte. Später habe ich erfahren, daß alle Flughafenangestellten, vom höchsten Manager bis hin zum Gepäckträger, alles liegen und stehen ließen, um ihr zu helfen. Plötzlich rumpelte Mutter Teresas Gepäck, das aus sechs Pappkartons bestand (von denen einer ihre persönliche Habe und die Arzneimittel enthielt), auf dem Förderband herein. Wie aus dem Nichts drückte ihr irgend jemand eine Bordkarte in die Hand. Ohne unser Wissen hatte man vom Kontrollturm aus mit dem Kapitän des Flugzeugs gesprochen, der die Maschine gerade Richtung Rollbahn steuerte. Der Kapitän, der selbst aus Kalkutta stammte, brachte die Maschine zum Stillstand. Die Fluglotsen informierten den Flughafenverkehr über eine leichte Zeitverschiebung. Jetzt wartete das Flugzeug auf Mutter Teresa. Ob ich sie wohl netterweise mit meinem Wagen zum Flugzeug fahren könnte? Ein paar Minuten später erschien eine Leiter aus dem Nebel, die Flugzeugtür wurde geöffnet, und Mutter Teresa ging mitsamt ihren Pappkartons voller Arzneimittel an Bord der Maschine nach Kalkutta.

Zehn Tage später war Mutter Teresa wieder in Delhi. Meine erste Frage galt natürlich dem Kind im Shishu Bhawan. Ihr Gesicht verzog sich zu einem breiten Lächeln, und sie erzählte mir, sie habe Kalkutta gerade noch rechtzeitig erreicht. Das Kind sei nun auf dem Wege der Besserung. »Das war doch ein erstklassiges Wunder, oder nicht?« fragte sie.

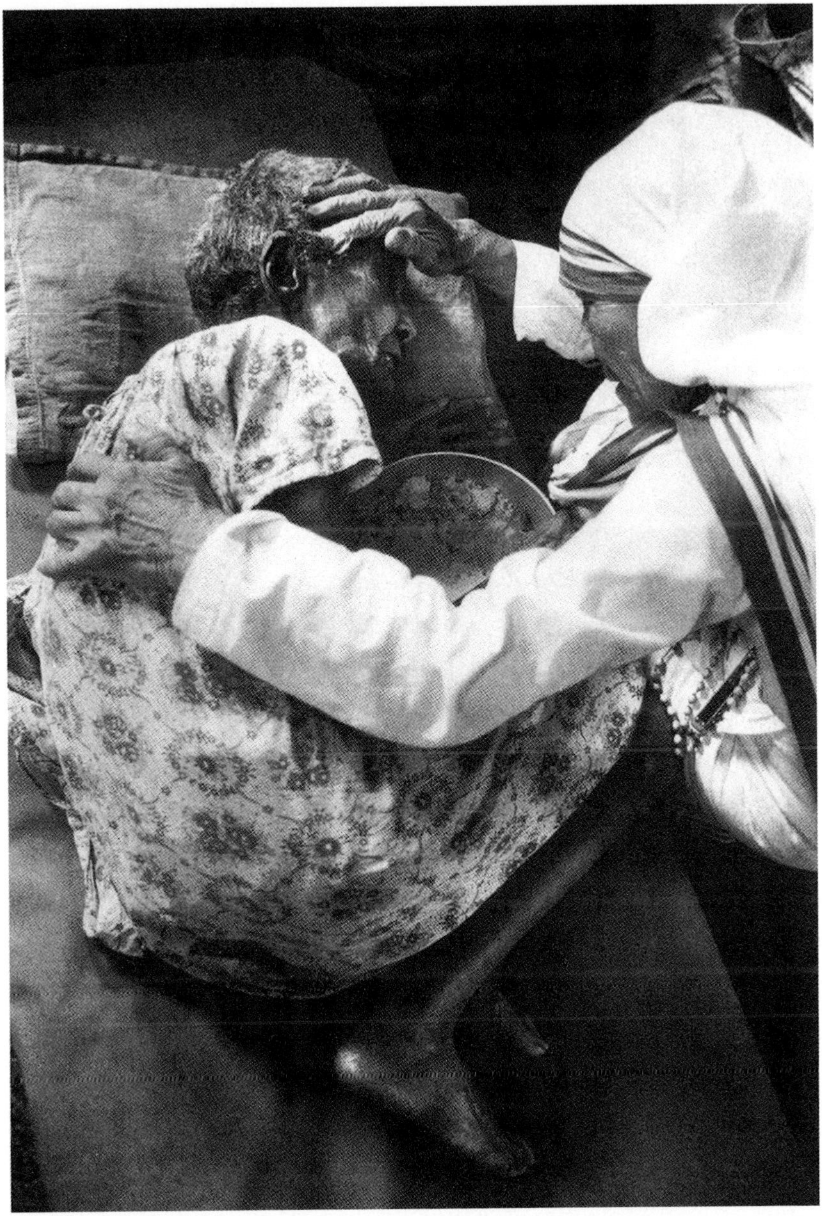

Mutter Teresa mit einer Patientin im Heim für Sterbende, Kalighat, Kalkutta.

Mutter Teresa im Heim für Sterbende, Kalighat, Kalkutta.

Rechts: *»Ein Bleistift in der Hand des Herrn.«*

Unten: Freiwillige Helfer.

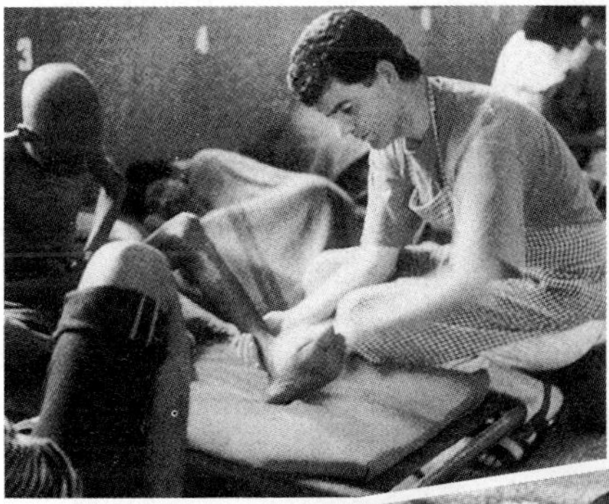

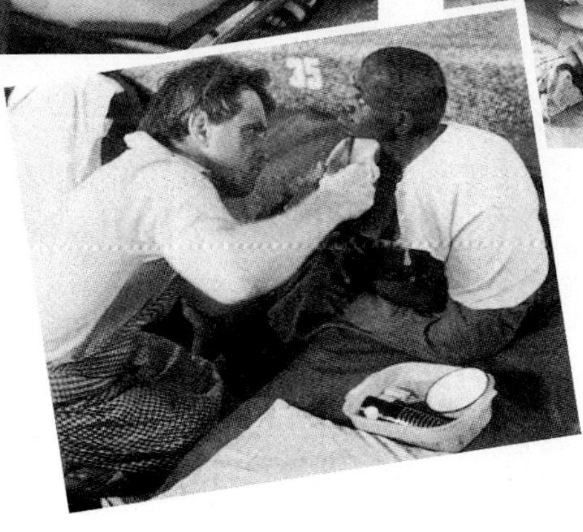

Oben: Mit dem Vorsitzenden des norwegischen Nobelkomitees, Oslo 1979.

Rechts: Bei einer Andacht in Oslo, 1979.

Unten: Der Nobelpreis und die Medaille.

Mutter Teresa – ein Portrait.

Mutter Teresa an ihrem Schreibtisch in Kalighat.

Oben: Mutter Teresa mit dem Autor und seiner Frau Rupika.
Unten: Mutter Teresa mit der Prinzessin von Wales in Rom.

Mutter Teresa beim Gebet.

9
Titagarh

Jedes einzelne Lepra-Zentrum, das ich besucht habe, ob in Indien oder im Ausland, ist eine Sache des Mutes. Es hat Mut gekostet, so ein Zentrum zu gründen, zu organisieren und zu verwalten, und es hat von Seiten der Betroffenen Mut gekostet, die oft eine zerstörte Existenz neu aufbauen oder ein neues Leben beginnen müssen. Das Gandhiji Prem Niwas (»Hort der Liebe«), Lepra-Zentrum in Titagarh, ist ein solches Monument des Mutes.

Mutter Teresa hatte mir schon oft von der Arbeit der Missionsbrüder der Nächstenliebe in diesem Industrievorort von Kalkutta erzählt. Bei einem meiner Besuche in Kalkutta fragte ich, ob ich das Zentrum nicht einmal besuchen könnte, woraufhin sie sofort an den Leiter, Bruder Mariadas, schrieb. »Schauen Sie sich's an«, sagte sie. »Unsere Lepra-Patienten sind sehr schöne Menschen. Wenn sie Lepra haben, so ist auch das ein Geschenk Gottes. Es ist seine Art, sie sich näher zu bringen.«

Die Fahrt von Kalkutta nach Titagarh dauerte an jenem frühen Februarmorgen fast eine Stunde. Ich war bald umhüllt vom mißtönendem Durcheinander von menschlicher Geschäftigkeit, während wir hupend die gut fünfzehn Meilen dahinruckelten. Bilder huschten vorbei: Gemüsemärkte und kleine Läden; Kinder, die sich beim Bad am Feuerhydranten vergnügten; farbenfrohe Saris, die im Wind trockneten; Korbflechter, die komplizierte Muster flochten. Wir fuhren an einem Standbild von Jawaharlal Nehru, dem ersten Premierminister Indiens, vorbei, das direkt neben einem dem kleinen Lord Krishna geweihten Schrein stand, vor dem sich ein Gläubiger tief im Gebet verneigte. Etwas weiter entfernt stand eine Moschee, deren Kuppel mit winzigen Porzellanstückchen bedeckt war, die in der Sonne wie eine riesige Perle glitzerten. Bald kamen wir an den stillgelegten Schornsteinen der einst berühmten Papiermühle vorbei, die diesem Vorort früher zu einiger Bedeutung verholfen hatte. Wir hielten an, um nach dem Weg zu fragen. »Kommen wir hier zum Lepra-Heim?« fragte der Fahrer eine Gruppe von Fußgängern. »Ja«, sagte einer, wobei er auf ein gelbgetünchtes Gebäude am Ende der Straße wies und erläuternd hinzufügte: »Mutter Teresa«.

Das Zentrum in Titagarh wurde im Jahre 1958 von den Missionarinnen der Nächstenliebe gegründet und ist eines von über hundert solcher Zentren, die die Missionare der Nächstenliebe mittlerweile in Afrika, dem Mittleren Osten und Asien betreiben. Es ist kein Zufall, daß es nach der Leitfigur des indischen Freiheitskampfes benannt wurde, denn Mahatma Gandhi nahm sich der unterdrückten Minderheiten an, wobei er den vier Millionen Leprakranken besondere Aufmerksamkeit schenkte. Im Saal für ambulante Patienten, wo ich ein paar Minuten warten mußte, bis Bruder Mariadas Zeit hatte, hing eine Reihe von Postern, die daran erinnern sollten, daß der 30. Januar, der Tag, an dem Gandhi bei einem Anschlag erschossen wurde, in Indien als Anti-Lepra-Tag begangen wird. Unter den von Patienten gezeichneten Bleistiftsskizzen von Gandhi befand sich auch eine, die ihn bei der Pflege zweier Leprakranker in seinem Ashram in Sewagram zeigte. Es gab noch mehr Poster und Schautafeln, und während ich noch in die Betrachtung vertieft war, kam mir ein junger Mann mit Bart und freundlichen Augen mit ausgestreckter Hand entgegen. Bruder Mariadas führte mich in ein winziges Büro mit blankem Boden, einem einfachen Schreibtisch und ein paar Stühlen. An der Wand mir gegenüber hingen je ein Bild von Mutter Teresa und Bruder Andrew, dem Mitbegründer der Brudergemeinschaft. Darunter stand die Unterschrift: »Es gibt keine Aussätzigen, nur Lepra, und die ist heilbar.«

Prem Niwas ist auch Zeugnis für Mutter Teresas Entschlossenheit. Vor gar nicht so vielen Jahren stand auf dem Gelände, wo sich das Zentrum heute befindet, noch eine Ansammlung von Hütten, die sich auf beiden Seiten eines vielbefahrenen Schienenstrangs ausgebreitet hatten. Hierher waren unzählige Familien von Leprakranken verbannt worden, mitsamt ihrer eigenen Subkultur von Krankheit, Armut und Verbrechen. So erbärmlich war ihr Zustand, daß selbst die Bewohner der »normalen« Elendsviertel nichts mit ihnen zu tun haben wollten. Dadurch wurden sie an den äußersten Rand der Stadt gedrängt, wo sie schließlich an einem Sumpf entlang der Bahngleise landeten. Nicht nur die Einwohner der Stadt, sondern auch die Gesetzeshüter fürchteten sich vor Ansteckung. Die Polizei hielt sich aus diesem Elendsviertel fern und ignorierte den Schmuggel und die Schwarzbrennerei von Schnaps, solange die Aussätzigen unter sich blieben. In diesem *bustee* waren Gewalttaten keine Seltenheit und endeten auch mal mit Mord.

In der ganzen Stadt gab es niemanden, bei dem die Leprakranken medizinische Hilfe finden konnten. Die Ärzte behandelten sie nur ungern, und keine Klinik und kein Krankenhaus, das auf sich hielt, wollte sie aufnehmen, obwohl einige dringend medizinische Fürsorge benötigten. Es gab ganze Familien, die infiziert waren, und die unhygienischen Verhältnisse förderten die Übertragung der Krankheit. Es gab keinen, der den Menschen erklärte, daß Lepra eine Krankheit ist, die keine Warnung abgibt.

Sie greift unbemerkt die Nerven an, beseitigt damit das Schutzschild des Schmerzes und führt häufig zu Taubheit in Händen und Füßen. Verletzungen, die leicht vorkommen, sind schmerzlos und führen zu Geschwüren und Entzündungen. Vernachlässigung dieser Symptome über lange Zeit führt zu Mißbildungen, zum Verfaulen von Fingern und Zehen, zu plattgedrückten Nasen und dem Ausfall der Augenbrauen. Unweigerlich kamen einige der Erkrankten auf der Suche nach medizinischer Behandlung nach Kalkutta. Hier erfuhren sie von Mutter Teresas mobilen Dispensarien, von denen eines jeden Mittwoch Lepra-Patienten außerhalb der Mauern des Loreto-Konvents in Entally behandelte. Unterstützt von drei anderen jungen Schwestern, kümmerte sich Schwester Collett in dieser mobilen Versorgungsstation um mehr als hundert Patienten pro Woche, an die sie wertvolle Medikamente und Vitamine kostenlos verteilte. Unterernährte Patienten erhielten auch Nahrungsmittelpakete. Es dauerte nicht lange, bis eine Reihe von Familien aus Titagarh dem Dispensarium regelmäßig wöchentliche Besuche abstatteten.

Den Schwestern wurde bald klar, daß viele Patienten sich den Preis für die Bus- oder Zugfahrt nicht jede Woche leisten konnten. Manchmal fuhren sie ohne Fahrschein und mußten, falls sie erwischt wurden, an der nächsten Haltestelle aussteigen. Die Krankheit breitete sich außerdem auch auf Neugeborene aus, und es war schwierig für die Mütter, sie den ganzen Weg von Titagarh herzubringen. Die Patienten gingen zu Mutter Teresa und baten sie inständig, eine Station bei ihnen zu eröffnen.

Mutter Teresas erster Besuch in Titagarh überzeugte sie, daß es keine andere Möglichkeit gab. Innerhalb weniger Monate hatte sie eine kleine Versorgungsstation in einem Schuppen an den Bahngleisen eingerichtet. Ein paar Schwestern wurden eingeteilt, um mit dem atemberaubenden Ansturm fertigzuwerden.

Es wurde schnell deutlich, daß diese Versorgungsstation nur ein Tropfen auf dem heißen Stein war. Es mußte dringend etwas gegen die schlangenverseuchten Sümpfe und die unhygienischen Lebensumstände der Patienten unternommen werden. Sie hatten keine Entwässerung, kein Trinkwasser, keine Kanalisation, keinen Strom, ja, nicht einmal ein anständiges Dach über dem Kopf, das sie vor den herabstürzenden Monsunregen und der Kälte der Januartage schützen konnte. Als sie feststellte, daß Männer für solche Aufgaben besser geeignet waren, übergab Mutter Teresa diese mühsame Arbeit den Missionsbrüdern der Nächstenliebe.

Aber als Bruder Christo Das und sein junger Assistent Bruder Mariadas versuchten, die Lebensbedingungen zu verbessern, wurden ihre Bemühungen von *goondas*, den Bandenführern, vereitelt, die in illegale Aktivitäten verstrickt waren. Die Siedlung spaltete sich bald in diejenigen, die für Veränderungen waren, und deren Gegner, was zu erheblichen Spannungen führte. Die Brüder und die jungen Männer und Frauen, die mit ihnen zusammenarbeiteten, wurden mit Steinen beworfen.

Als ersten Schritt begannen die Befürworter der Veränderung einen neuen Wohnblock zu errichten. Der Bau, der ein paar Monate in Anspruch nahm, erregte zunehmend Aufmerksamkeit. Bis zu seiner Fertigstellung war auch der letzte Widerstand gebrochen. Die Bandenführer suchten das Weite, und alle Spuren von Verbitterung und Mißtrauen verschwanden mit ihnen. Von da an packten alle mit an, Männer, Frauen, sogar die Kinder. Zuerst bauten sie zwei große Wasserreservoirs im Sumpf, wobei der Erdaushub dazu verwendet wurde, den Rest des Marschlandes aufzufüllen. Dann machte man sich ernsthaft an den Bau der Hauptgebäude; zuerst weitere Wohnblocks, dann ein enorm langes und schmales, barackenähnliches Gebäude mit grünen Fenstern und Türen, das heute das Rehabilitations-

und Produktionszentrum beherbergt. Ein Krankenhaus folgte mit getrennten Bereichen für Männer und Frauen, dann eine Cafeteria und eine Vielzahl kleinerer Gebäude, die sich bald vom Bahnhof von Titagarh bis fast zum eine Meile entfernten Bahnhof von Kardah erstreckten.

Bruder Mariadas führte mich über die Bahngleise zum Rehabilitationszentrum. Es gibt dort keine Brücke oder Unterführung; wir schauten einfach nach beiden Seiten die Gleise entlang, um zu sehen, ob sich ein Zug näherte, und gingen dann hinüber. Am Eingang des Zentrums bemerkte ich eine kleine Tafel, die auf die Anstrengungen der Patienten bei der Errichtung des Gebäudes hinwies. Obwohl ich das Hauptgebäude beim Eintreten sehen konnte, muß ich gestehen, daß ich auf seine erstaunliche Länge nicht gefaßt war – es schien überhaupt nicht enden zu wollen! Auf beiden Seiten des Raumes standen Dutzende von Webstühlen, an denen Lepra-Patienten die immer gleichen weißen Saris mit den vertrauten blauen Kanten webten. Im letzten Jahr fanden fast viertausend Saris von diesem Zentrum aus ihren Weg zu den Missionarinnen der Nächstenliebe in Indien und im Ausland. Auf dem Boden saß eine Reihe von Frauen, die an *charkhas* arbeiteten, was auf Hindi Spinnrad bedeutet. Dabei fiel mir ein, daß Gandhi die *charkha* vor gar nicht so langer Zeit zu seiner Hauptwaffe gegen den wirtschaftlichen Einfluß des Auslands erkoren hatte. Er hatte das Land überzeugt, auf teure importierte Stoffe zu verzichten und statt dessen einfachste Baumwolle zu tragen, die auf der bescheidenen *charkha* von den Ärmsten der Armen gesponnen und gewebt wurde. Als sich seine Bewegung wie ein Lauffeuer ausbreitete, lieferte die *charkha* nicht nur Arbeitsplätze für Millionen, sie wurde auch zum Symbol der indischen Feriheitsbewegung. Die Patientinnen, die da spinnend auf dem Boden hockten, die Köpfe von ihren Saris bedeckt, strahlten eine ruhige Würde aus, wie sie die

Überwindung einer schweren Krankheit oder Notsituation oft mit sich bringt.

Auf dem Weg vom Zentrum zum Krankenhaus näherten wir uns sauber geschrubbten Fußböden und einem starken Geruch von Desinfektionsmittel. Die gut hundert Betten waren mit Patienten aus ganz Indien belegt. Die Behandlung einschließlich Medikamenten, Operationen, Krankenhausaufenthalt und sogar das Essen waren kostenlos. Viele teure Arzneimittel kamen als Spenden von ausländischen Wohltätern; aber wenn die Vorräte zu Ende waren, mußten sie an Ort und Stelle gekauft werden, denn jede Unterbrechung einer Behandlung könnte zu neuen Komplikationen führen und schädliche Auswirkungen haben.

Die Familienquartiere summten vor Geschäftigkeit. In mehreren Hütten stieß ich auf Menschen, die extrem entstellt waren, was sie allerdings nicht daran hinderte, Garn zu spinnen oder Haushaltspflichten zu übernehmen. Ich bemerkte einen älteren Mann, der nur noch Armstummel und keine Finger mehr hatte und geschickt an einer Nähmaschine arbeitete, die er mit speziellen Fußpedalen bediente. Bruder Mariadas wurde unterdessen von den Kindern herumgezerrt, die gerade aus den Schulen in der Stadt zurückgekommen waren. »Bruder, Bruder«, riefen sie im Chor und zerrten an seinen Armen. Er nannte mir die Namen der Kinder, während er hier in eine Nase zwickte und dort an einem Ohr zog. Er stellte mir auch noch einige andere Leute vor, darunter eine großmütterlich wirkende Frau mit dichtem weißem Haar. »Sambari hier«, sagte er, »gehörte zu denen, die uns mit Steinen beworfen haben. Später wurde sie dann Anführerin des Frauenbautrupps und ist eine der Stützen unserer Gemeinschaft.« Sambari führte mich in ihrem ordentlichen kleinen Haus mit großem Stolz herum und zeigte mir ihr kleines Gärtchen, in dem Sonnenblumen und riesige violette Dahlien leuchteten. Es war schwer vorstellbar, daß der Boden, auf dem wir standen, einmal ein Sumpf gewesen war.

Schließlich fragte ich Bruder Mariadas, bevor ich ging, noch ein wenig zögernd, ob ich auch das Heim, in dem die Brüder wohnten, besichtigen könnte. Ich entsagte dem Vergnügen, auf dem Gepäckträger seines Fahrrades zu fahren, und überredete ihn, in meinem Wagen mitzufahren. Das war wohl auch besser so, da die Brüder zwei Meilen entfernt wohnen. Bei einer Tasse Tee zur Begrüßung erzählte er mir ein wenig von ihrem Tagesablauf:

»Wir stehen um halb fünf Uhr morgens auf, und von halb sechs bis sieben Uhr meditieren und beten wir. Um sechs liest ein Priester die Messe. In der halben Stunde nach der Messe putzen wir das Haus. Wir haben keine Hilfskräfte. Von acht bis nach ein Uhr und nachmittags noch einmal drei Stunden arbeiten wir in Prem Niwas. Manchmal können wir uns zwischendurch ein wenig ausruhen, aber das hängt von der Patientenzahl des jeweiligen Tages ab. Um halb sieben Uhr abends sprechen wir das Abendgebet, danach ist Abendessen. Dann beten wir noch einmal abends um halb neun.« Ich fragte ihn, was sein persönlicher Besitz in diesem Leben der Armut sei. Wie die Schwestern, die zwei Saris und einen dritten für besondere Gelegenheiten besitzen, haben die Brüder neben zwei schlichten Baumwollhemden und zwei Paar Baumwollhosen noch eine dritte Garnitur für »besondere Gelegenheiten«. Er erinnerte mich daran, daß ihre Gelübde dieselben wie die der Schwestern sind. Vielleicht als Reaktion auf meinen Gesichtsausdruck, als ich sein hartes hölzernes Bett und seine weltliche Habe sah, die ordentlich auf der dünnen Matratze lag, lächelte er und zitierte Mutter Teresas Worte: »To understand the poor, you have to stand under the poor.« – »Wer die Armen verstehen will, muß unter ihnen stehen.«

Ein paar Monate später hatte ich Gelegenheit, mir diese Bemerkung ins Gedächtnis zu rufen, als ich beschloß, nach Shantinagar zu fahren. Mutter Teresa hatte oft über diesen »Ort des Friedens« gesprochen. Ihre Stimme war voller Begeisterung, wenn sie das Zentrum für Leprakranke und ihre Familien beschrieb. Shantinagar liegt inmitten eines ehemaligen Dschungelareals von etwa vierzehn Hektar nahe der Grenze zum Nachbarstaat Bihar. Um dorthin zu gelangen, muß man vier Stunden und hundertfünfzig Meilen mit dem Zug von Kalkutta zur Stadt Asansol fahren. Von dort sind es noch einmal fünfzehn Meilen bis nach Shantinagar.

»Ich werde Ihnen einen Bruder mitschicken«, sagte Mutter Teresa. Genau in diesem Moment kam ausgerechnet Bruder Mariadas die Treppe herauf, um sie zu besuchen. Als sie sah, daß wir uns wie alte Freunde begrüßten, fragte Mutter Teresa prompt, ob er mich begleiten wollte, und er willigte erfreut ein.

Wir verabredeten uns sehr früh am nächsten Morgen am Howrah-Bahnhof, da der Zug nach Asansol, der Black Diamond Express, um sechs Uhr zehn abfahren sollte. Als wir uns trafen, wurde mir bewußt, daß er ja aus Titagarh hätte kommen müssen. Ich fragte ihn, wo er die Nacht verbracht hätte. »Auf dem Bahnhof«, sagte er lächelnd. Da ich aber die Fahrkarten bei mir trug, wollte ich wissen, wie er Zutritt zum Warteraum der zweiten Klasse bekommen hätte, in dem ein paar Betten zur Verfügung standen. Bruder Mariadas antwortete: »Mein Armutsgelübde erlaubt es mir nicht, Geld für ein Hotel oder auch nur für ein Bett in einem Wartesaal auszugeben.« Mit wachsendem Unbehagen fragte ich ihn, was er statt dessen getan hatte. »Ich habe auf dem Bahnsteig geschlafen«, sagte er. »Ich bin kurz vor Mitternacht in Kalkutta angekommen. Da war es schon viel zu spät, um die Brüder in unserem Haus in Hooghly in Kalkutta noch zu stören. Also habe ich beschlossen, die Nacht auf dem Bahnhof zu verbringen.« Weil der Boden in jener Januarnacht zu kalt war, suchte er sich ein paar Kisten, die von den Schuhputzerjungen benutzt wurden. Vier davon stellte er zu einem improvisierten Bett zusammen, auf dem er eine unruhige Nacht verbrachte. Als unser Zug dann dem Herzen der Kohleregion entgegenstampfte, war ich in Gedanken versunken, während Bruder Mariadas tief und fest schlief.

Sobald der Zug langsam in den Bahnhof von Asansol einfuhr, riß mich Bruder Mariadas, der plötzlich hellwach war, aus meinen Gedanken. Noch bevor er irgendein Transportmittel vorschlagen konnte, das uns nach Shantinagar bringen sollte, mietete ich unter dem Vorwand der Zeitersparnis schnell ein Taxi, denn wir mußten noch am selben Abend die Rückfahrt antreten. Der Taxifahrer war zunächst verwirrt, als wir nach Shantinagar gefahren werden wollten. Im Laufe der Unterhaltung in einer Mischung aus Bengali, Hindi, Englisch und viel Zeichensprache konnten wir unser Ziel verständlich machen. »Warum haben Sie nicht gleich gesagt ›Aussätzigenheim‹?« fragte der Taxifahrer. Aber er mußte den Namen »Shantinagar« doch sicher schon gehört haben, wollte ich wissen. Schließlich hatte er im Laufe der Jahre bestimmt schon eine ganze Reihe von Leuten dorthingebracht. »Ich war während der letzten zehn Jahre nur einmal dort«, sagte er. »Kein vernünftiger Mensch will freiwillig ein Aussätzigenheim besuchen.«

Irgendwann, irgendwo an diesem Nachmittag änderte Ramu, so hieß der Taxifahrer, seine Meinung. In der Enge seines Taxis langweilte er sich, so daß Neugier und vielleicht auch Hunger siegten. Zuerst schlug er die Einladung der Schwestern zum Mittagessen aus, in der Hoffnung, ein kleines Lokal an der Straße zu finden. Da er aber in der unmittelbaren Nachbarschaft keines entdecken konnte, ging er schließlich in die Küche, wo die Schwestern ihn ebenso großzügig bewirteten wie auch uns bei der Ankunft: den einfachsten Reis, der in Bengalen zu finden ist, ein paar *dal* [Linsen] und ein wenig Salat. Außerdem gab es noch frischen Fisch direkt aus dem See, der nach Ramus Auskunft köstlich schmeckte. Er gestand, daß seine Familie und Freunde entsetzt wären, wenn sie erführen, daß er ein Lepra-Zentrum besucht und dort sogar gegessen hatte. Aber er hätte an diesem Nachmittag etwas Grundlegendes gelernt: Daß Lepra leicht heilbar ist, wenn die Krankheit früh genug erkannt wird, und daß man heute keine Angst mehr vor Ansteckung haben muß.

Die Eindrücke des Nachmittags wurden zusammengehalten von Schwester Alberts fröhlichem Lachen, das immer und immer wieder wie eine klangvolle Tempelglocke ertönte. Sie erklärte, daß die Regierung von Westbengalen Mutter Teresa 1961 vierzehn Hektar Land auf dreißig Jahre verpachtet hatte, für den symbolischen Preis von einer Rupie pro Jahr. In Wirklichkeit war es eigentlich ein Geschenk des westbengalischen Ministerpräsidenten, der einer der respektgebietendsten Politiker in Indien und ein äußerst engagierter Kommunist war. Es ist in Kalkutta wohlbekannt, daß er dieser Nonne und ihrem Trupp von Schwestern nichts abschlagen kann, weil das, worum sie bitten, nie für sie selbst ist, sondern nur für jenen Teil der Menschheit, den wir so oft gleichgültig übersehen.

»Shantinagar ist ein Wunder«, sagte Schwester Albert. In Mutter Teresas Sprachgebrauch geschehen »Wunder« fast im Handumdrehen, und sie und ihre Schwestern verwenden das Wort am liebsten mehrmals am Tag, wenn sich Dinge zu ihrer Zufriedenheit entwickeln. Shantinagar war auch harte Arbeit. »1961 war hier alles ein großes, unbebautes Gelände wie ein Dschungel«, sagte Schwester Albert. Zu Anfang gab es auch kein Geld, um Mutter Teresas Traum von einem sich selbst versorgenden Heim und Behandlungszentrum für Leprakranke zu verwirklichen.

Dann geschah ein »Wunder«. Im Jahre 1965 besuchte Papst

Paul IV. Indien als Gast der Regierung. Während dieses Staatsbesuchs wurde eigens für seinen Gebrauch in Indien eine 1964 Lincoln-Continental-Limousine als Geschenk des amerikanischen Volkes eingeflogen. Darin fuhr er herum, um die Menge der Gläubigen zu segnen. Der Wagen brachte ihn in Kalkutta auch zu Mutter Teresas Heim für Sterbende in Kalighat. Die Arbeit der Missionarinnen der Nächstenliebe, die er dort beobachten konnte, beeindruckte ihn so, daß er Mutter Teresa seine Limousine schenkte, bevor er Indien verließ. Praktisch wie immer, verloste Mutter Teresa den Wagen auf der Stelle und konnte durch die Werbewirksamkeit dieser Aktion viel mehr Geld erzielen, als wenn sie ihn über Anzeigen in Zeitungen zum Kauf angeboten hätte. Das Geld, das sie erhielt, wurde für den Bau des Hauptgebäudes des Krankenhauses in Shantinagar verwendet. Weitere Beträge wurden von Kindern in Deutschland gesammelt. Vor ein paar Jahren habe ich Mutter Teresa einmal gefragt, wie sie überhaupt auf die Idee mit der Verlosung gekommen war. Sie blickte mir, dem Atheisten, in die Augen und meinte in vielsagendem Ton: »Wenn Sie beten, werden Sie auch solche Einfälle haben.«

Im Jahre 1968 machte sich Schwester Francis Xavier, eine gesprächige jugoslawische Nonne, voller Pioniergeist und tatkräftig unterstützt von ein paar jungen Schwestern daran, die Wildnis zu zähmen. Und wie gut es ihnen gelang! Da das Land mit reichlich Wasser vom nahegelegenen Mekhand-Damm gesegnet war, blühten in Shantinagar bald üppige Blumen und Büsche. Obstbäume wurden gepflanzt: nicht irgendwelche Obstbäume, sondern eine ganze Plantage von Mangobäumen, dazwischen Weizen und Gemüse. In einem großen Teich wurden Fische ausgesetzt, und heute wimmelt er nur so von Eiweißlieferanten, die von den Unterernährten dringend benötigt werden. All das war abgeschlossen, bevor die ersten Patienten eintrafen, damit sie von Anfang an zumindest einigermaßen autonom wirtschaften konnten.

Innerhalb von zwei Jahren wurden die wichtigsten Gebäude errichtet: das Rehabilitationszentrum, Hütten für Leprakranke, die sie selber bauten, und ein Krankenhaus. Von Anfang an war Mutter Teresas Vorstellung die, daß die Leprafamilien so unabhängig wie möglich leben sollten. Sie wollte eine Oase schaffen, wo Leprakranke aller Glaubensrichtungen und Bekenntnisse medizinischen Rat und Beistand erhalten konnten und wo sie zumindest teilweise den Gebrauch ihrer Gliedmaßen wiedererlangen sollten. Es war wichtig, ihnen beizubringen, wie sie mit ihrer Krankheit umgehen mußten, und einen Ort zu schaffen, wo die Älteren in Frieden und Würde ihren Lebensabend verbringen konnten. Die Neuankömmlinge lernten, Backsteine herzustellen und dann ihre eigenen Behausungen zu bauen, nach einfachen Plänen, die sich an die landestypische Architektur anlehnten. Ein Shishu Bhawan folgte, in dem Kinder untergebracht werden konnten, um sie vor ihren infektiösen Eltern zu schützen. Dann kam ein kleines Krankenhaus mit einer Abteilung für Plastische Chirurgie mit Prothesen, Schienen und anderen Hilfsmitteln dazu. Die Bewohner bauten selbst Reis an, richteten eine kleine Geflügelfarm ein, webten Körbe und kümmerten sich um den Obstanbau. Die Dorfältesten wurden aufgefordert, ein Selbstverwaltungssystem aufzubauen und ihre Wortführer zu wählen.

Nichts durfte ungenutzt bleiben, nicht einmal der Tiermist. Neben den Viehställen steht eine Biogasanlage, die den Mist in ein geruch- und farbloses Gas umwandelt, das dann in die Küche und Gemeinschaftszentren geleitet wird – weit praktischer als die unregelmaßige Versorgung mit Gas aus der nächstgelegenen Stadt. Ich war nicht überrascht, Hunderte von Kokospalmen zu sehen, da die Milch sehr phosphorhaltig ist und sich aus den faserigen Schalen billige rauhe Matten herstellen lassen. Die jungen Teakbäume, die ich sah, würden künftig das Bauholz für viele Häuser liefern. Auf der Farm, am See, in der Küche, überall, wo wir an jenem Nachmittag hingingen, arbeiteten nichtinfektiöse Patienten mit und ohne Behinderung mit spürbarem Engagement bei den Gemeinschaftsprojekten mit. »Eine ganze Reihe von Patienten, sogar die Körperbehinderten, zeigen einen weit größeren Arbeitseinsatz als jeder Arbeiter, den wir von außerhalb einstellen könnten«, sagte Schwester Albert.

Die statistischen Zahlen von 1990, die Schwester Albert stolz vorzeigte, sind tatsächlich beeindruckend: 17 613 Lepra-Patienten und 4 362 allgemeine Fälle wurden in der offenen Klinik im vergangenen Jahr behandelt; 966 Lepra-Patienten wurden im Krankenhaus aufgenommen und 449 operiert. 785 Paar Spezialschuhe wurden im Rehabilitationszentrum angefertigt, und 35 Patienten erhielten Prothesen. 135 Kinder wurden im Shishu Bhawan aufgenommen und 38 entlassen. 2 000 Menschen erhielten monatliche Nahrungsmittelrationen, und 400 Personen bekamen jeden Tag ein gekochtes Essen. Für all das mußte keiner einen Pfennig bezahlen. Alle vierzehn Tage kommen drei Ärzte, von denen keiner den Glauben der Schwestern teilt, aus dem nahegelegenen Asansol, um kostenlos rekonstruktive Operationen auszuführen.

Direkt neben dem mit Backsteinen gepflasterten Weg, der etwas hochtrabend Papst-Paul-Avenue genannt wird, liegt der Schlafsaal der Jungen. Zwischen ordentlich gemachten Betten und Pop-Postern an den Wänden, genossen etwa zwanzig Jungen, die gerade erst aus der Schule gekommen waren, ihre Freistunde. Ein ungefähr zehnjähriger Junge kam gleich zu Schwester Albert gerannt. Nachdem wir Hände geschüttelt hatten und er wieder außer Hörweite war, sagte sie: »Shapun wurde vor ein paar Jahren in der Nähe der Eisenbahnlinie gefunden. Der völlig abgemagerte kleine Kerl saß neben der Leiche seines Vaters. Keiner konnte den Tod des Vaters erklären. Gleisarbeiter haben den Jungen gefunden und zu uns gebracht. Er ist sehr gut in der Schule«, fügte sie stolz hinzu, »und immer Klassenbester.«

Im Schlafsaal war auch ein energischer junger Mann, den ich zunächst für einen Bruder hielt, da er für die kleineren Jungen verantwortlich zu sein schien. »Wie war dein Informatik-Unterricht heute, Santosh?« wollte Schwester Albert von diesem bengalischen Jungen wissen, der Extrastunden in einer Privatschule in der Nachbarstadt erhielt. »Du wirst bald eine Menge Geld verdienen, wir sollten dich also lieber mit einem netten Mädchen verheiraten«, neckte Schwester Albert. »Ich werde nicht heiraten«, sagte Santosh. »Und ich gehe auch nicht von hier weg«, grummelte er. Auf unserem Weg zu den Hütten in der Anlage erzählte mir Schwester Albert von dem Ereignis, das das Leben des jungen Santosh in Aufruhr gebracht hatte. Man hatte ihn als Kind buchstäblich auf der Türschwelle des Zentrums gefunden; er war damals zwei Jahre alt. Die Schwestern hatten ihn großgezogen, und ihre Liebe war die einzige, die er je gekannt, und das Heim das einzige Zuhause, das er je gehabt hatte. Vor zwei Wochen hatte es einen dramatischen Einschnitt in Santoshs Leben gegeben. Ein von Lepra gezeichnetes Ehepaar hatte die Schwestern aufgesucht und behauptet, Santosh sei ihr Kind. Nach all den Jahren wollten sie ihn nun »nach Hause« holen. Die Schwestern mußten zunächst Beweise haben, daß die beiden auch wirklich seine Eltern waren. Nachdem alle Zweifel ausgeräumt worden waren, mußten sie Santosh nun darauf vorbereiten, diese Veränderung in seinem Leben zu akzeptieren. Als der Zeitpunkt gekommen war, Santosh mit seinen Eltern zusammenzubringen, wurde er ins Sprechzimmer gerufen. Dort sah er zum ersten Mal nach sechzehn Jahren seine Eltern, Bettler, die durch Lepra entstellt und stark behindert waren! Santosh war völlig verwirrt angesichts der Ereignisse, die über ihn hereinbrachen. Schwester Albert erklärte: »Wir versuchen jetzt, Santosh dazu zu bringen, die Tragödie zu akzeptieren und zu verstehen, die über seine Eltern hereingebrochen war, als sie an Lepra erkrankten. Beide wurden von ihren Familien ausgestoßen, hatten keine Möglichkeit, eine Stelle zu finden, und wurden so zum Betteln auf die Straße getrieben. Sie wollten ihr einziges Kind nicht auch der Krankheit aussetzen, deswegen brachten sie ihn fort, nicht, weil sie ihn nicht genug liebten, sondern weil sie ihn so sehr liebten.« Die Schwestern hoffen, daß Santosh die Situation akzeptieren und bald mit seinen Eltern vereint sein wird.

Ganz plötzlich wurde die Harmonie des Nachmittags gestört von einem großen, athletischen Mann, der etwas rief und sich uns drohend näherte, wobei er mit einem Stock herumfuchtelte. Sein anderer Arm war in Gips. »Ich lasse mich hier nicht gegen meinen Willen festhalten«, rief er einer Schwester aus einiger Entfernung zu. »Ich bin kein Gefangener. Ich möchte hier auf der Stelle fort.«

Schwester Albert ließ sich nicht aus der Ruhe bringen und lächelte. »Warum bleiben Sie nicht noch ein paar Tage, bis der Gips abgenommen wird? Dann können Sie gehen. In jedem Fall kommt Ihr Bruder erst am nächsten Dienstag wieder«, antwortete sie. »Welcher Bruder?« schrie er. »Mein Bruder ist für mich gestorben. Ich will jetzt sofort gehen«, erklärte er. Die Atmosphäre war gespannt. Einen Moment lang schien es, als würde der Stock gleich auf den Kopf der Schwester niedersausen. Sekundenlang erstarrten alle. Plötzlich schien seine Wut zu verfliegen. Er drehte sich um, warf den Stock von sich und ging zum Krankenhaus zurück.

Schwester Albert sagte traurig: »Pramods Schmerzen sind manchmal unerträglich für ihn. Seine Frau ist mit einem anderen Mann durchgebrannt und hat ihn mit den Kindern im Stich gelassen. Das kann er weder vergeben noch vergessen. Sein Bruder ist ein guter Mann, der sich liebevoll um ihn kümmert. Er sorgt im Moment auch für Pramods Kinder. Und er war es auch, der Pramod hierher zur Behandlung gebracht hat. Bald wird Pramod seine Finger wieder benutzen können, aber der Schmerz in seinem Herzen wird noch lange nicht geheilt sein.«

Bald mußten wir aufbrechen und uns von den Schwestern und auch von Santosh verabschieden, der uns den ganzen Nachmittag leise gefolgt war. Schwester Albert legte mir das Gästebuch vor und bat mich, ein paar Worte hineinzuschreiben. Als ich die älteren Eintragungen durchblätterte, las ich die Eindrücke einer Gruppe von Frauen, die Shantinagar einige Monate zuvor besucht hatten:

> »Wir sind beeindruckt und dankbar für die ehrliche, selbstlose und engagierte Arbeit, die von allen Schwestern in Shantinagar geleistet wird. Wir bitten um Mutter Teresas Segen.«
> Eastern Railway Women's Organisation
> 28. Januar 1990

Heute gibt es auf der Welt schätzungsweise zwölf Millionen Leprakranke, vor allem in Asien, Afrika, Südamerika und dem Mittleren Osten. Aus ungeklärten Gründen verschwand die Lepra in Europa im 16. Jahrhundert. In Indien rechnet man mit vier Millionen Fällen. Lepra ist keine tödliche Krankheit. Dennoch gab es seit biblischen Zeiten bis vor wenigen Jahrzehnten keine wirksame Heilmethode, was zu der Angst vor den entstellenden Auswirkungen der Krankheit und damit zur sozialen Ausgrenzung der Kranken führte. Erst in den vergangenen zehn Jahren konnte ein wichtiger Durchbruch mit einer Wirkstoffkombination erzielt werden, wodurch in Ländern, in denen Lepra verbreitet auftritt, auch nationale Hilfsprogramme wiederbelebt wurden. Die Behandlung ist nur dann wirksam, wenn die Krankheit im Frühstadium, das heißt, bevor Mißbildungen auftreten, erkannt wird. Zudem benötigt sie ständige Überwachung. Mit Hilfe von Regierungsprogrammen und freiwilligem Arbeitseinsatz konnten Krankenhäuser, Diagnose- und Therapiezentren errichtet und betrieben werden, so daß in den vergangenen Jahren Hunderttausende von Patienten geheilt wurden. Trotzdem fordern Unwissenheit und Armut auch weiterhin ihre Opfer. Vor allem bei unterernährten Slumkindern, die ganz besonders anfällig sind. Die staatlichen Bemühungen greifen nicht überall, da die Ausrottungsprogramme in vielen Ländern unter Mangel an Geld und Fachkräften leiden und die freiwilligen Einsätze, trotz des oft großen Engagements, bei weitem nicht ausreichend sind.

Die Leprakranken nehmen einen ganz besonderen Platz in Mutter Teresas Welt der Hilfsbedürftigen ein. Es gibt kaum ein Entwicklungsland, wo sie nicht mindestens eine Lepra-Station eingerichtet hat. In manchen Ländern gibt es eine ganze Reihe davon. Sie zieht es vor, diese Zentren außerhalb der Stadtgrenzen zu errichten, zum einen, weil Lepra-Siedlungen innerhalb von Städten nicht so gerne gesehen werden, zum anderen, weil die Patienten durch die größere Entfernung weniger Gelegenheit haben, zum Betteln in die Stadt zu fahren.

Mutter Teresas Kampf gegen das Stigma, das den Leprakranken anhaftet, war nicht immer erfolgreich. Sie hat viele Einschränkungen und Erniedrigungen hinnehmen müssen. Früher hat es einmal ein Lepra-Krankenhaus, das Gobra Hospital, in Kalkutta gegeben, das am Rande der Stadt lag. Als sich die Stadt aber immer mehr ausbreitete, bedrängten Anwohner und Stadtplaner die Regierung, das Krankenhaus zu schließen oder umzusiedeln. Keiner wollte eine Lepra-Klinik in unmittelbarer Nähe haben. Mutter Teresa suchte mehrfach den Minister von Westbengalen, Dr. B. C. Roy, auf und bat ihn inständigst, das Krankenhaus nicht zu schließen. Obwohl Dr. Roy Mutter Teresa sehr schätzte – einige Mitglieder seiner Familie gehörten zu Mutter Teresas engagiertesten Mitarbeitern und Anhängern –, konnte sie sich nicht durchsetzen, und das Gobra Hospital wurde geschlossen. Es war damals die einzige derartige Einrichtung der Stadt, und die Schließung war ein schlimmer Schlag für die Menschen, die nicht wußten, wo sie nun behandelt werden konnten.

Ein weiterer Vorfall ereignete sich, als Mutter Teresa versuchte, an anderer Stelle der Stadt eine Lepra-Klinik einzurichten. Sie hatte ein geeignetes Grundstück ausfindig gemacht, aber bei einem ihrer Besuche mußte sie feststellen, daß der zuständige Stadtrat bereits an der Spitze einer aufgebrachten Menge von Anwohnern wartete, um sie zu »empfangen«. Sobald Mutter Teresa aus ihrem Lieferwagen stieg, wurde sie mit einem Hagel von Steinen begrüßt. Mutter Teresas Reaktion war völlig pragmatisch. »Ich glaube, Gott möchte nicht, daß wir hier eine Klinik eröffnen«, sagte sie. »Laßt uns beten und herausfinden, was Er wirklich will.«

Die Eingebung folgte in Form eines Krankenwagens, der von amerikanischen Wohltätern gespendet worden war. Mutter Teresa beschloß, daraus die erste ihrer mobilen Versorgungsstationen zu machen. Ungefähr zur selben Zeit beendete Dr. Sen, ein renommierter Haut- und Lepra-Spezialist, seine Amtszeit an einem bekannten Krankenhaus. Er wußte nichts mit seiner Zeit anzufangen und war beeindruckt von der selbstlosen Arbeit der Missionarinnen der Nächstenliebe, also bot er Mutter Teresa an, sich seiner Dienste nach Belieben zu bedienen. Er sagte, er lehne jede Bezahlung ab. Eins kam zum anderen, und im September 1957 wurde die erste mobile Lepra-Station von Erzbischof Perier eingeweiht. Als ich kürzlich die außerhalb des Konvents in Entally geparkte Station besuchte, konnte ich aus den sorgfältig geführten Listen der Schwestern entnehmen, daß allein an diesem Standort über tausend Patienten registriert waren.

Ein paar Jahre zuvor hatte ich Mutter Teresa bei einem ihrer Besuche in ihrem Zentrum in Delhi begleitet, das auf jenen fünf Hektar Wildnis errichtet worden war, die ihr der Generalgouverneur von Delhi vor siebzehn Jahren geschenkt hatte. Die Gebäude machten einen angenehmen Eindruck: ein einfacher Operationssaal und Schlafsäle, die besonders geschwächten oder armen Patienten vorbehalten waren. Es war Operationstag. Jeden Mittwoch stand Dr. Chadha, ein junger Chirurg, zur Verfügung, um, unterstützt von zwei ausgebildeten Schwestern der Missionarinnen der Nächstenliebe, bis zu zwölf plastische und andere Operationen auszuführen. Durch diese einfachen Eingriffe erhielten die Patienten oft die Funktionsfähigkeit eines Fingers oder Daumens zurück, so daß sie Gegenstände greifen konnten.

Während der Teepause hatte ich Gelegenheit, ein paar Minuten mit dem Arzt zu plaudern. Ich erfuhr, daß seine Familie ihn für sehr sonderbar hielt. Warum, so fragten sie unaufhörlich, hatte ein junger Absolvent von einer der besten Medizinischen Hochschulen, der es sich leisten könnte, eine lukrative Privatpraxis zu eröffnen, das Bedürfnis, seine Zeit freiwillig für die Hilfsbedürftigen in Mutter Teresas Lepra-Heim zu opfern? Er war nicht einmal Christ, argumentierten sie. Er meinte mit einem entwaffnenden Lächeln: »Ich erkläre ihnen, daß ich ein bißchen verrückt bin. Aber im Ernst, nachdem mir mein Land das Beste gegeben hat, fühle ich mich verpflichtet, etwas davon ›zurückzuzahlen.‹«

Die hellen Gebäude, die Blumen und Gemüsegärten konnten aber nicht über die menschlichen Tragödien hinwegtäuschen, die

die Lepra mit sich gebracht hatte. Jehangir, ein junger Mann aus dem Staat Bihar, sagte zu mir: »Ich bin in den vergangenen neun Jahren nur einmal nach Hause zurückgekehrt. Ich habe mich wie ein Dieb in mein Haus geschlichen. Niemand im Dorf durfte mich sehen. Mein Vater hat geweint, meine Frau wollte mir nicht zu nahe kommen. Meine beiden kleinen Töchter haben mich umarmt und geküßt. Sie wissen noch nicht, was Angst ist. Ich sehne mich danach zurückzugehen, aber ich muß sie ihr normales Leben führen lassen. Wenn man im Dorf erfährt, daß ich Lepra habe, wer wird meine Töchter dann noch heiraten wollen?«

Die Notwendigkeit, ein »normales« Leben zu führen, hat auch dazu geführt, daß Kalu vor beinahe fünfzig Jahren verstoßen wurde. Er ist nie in sein Dorf zurückgekehrt. Für seine Brüder ist Kalu »gestorben«. Er erzählt jedem, der es hören will, von seinem Leben.

*

Kalu, so nennen ihn alle, ist etwa siebzig Jahre alt. Seine Gliedmaßen sind nur noch Stummel. Auf den ersten Blick scheint er nur aus Kopf und Torso zu bestehen, der in einen kleinen Handwagen gesetzt und gegen eine Wand gelehnt wurde. Von weitem wirkt er wie ein Kleinkind mit verschrumpeltem Kopf. Trotz der endlosen Widrigkeiten in seinem Leben ist Kalu meist gut gelaunt. Aber heute nicht, das kann ich schon von weitem sehen. Heute muß ich ihn wieder einmal auf einem Weg des Schmerzes und der Erniedrigung begleiten. Kalu war einst ein angesehenes Mitglied einer recht wohlhabenden Bauernfamilie in Südindien. Er war einer von vier Brüdern und noch ein junger Mann, als er einen Fleck auf seinem Rücken entdeckte. Er zeigte ihn einem Arzt in einer nahegelegenen Stadt, und der diagnostizierte Lepra. Kalu konnte nicht glauben, was er da gehört hatte.

Voller Schrecken eilte er in den Tempel, um Lord Vishnu anzuflehen, er möge ihn verschonen. Welche Sünde hatte er in irgendeinem früheren Leben begangen, daß ihm nun eine so harte Strafe auferlegt wurde? Er lag ausgestreckt vor Vishnu, während sein Körper von Schluchzen geschüttelt wurde.

Gott erschien ihm bald, wie er meinte, in Gestalt eines Wahrsagers, der ihm ein »Spezialmittel« verkaufte, das ihn innerhalb weniger Wochen heilen würde. Vom Wahrsager über einen Astrologen bis hin zu einer alten Frau, die ihm Wundertropfen verkaufte, fuhr er heimlich auf der Suche nach Heilung in weit entfernte Städte, wo niemand ihn erkennen würde. Er verriet sein Geheimnis weder seinen Brüdern noch irgendeinem seiner Freunde im Dorf. Auch ging er nicht wieder zu dem Arzt, der die Krankheit diagnostiziert hatte, aus Angst, er könnte gezwungen sein, seine wahre Identität preiszugeben. Zwei Jahre lang konnte er die schreckliche Wahrheit verbergen, bis unweigerlich ein verräterischer Fleck auf seiner rechten Hand erschien. Die Enthüllung rief allgemein Schrecken hervor. Für seine Familie stand fest, daß dies eine göttliche Heimsuchung für begangene Sünden war. Sie konnten sich nur allzugut an den letzten Fall von Lepra in ihrem Dorf erinnern, bei dem die Dorfältesten die betroffene Familie verbannt hatten. Sie erinnerten sich ebenfalls daran, daß damals die gesamte Familie zu Außenseitern wurde, und welche Schwierigkeiten die Familie hatte, ihre Töchter zu verheiraten. Wenn nun die Wahrheit über Kalu herauskäme, würden sie ihr Ansehen im Dorf verlieren. Wer würde dann noch ihre Töchter heiraten wollen? Die Schande würde sie umbringen.

Die Brüder beschlossen, Kalu in einem kleinen Schuppen hinter den Feldern zu isolieren. Das war ein einsamer Fleck, und für ein paar Tage würde ihn keiner dort bemerken. Als Kalu sich weigerte mitzuspielen – schließlich war er Miteigentümer der acht Hektar Land, die die Brüder gemeinsam bewirtschafteten –, wurde er wie ein Huhn verschnürt und mitten in der Nacht dorthin verfrachtet. Seine Brüder ketteten ihn an den Boden und warfen ihm noch etwas zu essen in eine Metallschüssel.

Als er die Erniedrigung nicht länger ertragen konnte, befreite er sich eines Nachts und lief davon, um nie mehr zurückzukehren. Monatelang irrte er wie ein krankes Tier mal in dieser, mal in jener Stadt herum, bettelte an Bushaltestellen, Bahnhöfen und vor Tempeln um etwas zu essen. Zweimal wurde er verhaftet und in besondere Gefängnisse für Aussätzige gesteckt. Nur selten und unregelmäßig wurde er medizinisch behandelt. Im Laufe weniger Jahre war die Schädigung seiner Nerven seiner einst wohlgeformten Finger so weit fortgeschritten, daß eines schrecklichen Nachmittags seine inzwischen tauben und von Geschwüren übersäten Hände in einem namenlosen Gefängniskrankenhaus amputiert wurden. Wo das war, spielte schon keine Rolle mehr. Völlig verzweifelt gelangte er schließlich nach Delhi. Dort hörte er von Mutter Teresas Heim für Lepra-Patienten. Das war vor fünf Jahren. Jetzt hat er Freunde gefunden und ist normalerweise guter Dinge. Nachdem er jahrelang wie ein Tier gelebt hat, konnte Kalu nun eine gewisse Würde und Frieden wiederfinden.

*

Im Schlafsaal der Frauen blieb Mutter Teresa stehen, um eine kleine Gestalt zu trösten, die zusammengekauert auf einem Bett lag. Was einmal die Hausmutter von einer der berühmtesten Privatschulen des Landes gewesen war, liegt nun als jämmerliches Häuflein mit wundem Körper da. Sie konnte ihre Lepra-Erkrankung jahrelang verheimlichen und ließ sich nicht behandeln. Unweigerlich setzte die Nervenschädigung und damit der übliche Kreislauf von Entstellung und Mißbildung ein. Bald schämten sich ihre Söhne für sie. Einer von ihnen brachte sie in

Mutter Teresas Heim. Man sagte mir, daß der ältere Sohn sie noch nicht besucht hat, seit sie hierhergebracht wurde. Der jüngere Sohn hatte sie in den vergangenen beiden Jahren jeweils am ersten Weihnachtsfeiertag besucht. Würde er auch dieses Weihnachten wiederkommen? fragte sie Mutter Teresa voller Angst.

Vielleicht hat Mutter Teresa an diesen Fall gedacht, als sie vor einer Versammlung von Würdenträgern, ranghohen Beamten, ausländischen Diplomaten und einem Dutzend Kinder über Lepra-Patienten sprach. Mutter Teresa präsentierte damals meinen von ihr selbst angeregten Bericht über Lepra der Öffentlichkeit. Sie eröffnete die Zusammenkunft mit einem Gebet, dem sie noch ein paar kurze Worte folgen ließ. Um mich kurz zu fassen, gebe ich hier nur die Eröffnungs- und Schlußworte ihrer Ansprache wieder – der volle Wortlaut ist im Anhang II nachzulesen.

»Lepra ist keine Strafe, sie kann ein sehr schönes Gottesgeschenk sein, wenn wir richtigen Gebrauch davon machen. Durch sie können wir lernen, die Ungeliebten und Ungewollten zu lieben, ihnen nicht nur Gegenstände zu geben, sondern ihnen das Gefühl zu vermitteln, daß auch sie nützlich sind, daß auch sie etwas tun können, weil sie sich geliebt und angenommen fühlen, so daß sie das Glück der Liebe teilen können.

Wenn Sie die Angst beseitigen können, haben Sie schon viel erreicht. Das ist eine große Sache. Ich denke, daß dieses Buch vielen Menschen Sicherheit geben und ihnen die Angst nehmen wird, die wir all die Jahre gehabt haben. Damit sie wirklich das Gefühl haben, daß Gott ihnen etwas Gutes getan hat, daß sie ebensoviel gelten wie normale Menschen, normale Arbeit leisten und ein normales Leben führen können.«

10

Kalighat

Nur gläubige Hindus oder besonders unerschrockene Touristen finden den Weg nach Kalighat im Süden von Kalkutta. Hierher, in die Nähe des berühmten Tempels der Göttin Kali, bringen die Hindus ihre Toten, damit sie am Ufer des Flusses Hooghly verbrannt werden können, in den der ebenfalls heilige Fluß Ganges fließt. Die Legende erzählt, daß der rechte Zeh der Göttin an genau dieser Stelle vom Himmel herabfiel, und ein Tempel wurde errichtet, um den Ort zu weihen. In mittelalterlichen Texten wird er als eine der einundfünfzig heiligsten Stätten der Hindus genannt. Hunderte von Gläubigen drängen sich täglich im Tempel, manche wollen damit ein Gelübde erfüllen, andere bitten um Schutz bei einer langen Reise, und einige suchen Heilung für eine Krankheit. Sie kommen, um bestimmte Abschnitte ihres Lebensweges feierlich zu begehen: die Namensgebung bei Kleinkindern, Haareschneiden bei Kindern, die Initiationsriten der Opferschnur für Jugendliche, Hochzeiten und schließlich reinigende Beisetzungsriten, die auf den Verbrennungsstellen, den *ghats*, in der Nähe des Tempels durchgeführt werden.

Wer die Anlage zum ersten Mal besucht, hat möglicherweise Schwierigkeiten, Mutter Teresas Heim für Sterbende zu finden, da Kalighat zu den belebtesten Plätzen in einer ohnehin übervölkerten Stadt gehört. Der Tempel führt auf eine enge Straße, und außenherum haben sich eine Vielzahl von kleinen Läden und Ständen angesiedelt, die die verschiedensten für die Anbetung notwendigen Dinge verkaufen: Ringelblumen, Räucherkerzen samt den dazugehörenden Gefäßen, Statuen und Bilder der Gottheiten stehen dichtgedrängt bei eher weltlichen Waren des täglichen Lebens. Die Straßen und Wege sind voller Menschen, darunter Bettelmönche in ihren leuchtend gelben Gewändern, die Stirn mit zinnoberroten *tilaks* geschmückt. Bettler strecken einem Blechteller entgegen. Hier und da trottet eine Kuh gemächlich vorbei. Und gelegentlich trifft man auch auf eine Touristengruppe. Dazu kommen noch die verschiedenartigsten Gefährte, Busse und Autos, Rikschas und Handwagen, die das Gedränge und Durcheinander eines Basars in Kalkutta erst vollständig machen. Während man die kannelierten Kuppeln des Tempels betrachtet, zieht eine Begräbnisprozession mit Bahrenträgern, die uralte wedische Gesänge singen, die Aufmerksamkeit auf sich, während in der Ferne der Dunst der Verbrennungsstätten und der Duft der Räucherkerzen stets an den gelassenen Umgang mit dem Sterben mitten im Leben erinnern.

Meist sind die vertrauten weißen Saris mit den blauen Kanten, die sich über eine Bahre beugen, ein erstes Zeichen, daß man sich Nirmal Hriday nähert. (Auf Bengali bedeutet das »Ort des reinen Herzens«. Die Missionarinnen der Nächstenliebe sind dem Reinen Herzen Mariens geweiht.) Es gibt keine Haustür, nur einen kleinen Eingang in die ehemalige Pilgerhalle. Es sind insgesamt zwei Hallen, eine für Männer, die andere für Frauen, dazwischen liegt der Empfangsbereich.

Ich kann mich noch lebhaft an meinen ersten Besuch in Nirmal Hriday vor einigen Jahren erinnern. Direkt vor dem Eintreten wich die anfängliche Neugier einem Gefühl von Furcht, ja, sogar Widerwillen. Warum hatte ich mich überhaupt so weit vorgewagt. Ich beschloß, mich so bald wie möglich wieder aus dem Staub zu machen. Aber zu meiner Überraschung blieb ich stundenlang dort, bis mich die Schwestern schließlich zum Aufbruch drängten, da es Zeit für ihr Abendgebet war. Seitdem ist keiner meiner Besuche in Kalkutta vollständig gewesen, ohne daß ich nicht ein paar Stunden in Nirmal Hriday, für mich identisch mit dem Standort Kalighat, verbracht hätte.

Ich betrat einen Saal, in dem dicht an dicht die niedrigen Feldbetten in langen Reihen auf dem desinfizierten, sauber geschrubbten Fußboden standen. Zu meiner Rechten war der Empfangsbereich mit einigen Arbeitstischen, in deren Nähe ein paar Patienten auf ihren Betten lagen. Das waren, wie ich später erfuhr, die besonders Kranken, die die Schwestern so auch bei der Erledigung ihrer Arbeit gut im Auge behalten konnten. Insgesamt müssen dort hundert ausgemergelte Gestalten gelegen haben, jeder in seinem Bett mit einer Nummer an der Wand darüber. Noch eindrucksvoller als die Lichtbündel, die durch die Oberlichte hereinfielen, war die Ruhe. Außer dem Rascheln der Saris und der Versorgung der Kranken, war hier kaum ein Geräusch zu hören, ganz im Gegensatz zu der lauten und stinkenden Straße, die nur wenige Meter entfernt war. Unwillkürlich flüsterte ich, und als meine Kameratasche versehentlich mit lautem Gepolter zu Boden fiel, war das wie eine Entweihung. Es gab keinerlei religiösen Zierrat, aber ich bemerkte eine Tafel, die Kalighat zu »Mutters erster Liebe« erklärte, was ich für sehr zutreffend halte.

Kürzlich habe ich Mutter Teresa einmal gefragt, ob sie ihren Lebensabend gerne in Kalighat verbracht hätte, wenn sie sich im September 1990 hätte zurückziehen können. Sie erwiderte, wie mir schien, ohne große Überzeugung, das spiele keine Rolle, denn Gott sei überall. Und doch glaube ich, daß es das Heim für Sterbende in Kalighat ist, wohin Mutter Teresa am liebsten zurückgekehrt wäre. Zu den frühzeitig gealterten Gesichtern, den Karren- und Rikschafahrern, die an Krankheiten sterben, die schon zu fortgeschritten für eine Heilung sind; zu den geistig verwirrten Frauen und zu Pagola, einer zwanzigjährigen Patientin, die Mutter Teresa immer als erste zuwinkt, wenn sie zu Besuch kommt.

Obwohl der Eingang zu Nirmal Hriday immer offen steht, hat man als Fremder das Gefühl, aufdringlich zu sein, wenn man eintritt. Hier ist nicht der richtige Platz, um stehenzubleiben und zu schauen, und auch nicht, um sich hinzusetzen und die Welt an sich vorbeiziehen zu lassen. Es ist ja nicht einmal ein Krankenhaus, wo man in die fest definierte Rolle eines Besuchers schlüpfen könnte. Wie ich so dastand und mich unerhört gesund fühlte, wurde ein Mann hereingebracht und an die Wand am Eingang gelehnt. Eine Schwester ging schnell zu ihm hinüber, aber es fehlte noch ein Helfer, um ihn hereinzutragen. Mein Angebot wurde lächelnd angenommen. Während ich den Mann auf eine Pritsche legte und der Schwester beim Befestigen des Glukosetropfes half, fühlte ich mich schon weniger unbehaglich.

Als ich die Frauenstation betrat, die etwas größer als die der Männer ist und dieselbe Ruhe ausstrahlt, hatte ich mich innerlich bereits auf die Umgebung eingestellt. Die hageren Gesichter mit den kurzgeschorenen Haaren und die jungen Gesichter und ausgemergelten Körper nahmen nach und nach Gestalt an. Eine alte Frau, die auf der Seite lag, hielt mich für einen Arzt und wollte, daß ich mich zu ihr setzte. Das tat ich auch. Sie sagte, ihr Name sei Jehanara Begum und sie wohnte in einer Moschee in der Nähe der Convent Road. Sie hatte keine Angehörigen mehr. Ob sie alle gestorben waren oder sie im Stich gelassen hatten, sagte sie nicht. Sie erklärte auch nicht, woher die wunden Stellen an ihren Beinen kamen. Sie hielt meine Hand fest umklammert. »Ich fühle mich so schwach«, sagte sie, »als hätte ich gar kein Blut mehr.« Sie klagte außerdem, daß es nicht der

Schmerz in ihren bandagierten Beinen sei, der sie plagte, sondern daß sie nicht jeden Tag von den Schwestern gebadet werden möchte. »Herr Doktor«, jammerte sie auf Hindi, »sagen Sie den Schwestern, daß es nicht gut für meine Haut ist, wenn sie mich jeden Tag baden. Und noch was, Herr Doktor«, fuhr sie fort, »können Sie mir zwei Zitronen besorgen? Ich kann ohne Zitrone gar nichts essen.«

Genau wie die Schule von Motijhil hat auch Nirmal Hriday ganz klein begonnen. Bereits bei ihren ersten Rundgängen in Kalkutta stieß Mutter Teresa auf eine Unzahl von obdachlosen Menschen, die auf den Gehwegen und Straßen lebten. Einige Familien hatten sich aus Abfallmaterial Hütten bauen können, andere hatten Dächer aus Stoffetzen oder Schilf gemacht. Viele hatten weniger Glück. Sie schlugen sich mühsam durch, indem sie vor Tempeln und an Verkehrskreuzungen bettelten. Nachts schliefen sie auf den Gehwegen. Da sie ohnehin unterernährt waren, konnten Krankheiten nicht ausbleiben. Tuberkulose war bei ihnen weit verbreitet. Private Krankenhausbetten waren rar und konnten oft nur über Beziehungen belegt werden. Die öffentlichen Krankenhäuser waren überfüllt und konnten nur wenig für die Menschen im fortgeschrittenen Stadium der Krankheit tun. Also starben sie dort, wo sie lebten – auf den Gehwegen. Sobald die Behörden von einem Toten irgendwo erfuhren, wurde ein Laster oder ein Karren vorbeigeschickt, um den Körper zu beseitigen. Mit einem einfachen Strich in einer Kartei wurde der Tote registriert: Name unbekannt, Alter unbekannt. Religion unbekannt.

Mutter Teresa hat in ihren öffentlichen Reden oft von einer Frau vor dem Campbell Hospital (später umbenannt in Nilaratan Sarkar Hospital) gesprochen, der sie in jenen ersten Monaten half, als sie gerade mit ihrer Arbeit begonnen hatte. Sie sah etwas, das zunächst wie ein Bündel Lumpen auf dem Gehsteig wirkte.

Als Mutter Teresa und eine begleitende Schwester näher hinzutraten, entdeckten sie eine halb bewußtlose Frau mittleren Alters. Ihr Gesicht war teilweise von Ratten und Ameisen zerfressen worden. Sie hoben sie auf und trugen sie zum Krankenhaus. Dort weigerte man sich, sie aufzunehmen, mit der Begründung, es gebe kein freies Bett. Und überhaupt läge die Frau ja schon im Sterben und man könnte ohnehin nichts mehr für sie tun. Auf die Frage, wohin sie die sterbene Frau bringen könnten, schlug man Mutter Teresa vor, sie doch dahin zurückzubringen, wo sie sie gefunden hatten. Vor lauter Verzweiflung weigerte Mutter Teresa sich fortzugehen. »Weil ich so hartnäckig war, hat man sie schließlich aufgenommen«, sagte Mutter Teresa. Sie haben der Frau eine Matratze auf den Fußboden gelegt, wo sie ein paar Stunden später starb. »Damals beschloß ich, einen Ort für Sterbende zu suchen und mich dort selbst um sie zu kümmern.«

Früher sind die Schwestern fast jeden Tag auf Menschen gestoßen, die an der Schwelle des Todes standen. An einem regnerischen Tag entdeckten Schwester Agnes und Mutter Teresa eine Frau, die auf dem Weg lag, ihre eine Hand im Dreck vergraben. Als sie sie hochhoben, schälte sich die Haut dieser Hand einfach ab. Wie lange sie schon dort lag, ausgerechnet wieder in der Nähe des Campbell-Hospitals, konnten sie nicht sagen. Die Krankenhausverwaltung, die inzwischen wußte, wie hartnäckig Mutter Teresa sein konnte, nahm die Frau ohne viel Federlesens auf.

»Als Mutter Teresa mit ihrer Arbeit in den Slums begann«, sagte Schwester Agnes, »haben wir oft sterbende oder auch bereits tote Menschen gefunden. Wenn nötig, haben wir sie dann ins nächste Krankenhaus gebracht, aber es waren nicht immer Betten frei. Manchmal waren die Patienten in einem bedauernswerten Zustand, und wir wußten nicht, wohin mit ihnen.«

Mutter Teresa mietete zwei Zimmer für je fünf Rupien im Slum von Motijhil. Eines wurde das Schulzimmer, das andere ihr erstes Heim für Sterbende. In diesem Raum, der nicht größer als sechs Quadratmeter war, begann sie, sich um die Menschen zu kümmern, denen die Krankenhäuser die Aufnahme verweigert hatten. Das Experiment war aber von vornherein zum Scheitern verurteilt. Nur mit Schwierigkeiten konnten zwei oder drei Patienten auf dem Fußboden untergebracht werden, so daß kaum Platz für Mutter Teresa blieb, um sie zu versorgen. Es konnte nicht ausbleiben, daß eines Nachts einer der Kranken starb und die anderen beiden am nächsten Morgen das Weite suchten.

Doch Mutter Teresa ließ sich nicht beirren und ging zur Stadtverwaltung, wo sie an den Chef des Gesundheitsreferats, Dr. Ahmad, verwiesen wurde. Sie erklärte ihm, daß die Krankenhäuser der Stadt Schwierigkeiten hätten, die Sterbenden aufzunehmen. Wohin konnte sie diese Menschen also bringen? »Ich habe nur um einen Raum gebeten«, sagte sie. »Den Rest würde ich dann schon selbst erledigen.« Dr. Ahmad war vorausschauend genug, zu erkennen, daß sich diese ernsthafte Nonne mittleren Alters bereit erklärte, eine Funktion zu übernehmen, die eigentlich der Regierung oblag. Es konnte natürlich nicht im Interesse der Stadtverwaltung sein, wenn die Armen auch weiterhin auf den Straßen starben. Dr. Ahmad nahm Mutter Teresa mit zum berühmtesten Tempel der Stadt in Kalighat. Er zeigte ihr zwei an den Tempel angrenzende Hallen, die vor Jahren von einem hinduistischen Stifter gebaut worden waren, damit Pilger die Nacht dort verbringen konnten. Dr. Ahmad waren Klagen zu Ohren gekommen, daß die Hallen zu anderen Zwecken mißbraucht würden, und wahrscheinlich hoffte er mit seinem Angebot an Mutter Teresa, zwei Fliegen mit einer Klappe schlagen zu können.

Dr. Ahmad hatte sicherlich nicht damit gerechnet, daß sich irgend jemand dieser Entscheidung entgegenstellen würde. Aber es gab Widerstand. »Der war allerdings lokal begrenzt«, sagte Pater van Exem, »nicht allgemein, denn sonst hätten die Zeitungen sicherlich darüber berichtet. Die Leute hier wollten nicht, daß die Sterbenden kamen, um dort wirklich zu sterben.«

Gerüchte kamen auf, daß man den Toten die Sterbesakramente verabreichte und sie dann als Christen beerdigte. Dr. Ahmad und ein ranghoher Polizeioffizier beschlossen, sich selbst einen Eindruck zu verschaffen. Als sie Nirmal Hriday betraten, sahen sie Mutter Teresa über eine Gestalt gebeugt, deren Gesicht eine einzige große offene Wunde war. Mutter Teresa war so konzentriert, daß die Besucher sie mehrere Minuten lang beobachten konnten, bevor sie ihrer gewahr wurde. Mit Hilfe einer Pinzette zog sie Maden aus dem Fleisch. Die Wunde stank so bestialisch, daß die meisten Menschen schon gezögert hätten, den Raum überhaupt zu betreten. Sie hörten Mutter Teresa zu der Patientin sagen: »Sprich du ein Gebet in deiner Religion, und ich werde ein Gebet sprechen, wie ich es kenne. Zusammen sprechen wir dieses Gebet, und es wird etwas Schönes für Gott sein.«

Als Mutter Teresa Dr. Ahmad und den Polizeioffizier bemerkte, bot sie an, ihnen ihre Arbeit zu zeigen. Der Polizist sagte mit Tränen in den Augen: »Das ist nicht nötig, Mutter.« Zu der Menschenmenge draußen sagte er: »Ja, ich werde diese Frau fortschicken, wenn ihr alle eure Mütter und Schwestern dazu bringt, hierherzukommen und die Arbeit zu übernehmen, die sie hier leistet. Diese Frau ist eine Heilige.«

Trotz dieses Einschreitens blieb eine latente Unzufriedenheit zurück. Die Vorstellung eines Heims für Sterbende, so nahe bei einem ehrwürdigen Hindu-Schrein, beunruhigte die Priester des Tempels. Außerdem waren die brahmanischen Priester entsetzt, daß das Gelände des Kali-Tempels einer christlichen Missionarin übereignet worden war. Sie reichten mehrfach Gesuche bei der

Stadtverwaltung ein, die Vereinbarung mit Mutter Teresa rückgängig zu machen. Aber diese Gesuche blieben unbeantwortet. Eines Tages ereignete sich dann eine seltsame Geschichte, durch die der Widerstand beendet wurde. Ein junger Priester des Tempels, er war noch keine dreißig Jahre alt, spuckte plötzlich Blut. Man stellte bei ihm Tuberkulose in fortgeschrittenem Stadium fest, und kein Krankenhaus war bereit, einen so hoffnungslosen Fall aufzunehmen, weil damit einem anderen Patienten ein Bett vorenthalten würde. Körperlich und seelisch am Ende wurde der Priester schließlich nach Nirmal Hriday gebracht. Mutter Teresa wies ihm einen Platz zu, wo sie ihn pflegte. Er war verärgert und fühlte sich erniedrigt, aber mit jedem weiteren Tag fing er an, seine Lage zu akzeptieren. Als er schließlich starb, war seine Wut einer inneren Ausgeglichenheit und Ruhe gewichen. Unterdessen hatten die anderen Priester des Tempels, die ihrem Bruder zuvor nicht helfen konnten oder wollten, bemerkt, welche Fürsorge ihm hier zuteil wurde. Es entging ihnen auch nicht, daß er nach seinem Tod keineswegs ein christliches Begräbnis erhielt, sondern seine Leiche von Mutter Teresa nach hinduistischem Brauch zur Verbrennung geschickt wurde.

Es gibt viele religiöse und soziale Institutionen aller Größenordnungen und Bekenntnisse, die den Armen und Notleidenden in und um Kalkutta Zuflucht bieten. Aber keine davon ist wirklich für jene Hilfsbedürftigen da, die in keinem Heim oder Krankenhaus Aufnahme finden, um dort sterben zu können. In der hinduistischen Weltanschauung, die unerschütterlich an die Seelenwanderung glaubt, ist der kranke Körper selbst ganz unwichtig. Denn er muß nur abgelegt werden, damit die befreite Seele ihren Kreislauf von Geburt, Tod und Wiedergeburt auf der Suche nach Erlösung fortsetzen kann. Mutter Teresa und ihre Missionsschwestern sind dagegen überzeugt, daß es wichtig ist, diese zerstörten Körper und mißachteten Seelen ihr Mitgefühl spüren zu lassen. Gleichzeitig ist es für ihr Verständnis entscheidend, daß sie in jedem Menschen auf den Pritschen in Nirmal Hriday den kranken, verlassenen und sterbenden Christus sieht. Ohne diesen unerschütterlichen Glauben könnte sie diese Arbeit ebensowenig wie alle anderen vollbringen. Diese Überzeugung ist die grundlegende Philosophie der Missionarinnen der Nächstenliebe, nicht die Bekehrung von Seelen oder die christliche Bestattung der Toten, die Mutter Teresa sogar als Sakrileg betrachtet, wenn sie nicht ausdrücklich verfügt oder gewünscht wurde.

Bald nach dem Vorfall mit dem Priester ließen auch die lokalen Feindseligkeiten nach. Außerdem fingen die Menschen in Kalkutta an, drei Dinge zu begreifen. Erstens, daß die Schwestern eine notwendige Aufgabe erfüllten. Manche Menschen, die zu ihnen gebracht wurden, waren Bettler aus der Umgebung des Tempels oder Rikschafahrer, bei denen die Tuberkulose weit verbreitet war. Wenn sie von den Schwestern aufgenommen wurden, erhielten sie nicht nur medizinische Versorgung, sondern auch liebevolle Fürsorge von völlig Fremden. Zweitens wurden die Toten ihrem Glauben entsprechend bestattet. Bei Patienten, die bereits bewußtlos eingeliefert wurden, ging man nach einer einfachen Methode vor. Moslemische Männer konnte man daran erkennen, daß sie beschnitten waren. Dann wurde der zuständige *Anjuman* benachrichtigt, damit er den Toten abholte. In anderen Fällen gaben besondere Merkmale oder Tätowierungen manchmal Aufschluß über den Glauben. Falls jeder Hinweis fehlt, wurde (und wird) die Leiche zur Verbrennung nach hinduistischem Ritual geschickt. Und drittens stellten die Menschen nach und nach fest, daß die Schwestern offensichtlich so arm wie nur irgend jemand in der Stadt waren. Natürlich waren sie besser ernährt und sauber gekleidet, aber in ihrer selbstauferlegten

Armut waren sie doch eins mit jenen Menschen, die zu ihnen kamen.

Seit dem 22. August 1952, als Mutter Teresa Nirmal Hriday eröffnete, wird genau über die Zahl der aufgenommenen Fälle Buch geführt. In einer Liste werden die Namen derjenigen notiert, die überlebt haben und die gestorben sind. Falls jemand stirbt, ohne noch einmal das Bewußtsein zu erlangen, wird nur der Straßenname eingetragen, zum Beispiel: »Mann, Convent Road«. Es gab Fälle, wo sich jemand erholte und das Heim verließ, um dann später wieder zum Sterben eingeliefert zu werden. In den meisten Fällen werden jedoch alle Einzelheiten über die Patienten in der Kartei festgehalten.

Wenn man die alten Bände durchblättert, ist es interessant zu bemerken, daß in den vierziger und fünfziger Jahren, fast alle aufgenommenen Patienten ihrer Krankheit erlagen. In den sechziger und siebziger Jahren lag die Sterblichkeitsrate ungefähr bei der Hälfte der Einlieferungen. In den letzten zehn Jahren starb nur noch etwa ein Fünftel. Die Zahl der Aufgenommenen schwankt heute täglich zwischen zwei und zehn. Im September 1991 konnte ich ersehen, daß 177 Menschen aufgenommen und 106 entlassen wurden und 35 gestorben waren. Ich öffnete das Buch an einer beliebigen anderen Stelle. September 1987: 165 Aufnahmen, 177 Entlassungen und 28 (etwa ein Sechstel) Sterbefälle. Vielleicht liegt das daran, daß die Menschen heute besser ernährt, untergebracht und gekleidet sind. Auch die medizinische Versorgung hat sich enorm verbessert und ist leichter verfügbar. Zweifellos liegt das auch daran, daß Mutter Teresa das Gewissen der Stadt aufgerüttelt hat, so daß heute kein Mensch mehr auf der Straße sterben muß. Irgend jemand, irgendwo macht sich die Mühe, die Telefonnummer 102 zu wählen; ein Krankenwagen fährt hin, und der Hilfsbedürftige wird in ein Krankenhaus gebracht. Falls das Krankenhaus die Aufnahme verweigert, wird der Patient mit dem Wagen nach Nirmal Hriday gebracht. Auch die Polizei bringt jene Menschen nach Nirmal Hriday, die von den Krankenhäusern nicht oder nur ungern aufgenommen werden. Gleichzeitig halten auch die Schwestern auf ihren Wegen durch die Stadt Ausschau nach Sterbenden.

»Wir haben dabei unter anderem ein kleines Problem«, sagte eine Schwester, »und zwar zwischen sogenannten ›Straßenfällen‹ und ›Familienfällen‹ zu unterscheiden. ›Straßenfälle‹ sind die Hilfsbedürftigen, die Verlassenen. Sie haben keinen Angehörigen, der sich um sie kümmert. Keine Familie, keine Verwandte, keinen, der sie lieb genug hat, um sie bei sich zu behalten. ›Familienfälle‹ sind diejenigen, deren Familien nicht in der Lage oder nicht willens sind, sich um ihre Verwandten zu kümmern. Wir richten uns immer nach Mutters Worten: Ich finde es besser, freundlich zu sein und einen Fehler zu machen, als unfreundlich zu sein und Wunder zu wirken. Deswegen versuchen wir, niemanden zurückzuweisen, der krank ist. Wir haben nur 105 Betten, aber an manchen Tagen haben wir bis zu 130 Patienten. Oft stellen die Patienten selbst ihre Betten zur Verfügung. Es kommt vor, daß Patienten ihre Pritschen freimachen, wenn sie sehen, daß ein anderer mehr leidet als sie. Ein Reicher würde vielleicht denken: ›Laßt mich noch ein paar Tage hierbleiben.‹ Die Armen denken anders: ›Ich habe gelitten. Da ist ein Mensch, dessen Leiden größer sind als meine. Soll er jetzt etwas von der Bequemlichkeit haben, die ich hatte.‹ Die Schwestern versuchen auch, niemals die völlig Verarmten, die Hungrigen oder Verhungernden zurückzuweisen. Viele dieser Menschen leiden an Tuberkulose. Es sind vor allem Rikschafahrer, Arbeiter und Träger, die Lasten auf den Markt bringen. Oft kommen sie zu uns und sagen: ›Ich bin krank. Ich kann mich nirgendwo hinlegen. Auf dem Markt ist es so voll. Erst nachts kann ich mir eine kleine Ecke zum Schlafen suchen. Ich weiß nicht, wo ich hingehen soll. Kann ich nicht für ein paar Tage hierbleiben?‹«

Ich habe Schwester Suma gefragt, wie sie so gelassen, ja, glücklich in diesen Räumen sein konnte, wo sie dem Tod doch so nahe kam. Die ausgemergelten Körper mit den resignierten Gesichtern, diese Schicksale voller Armut und Ungerechtigkeit, erweckten sie in ihr nicht den Wunsch nach einem anderen Aufgabengebiet, sich statt dessen etwa um Kinder zu kümmern? Die ersten paar Tage hätten sie traurig gemacht, sagte sie, besonders, wenn ein junger Mensch starb. Oft lief sie in die Kapelle, damit niemand ihre Tränen sehen sollte. Sie betete dann bis spät in die Nacht und bat Gott um Gnade. Inzwischen war sie nach mehreren Monaten des tiefen Gebets eher in der Lage, den Menschen ihre Kraft und ihr Mitgefühl zu geben.

»Ich habe jetzt keine Angst vor dem Tod mehr. Wir sagen ihnen [den Sterbenden], daß sie Gott gegenüberstehen werden. Jeder Mensch hat seinen Ursprung in Gott, und Gott wohnt in jedem. Für mich ist Jesus mein Gott. Für einen Hindu ist es vielleicht Shiva oder Vishnu oder Brahma. Für einen Moslem ist es Allah. Wenn jemand bewußtlos ist, bitte ich immer einen anderen Menschen, das mag eine Schwester, ein Bruder oder ein Freiwilliger sein, sich neben ihn zu setzen, seine Hand zu halten und um Vergebung der Sünden zu bitten, die er oder sie begangen hat, oder Gott auf andere Weise ein Zeichen der Liebe und des Glaubens zu geben. Oft rollen den Sterbenden Tränen die Wangen hinunter, wenn man ihnen diese Worte ins Ohr flüstert. Die meisten Menschen hier haben keine Angst vor dem Tod. Wenn ich die Menschen vorbereite, die wir nicht mehr retten konnten, sagen sie oft zu mir: ›Deswegen bin ich hergekommen.‹ Vor ein paar Wochen sagte eine alte Frau zu mir: ›Schwester, ich habe solche Schmerzen. Sieht Er nicht, was ich durchmache? Ich habe nur noch den einen Wunsch, endlich hinüberzugehen.‹ Sie starb ein paar Tage später. Viele sagen uns: ›Es gibt keinen besseren Platz zum Sterben als hier.‹

Trotzdem macht es mich traurig, wenn ein junges Leben zu Ende geht. Letzten Sonntag wurde ein Junge eingeliefert. Er erklärte mir, er habe Blut gespuckt. Ich hängte ihn sofort an einen Tropf mit Kochsalzlösung, um die Blutung zu stillen. Nachdem ich es ihm bequem gemacht hatte, bin ich in die andere Halle hinübergegangen, um dort einen dringenden Fall zu versorgen. Nach wenigen Minuten war ich zurück, aber der Junge lag nicht mehr in seinem Bett. Ich konnte ihn nirgends finden. Ich bin sogar auf die Straße hinausgelaufen. Schließlich entdeckte ich ihn in der Toilette. Er hatte eine Menge Blut verloren und war zusammengebrochen. Ich glaube, er hatte schon mehrere Tage lang Blut gespuckt, bevor er hierherkam. Ich habe ihn in sein Bett zurückgebracht, dort ist er dann nach einer Viertelstunde gestorben. Wenn er früher gekommen wäre, hätten wir sein Leben vielleicht retten können. Er war erst zwanzig Jahre alt. Ich habe keinen meine Tränen sehen lassen, aber gleichzeitig dachte ich, daß es vielleicht besser war für ihn, daß er früher zu Gott gefunden hat, als in dieser Welt weiter so kämpfen zu müssen wie bisher.«

Während sich die Schwester mit mir unterhielt, konnte ich in einer Ecke der Männerstation emsige Geschäftigkeit wahrnehmen. Eine Schwester und zwei Freiwillige mit Schutzmasken vor dem Gesicht waren dabei, jemanden zu versorgen. Als wir näher kamen, blieb ich stehen. Dort saß ein alter Mann, der sein Bein umklammert hielt. Sein linker Fuß war eine einzige offene Wunde, die die Schwestern und Helfer mit Alkohol reinigten. Sein Gesicht war schmerzverzerrt, aber über seine Lippen kam kein Laut. »Er ist auf die Straße gestoßen worden, und sein Fuß wurde von einem Auto überfahren. Er hat dort gelegen, bis ihn jemand zu uns gebracht hat. Wie Sie sehen, ist er sehr tapfer. Der tägliche Kampf ums Überleben läßt die Armen viele Leiden akzeptieren, das ist einer der Gründe dafür, daß die Armen oft so gute Menschen sind.«

Beim Hinausgehen blieb ich vor einem überraschten jungen und gesunden Mann stehen. Ich fragte mich, was er wohl zwischen all diesen elenden und todkranken Menschen zu suchen hatte. Die Schwester lachte. »Er ist eines unserer eigenen Kinder aus dem Shishu Bhawan und wohnt jetzt mit den älteren Kindern in Boy's Town. Eines Tages mußten wir feststellen, daß er sich mit Tuberkulose infiziert hatte, deswegen wurde er hierhergebracht. Er muß noch eine letzte Spritze über sich ergehen lassen. Er haßt es, im Bett zu liegen, und rennt wie ein junger Hund hinter uns her. Aber er braucht Ruhe, deswegen muß ich sehr streng mit ihm sein«, sagte Schwester Suma, während Mundu nicht recht wußte, ob er grinsen oder ein böses Gesicht machen sollte.

Schwester Suma brachte mich zu einem alten Mann, der auf seiner Pritsche hockte, und strich ihm liebevoll übers Haar. »Jagdish hat kein Zuhause. Er bettelt in der Umgebung des Tempels und war schon mehrmals hier. Manchmal sehe ich Jagdish auf der Straße, dann zeigt er mir, was er an dem Tag verdient hat. Ich erkläre ihm, daß er immer nach Hause kommen kann, wenn sein Geld nicht fürs Essen reicht.«

Während ich mich mit der Schwester unterhielt, konnte ich die anderen Schwestern und Freiwilligen bei der Arbeit beobachten, wie sie sich um die Patienten kümmerten. Hier mußte ein Tropf neu eingestellt, dort eine Kanüle gelegt und der Fußboden ständig geschrubbt werden. Ein junger Bengale, der an der Universität von Kalkutta studierte, ging von Pritsche zu Pritsche, um die Männer zu rasieren, die es nötig hatten. Dabei ging es nicht nur um die Rasur selbst, sondern vor allem darum, daß die Patienten sich wohlfühlten. In Bett siebzehn lag ein Mann auf dem Rücken mit angezogenen Knien. Er wirkte wie zwanzig und siebzig zugleich. An seiner Seite saß ein junger Mann aus Schweden, dem die goldblonden Haare bis auf die Schultern herabfielen, und massierte ihm sanft die Beine. Als ich eine halbe Stunde später noch einmal vorbeikam, lag der Patient mit geschlossenen Augen da, seine Hand fest in der Hand des jungen Mannes, während sein Leben aus ihm wich.

Jedesmal wenn ich das Heim in Kalighat betreten und das gute Dutzend Freiwillige bei ihrer harten Arbeit beobachtet habe, mußte ich an Mutter Teresas Worte bei unserem ersten gemeinsamen Besuch dort denken. »Schauen Sie sich unsere freiwilligen Helfer hier an. Sie arbeiten in ihrem jeweiligen Heimatland, um Geld zu verdienen, und dann kommen sie hierher, um anderen zu dienen. Sie tragen alle Kosten selbst, denn von uns bekommen sie nichts. Oft bleiben sie zwei oder drei Monate.« Ständig auf Händen und Füßen den Fußboden schrubben, Betten neu beziehen, urindurchtränkte Betten säubern, kranke Menschen füttern oder waschen im Heim für Sterbende in einer Stadt, in die sie sonst vielleicht nie gekommen wären, war das Teil ihres *bhagya*, ihres Schicksals?

»Warum ich hier bin?« fragte Eamon Butler zurück. »Das ist eine Frage, die ich mir in den vergangenen sechs Wochen täglich selbst gestellt habe. Ich könnte in Irland sein und ein geselliges Leben führen mit dem Geld, das ich verdiene. Es ist schwer, das mit wenigen Worten zu erklären.« Minutenlang sah ich diesem einunddreißigjährigen Zimmermann zu, wie er es einem alten Mann bequem machte. Er hatte ihn rasiert und sein Bettzeug gewechselt. Daraufhin machte der Mann gleich wieder ins Bett, und mit der größten Freundlichkeit wusch und zog Butler ihn noch einmal um. »Ich habe Mutter Teresa zum ersten Mal in einer Talkshow im Fernsehen gesehen. Der Mann, der sie interviewte, war den Tränen nahe. Das brachte mich dazu, mir ein Flugticket nach Kalkutta zu besorgen. Ich versuchte mein Glück und erhielt sofort ein Visum. Aber vier Tage vor dem Flug bekam ich es doch mit der Angst zu tun und habe die ganze Sache abgeblasen.« Vier Jahre später war er dann schließlich soweit. »Als ich hier ankam, bat Schwester Joseph mich, nach Kalighat zu kommen. Mir lief es kalt den Rücken hinunter. Ich hatte noch nie mit Sterbenden zu tun gehabt. Die Schwester schlug mir vor, mir das Ganze einen halben Tag lang selber anzuschauen.

Bereits beim Eintreten spürte ich diese ganz besondere Würde, die mir geholfen hat, mit dem fertigzuwerden, was ich hier sah. Nach einer Woche war ich bereits in der Lage, sterbende Menschen im Arm zu halten oder die Toten zu waschen, was ich mir zuvor nie hätte träumen lassen. Jetzt habe ich den Tod in einem anderen Licht kennengelernt – als Wiedergeburt, als ein Leben danach, als ›Heimgang‹, als ›letzte Sache‹. Der Körper geht, aber die Seele und der Frieden bleiben. Ich habe meinen Frieden mit dem Tod gemacht. Und ich habe auch einige wunderbare Dinge über das Leben gelernt. Was die Menschen eigentlich sind, wie sich die Menschen auf der Straße umeinander kümmern, die Fürsorge hier in Kalighat und die Liebe der Schwestern. Frustrierend für uns Mitarbeiter ist es, in eine Welt voller Materialismus zurückzukehren. Ich sage mir, daß ich den Schmerz und das Leid dieser Armut so tief in mich aufnehmen will, daß ich mich wirklich verändere.«

So und ähnlich beschrieben auch andere Mitarbeiter ihre Gefühle. Teresa ist eine ausgebildete Krankenschwester aus Irland. Sie ist Anfang Dreißig und arbeitet schon seit zehn Wochen in Kalighat: »Noch drei Monate und ich werde in die Gesellschaft zurückkehren, aus der ich komme, mit all ihrem materialistischem Denken. Aber Kalighat hat mich grundlegend verändert. Unser eigener Beitrag ist sehr, sehr gering, verglichen mit dem, was Kalighat uns gibt. Es ist die Einsicht in Leben und Tod. Eines der ersten Dinge, die man hier bemerkt, ist die Gegenwart Gottes.«

Mary Cox, um die Fünfzig, kommt aus einem der reichen Villenvororte Londons, auch sie wollte für ein paar Wochen direkt in Kalighat arbeiten. »Dieser Ort ist meiner Meinung nach Mutter Teresas Herzen am nächsten«, sagte sie. »Aber am ersten Vormittag hier war mir ganz schlecht, und ich dachte, ich würde es nicht schaffen. Am nächstenTag war es schon besser, und nach einer Weile sieht man Gottes Lächeln durchscheinen. In England gibt es auch Armut, aber das ist eher eine geistige Armut, eine Einsamkeit, die in Kalighat nicht so deutlich wird. Hier sieht man auf der einen Seite schreckliche Not, und auf der anderen Seite spricht aus dem Lächeln mancher Leute eine solche Lebendigkeit, Liebe und Lebensfreude, trotz ihres Leidens. Es muß uns sehr demütig machen, daß sie eine solche Freude aus dem Nichts heraus leben können. Hier berührt man den Leib Christi auf ganz besondere Weise. Es wird mir schwerfallen, zurückzugehen und diese Visioin in meinem Geist und meinem Herzen zu bewahren, wenn ich wieder im Überfluß lebe. Es muß einen ja verändern. Das muß es. Unser Leben ist wie eine Pilgerschaft, und wir müssen uns immer wieder weiterbewegen.«

Die Freiwilligen kommen grundsätzlich nur für kurze Zeit. Die Schwestern bilden dagegen das Rückgrat von Kalighat. Ihre Aufgabe erschien mir unglaublich schwierig. Zunächst einmal müssen sie auch körperlich kräftig sein, da sie bei dieser Arbeit Krankenschwester, Lastenträger und Arzt gleichzeitig sind und oft achtzehn Stunden am Tag und sechs Tage die Woche Dienst tun müssen. Es ist eine endlose Folge von Medikamentenverabreichungen, Waschen, Füttern und Saubermachen oder einfach nur Dasitzen und einer Bitte, einem Gebet oder einer Klage zuhören. Zur reinen Körperkraft kommen dann noch Mitgefühl und Sinn für Humor. »Er ist auf direktem Weg zum heiligen Petrus gefahren«, oder »Sie ist lächelnd fortgegangen, sie hatte einen schönen Tod«, sind Worte, die hier oft zu hören sind. Obwohl diese Arbeit besonders schwer ist, müssen alle Missionarinnen der Nächstenliebe damit rechnen, mit den Sterbenden zu arbeiten. Paradoxerweise bitten die meisten aber sogar darum, nach Kalighat geschickt zu werden. Da das natürlich nicht möglich ist, müssen sich die meisten mit kurzen Stippvisiten hier zufriedengeben, bevor sie woandershin versetzt werden.

Es war bereits früher Abend, als Schwester Suma mich in die Frauenhalle führte. Es war seltsam, wie wenig sich seit meinem letzten Besuch verändert hatte. Und doch war irgendwie alles anders. Als ich das letzte Mal hiergewesen war, hatte ich eine Weile mit Dalim Das gesprochen, die früher einmal Gouvernante bei einer reichen Familie gewesen war. Dalim hatte Krebs im Endstadium. Die Krankheit schien ihren gesamten Körper in Besitz genommen zu haben. Sie hatte die Haare verloren, vermutlich eine Nebenwirkung der Chemotherapie. Die Schwester flüsterte mir zu, daß sie manchmal so starke Schmerzen hatte, daß sie schrie und bettelte, das Ende möge kommen. Und doch hat sie, während sie mit mir sprach, nicht einmal geseufzt oder Traurigkeit oder Bedauern geäußert. Man hätte meinen können, ihr »Unwohlsein« rühre nur von leichten Kopfschmerzen her, die bald verschwinden würden. Schließlich war ich ein Fremder, und wohlerzogene Exgouvernanten sprachen in der Öffentlichkeit nicht über ihre Krankheiten. Sie erzählte von vergangenen Zeiten, als sie ihre Schützlinge nach Europa begleitete, und das ließ mich vergessen, daß wir uns im Heim für Sterbende befanden. Wir hätten ebensogut im Grand Hotel in der Chowringhee Street an unserem Tee nippen können. Erst gegen Ende unserer Unterhaltung, als uns beiden klar wurde, daß wir uns wohl kaum wiedersehen würden, machte sie ein persönliches Geständnis.

Sie erzählte mir, daß sie neun Jahre lang allein mit Willenskraft und Gebeten gegen den Krebs angekämpft hatte. Sie war Hindu, aber sie betete nicht nur zum Pantheon der hinduistischen Götter und Göttinnen, sondern auch zu Jesus Christus und Allah. Das Ende ihrer Litanei hatte Dalim einem ganz besonderen Gebet vorbehalten, das sie sich selbst ausgedacht hatte. Es war ein kleines Gebet an Mutter Teresa. Sie betete um *moksha*, um die Erlösung, daß sie dem Kreislauf von Geburt und Tod, mit all dem Schmerz, den das Leben mit sich brachte, entrinnen und endlich zu Gott heimfinden möge. Manchmal nahm dieses Gebet wirklich Gestalt an, und Dalim Das fand Mutter Teresa neben ihrem Bett sitzen, ihre Hand haltend oder ihr über die Stirn streichelnd.

Heute war Dalim Das' Pritsche von Snehlata belegt, die gleichzeitig an Krebs und Tuberkulose litt. Vor einer Woche hatte eine Schwester ein paar Kekse unter Snehlatas Kopfkissen gefunden. »Die sind für meine Kinder«, hatte sie erklärt. »Wenn meine Schwester mich am Sonntag besucht, will ich sie ihr mitgeben.« Sie hatte sich die Kekse für ihre Kinder vom Munde abgespart, da sie ihnen sonst nichts geben konnte. Schwester Suma sagte zu ihr: »Snehlata, laß dir die Kekse schmecken. Ich verspreche, daß ich deiner Schwester, wenn sie kommt, Kekse für deine Kinder mitgebe.« Snehlata schüttelte den Kopf, und die Schwester insistierte nicht länger. Sie verstand, daß Snehlatas Liebesgabe unvollständig wäre, ohne das Opfer, daß sie das einzige gab, was sie besaß. Als ihre Schwester kam und Snehlata ihr die acht Kekse mitgab, die sie aufgehoben hatte, war das ein »Geben bis es schmerzt«, wie Mutter Teresa es später einmal nannte, als ich ihr diese Geschichte erzählte. Später stellten die Schwestern fest, daß es nicht einmal Snehlatas eigene Kinder waren. Ihr Ehemann hatte sie wegen einer anderen Frau verstoßen, und diese Kinder waren die von seiner zweiten Frau.

Als wir am Bett Nummer sechsundzwanzig vorbeigingen, ergriff die zerbrechliche Gestalt, die darin lag, die Hand der Schwester und küßte sie. Sie hieß Hasina, sagte die Schwester. Sie lachte und weinte abwechselnd. Sie hatte als Bettlerin auf der Ripon Street ihren Sitzplatz unter einem großen schattigen Baum in der Nähe einer belebten Kreuzung gehabt. Fußgänger und Pendler mußten hier den Bus nehmen oder umsteigen. Hasina war bei ihren »Stammkunden« beliebt, und ihre kleine Aluminiumschale war bis zum Abend recht gut gefüllt. An besonders guten Tagen verdiente sie manchmal zehn Rupien. Dann kam die Katastrophe. Eine Serie von Streiks brachte den Alltag in der Stadt durcheinander und hinderte Hasina daran, ihren üblichen Standort zu erreichen. Erst nach einer Woche hatten sich die Verhältnisse normalisiert. Als Hasina zurückeilte, mußte sie feststellen, daß ihr Platz von einer Familie besetzt worden war, die sich über die ganze Kreuzung verteilt hatte. Für Hasina war kein Platz mehr. Verzweifelt versuchte sie es an anderen Stellen. Nichts klappte. Ihre Angst wurde immer größer, weil ihre eigene Familie erwartete, daß sie einen Teil ihres jämmerlichen Verdienstes ablieferte. Als sie dazu schließlich nicht mehr in der Lage war, warf man sie aus dem Haus. Die Schwestern fanden sie sterbend auf der Straße. Nach etwa zehn Tagen künstlicher Ernährung erholte sie sich langsam wieder. Ihre Kinder waren benachrichtigt worden, aber keiner hatte sich die Mühe gemacht, sie zu besuchen. Jedesmal, wenn jemand die Halle betrat, schaute sie auf, in der Hoffnung, es könnte ihre Familie sein.

Als wir am nächsten Nachmittag auf dem Rückweg von einem Besuch in Titagarh waren, fragte ich Mutter Teresa nach Kalighat. »Im Lauf der Jahre haben wir über 54 000 Menschen von der Straße gerettet, und etwa die Hälfte von ihnen ist eines schönen Todes gestorben.« Wie kann denn der Tod schön sein, wollte ich wissen. Wir fühlen uns natürlich einsam ohne einen geliebten Menschen, hatte sie erklärt, aber Sterben bedeutet »Heimgehen«. Nach einer Pause fügte sie sanft hinzu: »Wer bei uns stirbt, stirbt in Frieden. Für mich ist das die größte Entfaltung menschlichen Lebens, in Frieden und Würde zu sterben, denn das ist für die Ewigkeit.« Ich fragte sie, ob sie sich an irgendeinen besonders eindrucksvollen Fall erinnerte, wie etwa den des sterbenden Priesters. Sie sagte: »Einmal habe ich einen Mann aus einem offenen Abwasserkanal geholt. Sein Körper war voller offener Stellen. Ich habe ihn in unser Heim [Nirmal Hriday] gebracht. Wir haben ihn gesäubert und gebadet und seine Wunden versorgt. Die ganze Zeit hat er sich nicht beklagt, und in seinem Gesicht war keine Angst. Er sagte nur: ›Ich habe mein Leben wie ein Tier gelebt, aber jetzt werde ich wie ein Engel sterben!‹ Er schenkte mir ein Lächeln, und drei Stunden nachdem ich ihn eingeliefert hatte, starb er.«

Ich erinnerte mich, daß Mutter Teresa mir vor ein paar Jahren erzählt hatte, daß sie eine Frau in Fieberphantasien auf einem Müllhaufen liegend gefunden hatte. Dabei war es nicht ihr Fieber und auch nicht der nahe Tod, der ihr das Herz gebrochen hatte. Es war die Tatsache, daß ihr eigener Sohn sie dort im Stich gelassen hatte. Mutter Teresa brachte sie nach Kalighat, wusch und säuberte sie. Sie bat die Frau, ihrem Sohn zu verzeihen. Es dauerte lange, bis Mutter Teresa sie überzeugt hatte, aber schließlich hat sie ihm vergeben. Als sie dann in Mutter Teresas Armen lag, endlich im Frieden mit sich selbst, lächelte sie zum ersten Mal, dann starb sie. Ihr letztes Wort an Mutter Teresa war: »Danke.« Mutter Teresa ist das als eines der schönsten Lächeln in Erinnerung geblieben, die sie je empfangen hat.

11

»Die mächtigste Frau der Welt«

Es war im Jahre 1981. Mutter Teresa war gerade von einer Reise nach Äthiopien zurückgekehrt. Dort waren durch eine schreckliche Dürre im Norden des Landes unzählige Menschenleben gefährdet. Sie hatte einige Zentner Medikamente und Nahrungsmittel aus Kalkutta mitgebracht, aber das war nur ein Tropfen auf den heißen Stein. Obwohl viele internationale Hilfsorganisationen die bedrängte äthiopische Regierung unterstützten, schien es mehr Durcheinander als Miteinander zu geben. Zudem erschwerte der schlechte Straßenzustand den Transport von Vorräten in die vielen Dörfer im Landesinneren, wo sie am dringendsten gebraucht wurden.

Auch nach ihrer Rückkehr nach Kalkutta ließ Mutter Teresas Sorge nicht nach. Gemeinsam mit den Schwestern betete (und fastete) sie darum, daß weitere Tragödien abgewendet werden würden. Schließlich hatte sie die Eingebung, an den Präsidenten der Vereinigten Staaten zu schreiben. Etwa eine Woche später erhielt sie einen Telefonanruf aus dem Weißen Haus. Präsident Reagan selbst kam an den Apparat. Er dankte ihr für den Brief und versicherte im Namen des amerikanischen Volkes, daß er alles in seiner Macht Stehende tun würde, um dort schnelle Hilfe zu leisten, wo sie am meisten benötigt wurde. Und er hielt Wort. Die US-Regierung flog nicht nur Nahrungsmittel und Medikamente ein, auch die Zusammenarbeit mit den anderen Hilfsorganisationen konnte deutlich verbessert werden. »Danach wurden, Gott sei Dank, Vorräte bereitgestellt und mit Hubschraubern in die Dörfer gebracht.« Damals habe ich zum ersten Mal eher im Scherz, aber doch mit einem ernsten Unterton gesagt, sie sei wohl die mächtigste Frau der Welt. Sie hatte ganz offen und mit einem Lächeln geantwortet: »Ich wünschte, es wäre so. Dann würde ich der ganzen Welt Frieden bringen.«

Obwohl sie nur die Machtlosesten und Ärmsten vertritt, geschieht Mutter Teresas Zutritt zu den Zentren der Macht ebenso mühelos wie ihre Besuche in den Slums. Zu Hause in Kalkutta kann sie »jederzeit« das Büro des einflußreichen Ministers von Westbengalen betreten, und sie tut das auch. Es ist bekannt in Kalkutta, daß er ihr noch nie etwas abschlagen konnte. Als man ihn einmal fragte, was er, als Oberhaupt einer marxistischen Regierung und Atheist, mit Mutter Teresa gemeinsam habe, für die Gott doch alles sei, soll er geantwortet haben: »Wir teilen beide die Liebe zu den Armen.« Als er vor einigen Jahren wegen einer Herzerkrankung ins Krankenhaus mußte, besuchte sie ihn im Pflegeheim und ließ ihre Schwestern für seine Genesung beten.

Sowohl Premierministerin Indira Gandhi als auch ihr Sohn Rajiv empfingen sie, wann immer sie es wünschte. Ihr Verhältnis zu Indira Gandhi war besonders eng. Wenn sie ihr einen Brief schrieb, erhielt Mutter Teresa grundsätzlich umgehend Antwort. Indira Gandhi hat einmal geschrieben: »In ihrer Gegenwart fühlt man sich ganz und gar demütig, man spürt die Macht der Güte und die Kraft der Liebe.« Obwohl es Meinungsverschiedenheiten bezüglich des von der Regierung durchgeführten Sterilisationsprogrammes während des Notstandes gab – Mutter Teresa hatte sich mündlich und schriftlich dagegen ausgesprochen –, hat Mutter Teresa Indira Gandhi besucht, nachdem sie bei der Wahl von 1977 große Verluste hinnehmen mußte und damit ihre Machtstellung einbüßte. Auf die Frage, warum sie sich diese Mühe machte, antwortete sie in aller Öffentlichkeit: »Sie ist meine Freundin«, eine Aussage, die sie mir gegenüber mehr als einmal wiederholt hat. Mutter Teresas Gefühle hatten natürlich nichts mit Politik zu tun.

Aber nicht nur in Indien stehen Mutter Teresa alle Türen offen. Wo immer sie sich befindet, falls sie es für notwendig hält, einen Bürgermeister oder ein Staatsoberhaupt aufzusuchen, wird sie in der Regel sofort vorgelassen. Jeder weiß, daß es ihr nicht um sich selbst geht, sondern um Belange der Armen oder um irgendwelche Schwierigkeiten, denen ihre Schwestern ausgesetzt sind. Präsident Mitterand in Frankreich, Premierminister Major in Großbritannien, Präsident Reagan und Präsident Bush in den Vereinigten Staaten, der König von Belgien, der König von Spanien – die Liste von Mitgliedern des exklusivsten Clubs der Welt, die sich als ihre Freunde betrachten, ist endlos. Natürlich ist es gut fürs Image, mit Mutter Teresa gesehen zu werden. Und es ist vorgekommen, daß Staatsoberhäupter und Regierungschefs sich ihr in kritischen Zeiten anvertraut haben. Der Platz an der Spitze ist in der Regel sehr einsam, und diejenigen, die auf dem Gipfel der Macht stehen, haben oft nur wenige Menschen, mit denen sie über Gewissenskonflikte reden können.

Pater van Exem erzählte mir eine amüsante Geschichte von ihrer Begegnung mit dem früheren Präsidenten von Pakistan, General Zia-ul-Haq. Auf eine Einladung des Landesbischofs hin hatte Mutter Teresa beschlossen, nach Pakistan zu fahren. Sie ließ sich von der pakistanischen Botschaft in Neu-Delhi ein Visum auf ihren indischen Paß geben. Sie bekam nicht nur das Visum, sondern wurde auch von General Zia-ul-Haq selbst eingeladen, jeden beliebigen Landesteil zu besuchen. Um das zu erleichtern, stellte er ihr sein eigenes Flugzeug zur Verfügung. Er erteilte ihr auch großzügig die Erlaubnis, jederzeit Konvente zu eröffnen – allerdings unter einer Bedingung. Sie konnte Nonnen aus aller Welt mitbringen, nur nicht aus Indien! »Ich glaube nicht, daß Mutter Teresa das allzu ernst genommen hat, denn es gibt eine ganze Reihe von indischen Nonnen in den Missionsniederlassungen in Pakistan«, sagte Pater van Exem.

Es war eine Katastrophe, die sie im Eiltempo auch in Indiens anderes Nachbarland, Bangladesh, brachte. Anfang Mai 1991 war ich gerade bei Mutter Teresa in Kalkutta zu Besuch, als ein verheerender Wirbelsturm die Küstengebiete von Bangladesh heimsuchte. Es folgte eine Tragödie, und schätzungsweise dreihunderttausend Menschen kamen ums Leben. Mutter Teresa war dabei, sich von einer Herzerkrankung zu erholen, und war gerade erst aus dem Krankenhaus entlassen worden. Entgegen dem Rat ihres Arztes beschloß sie, daß sie nach Bangladesh fahren mußte. In Begleitung von zwei ihrer Schwestern packte sie nur noch rasch ein paar Kisten mit den wichtigsten Medikamenten.

Ich weiß, daß sie kaum Zeit hatte, die Schwestern in Dacca von ihrer Ankunft zu unterrichten. Sicherlich wußte niemand sonst von ihrem Besuch. Und doch berichteten die internationalen Medien schon kurz nach ihrer Ankunft von der kranken Nonne, die die Stätten der Zerstörung besuchte. Sie wurde von der Premierministerin von Bangladesh, Begum Khaleda Zia, begleitet. Als ihr Hubschrauber wegen des stürmischen Wetters notlanden mußte, wurde die Geschichte von sämtlichen Sendern der Welt verbreitet. Nach ihrer Rückkehr nach Kalkutta sagte sie zu mir: »Ich bin froh, daß ich hingefahren bin. Das Elend und die Tragödie der leidenden Menschen dort waren schrecklich. Jetzt brauchen sie vor allem Nahrungsmittel und Medikamente und etwas, womit das Wasser gereinigt werden kann. Meine Schwestern sind genau da, wo Hilfe benötigt wird.« Solche Naturkatastrophen sind, wie Dritte-Welt-Länder leider allzugenau wissen, für den Westen oft nur von geringem Interesse. Wenn man dagegen sah, wie sich die verschiedenen Sender auf Mutter Teresa stürzten, wurde ganz deutlich, daß ihre Gegenwart an den Orten der Zerstörung zu einer umfassenden und sofortigen Hilfsbereitschaft beitrug.

Eine besonders interessante Begegnung war die am äthiopischen Kaiserhof kurz vor dem Staatsstreich, durch den Kaiser Haile Selassie entmachtet wurde. Im Jahre 1973 hatte Mutter Teresa unter erheblichen Schwierigkeiten eine Mission in Äthiopien eröffnen können. Nur durch ein nicht leicht zu arrangierendes Treffen mit Kaiser Haile Selassies Tochter konnte ein Treffen mit dem Kaiser selbst in die Wege geleitet werden. Man hatte Mutter Teresa gewarnt, sie sollte nicht zu optimistisch sein, da schon viele religiöse und gemeinnützige Organisationen erfolglos versucht hatten, in Äthiopien mit ihrer Arbeit zu beginnen. Mutter Teresa wurde in ihrer praktischen Art bald klar, daß nur der Kaiser selbst das entscheiden konnte. Der Audienz ging folgende Befragung durch den Palastkämmerer voraus:

»Was fordern Sie von der Regierung?«
»Nichts«, antwortete Mutter. »Ich bin nur gekommen, um anzubieten, daß meine Schwestern für die armen leidenden Menschen hier arbeiten.«

»Was werden die Schwestern tun?«
»Wir werden den Ärmsten der Armen von ganzem Herzen und ohne Bezahlung dienen.«

»Welche Qualifikationen haben die Schwestern?«
»Wir versuchen, den Unerwünschten und Ungeliebten liebevolle Fürsorge und Mitgefühl zu geben.«

»Ich sehe, Sie gehen anders an die Dinge heran. Predigen Sie zu den Menschen, und versuchen Sie sie zu bekehren?«

»Unsere Werke der Liebe zeigen den leidenden Armen, daß Gott sie liebt.«

Als Mutter Teresa schließlich zum Kaiser vorgelassen wurde, war seine Reaktion überraschend. Er sagte nur wenige Worte:

»Ich habe gehört, was für gute Arbeit Sie leisten. Ich bin sehr froh, daß Sie gekommen sind. Ja, lassen Sie Ihre Schwestern nach Äthiopien kommen.«

Kaum ein Jahr später wurde am 12. September 1974 der einundachtzigjährige Kaiser durch einen Militärputsch abgesetzt und mit seiner ganzen Familie in Addis Abeba festgehalten. Die Zustände im Gefängnis waren dabei so entsetzlich, daß sie Proteste hervorriefen. Viele Staatsoberhäupter aus Afrika, Europa und anderen Ländern schrieben an die Revolutionsregierung und forderten eine menschenwürdige Behandlung der ehemaligen Herrscherfamilie. Haile Selassie selbst starb in der Gefangenschaft. Mutter Teresa erzählte mir später, daß sie die einzige war, die die Familie im Gefängnis besuchen durfte und später zu ihrer Freilassung beitragen konnte.

Verständlicherweise ist ihr Verhältnis zum Oberhaupt der katholischen Kirche, Papst Johannes Paul II., sehr gut. Sie spricht von ihm immer als »der Heilige Vater« und betrachtet ihn auch als einen richtigen Vater. Sie bewundert seine einfache Art. Und sie weiß es zu schätzen, daß er den Missionarinnen der Nächstenliebe einen Platz im Vatikan zur Verfügung gestellt hat, wo sie eine Suppenküche für die Armen von Rom eingerichtet haben. Das dient nicht nur der Würdigung der Armen, es hat auch dazu beigetragen, den Ruf des Vatikans als einer Oase großer Pracht und großen Reichtums zu entmystifizieren. Ob die Tatsache, daß beide slawischer Abstammung sind – er ist Pole und sie jugoslawische Albanierin –, zu ihrem gegenseitigen Verständnis und Hochachtung beigetragen hat, bleibt Vermutung. Auf jeden Fall schätzt der Papst sie sehr und bewundert sie für ihre eindeutige Verteidigung der traditionellen Werte der Kirche.

Am 22. Januar 1992 hatte ich die Ehre, den Papst im Vatikan zu treffen. Mutter Teresa selbst hatte diese Zusammenkunft in die Wege geleitet. Ich wurde in ein kleines Privatgemach geführt, wo ich einige Minuten mit ihm allein verbrachte. Zur selben Zeit lag Mutter Teresa mit einer ernsthaften Erkrankung in einem Krankenhaus in Kalifornien. Der Papst betete für ihre Genesung und hoffte, daß sie auf ihrem Rückweg nach Kalkutta in Rom haltmachen würde. Er erinnerte sich an seinen Besuch in Kalkutta Anfang Februar 1986. Er war direkt vom Flughafen nach Kalighat gefahren. Dort ging er von Bett zu Bett, gab den Patienten seinen Segen und versorgte sie auch mit Essen und Wasser. Er berichtete mir, wie sehr ihn diese Erfahrung bewegt habe, und konnte sich noch lebhaft daran erinnern.

Wir sprachen auch über die Räume, die er Mutter Teresa im Vatikan überlassen hatte und die direkt neben dem Zimmer lagen, in dem wir saßen. »Wie könnte ich das verweigern?« sagte er. Er war glücklich, daß er es getan hatte, und ging an Weihnachten und wann immer er dazu in der Lage war, selbst dorthin, um den Armen zu dienen.

Bevor ich ging, sagte ich, daß er der einzige Mensch wäre, auf dessen Rat Mutter Teresa vielleicht hören und sich persönlich etwas schonen würde. Er lachte und sagte: »Wenn es um ihre Arbeit geht, hört sie auch nicht auf mich, aber ich werde es versuchen.«

Die Fürsprache von Mutter Teresa ist allerdings nicht immer

erfolgreich. Oft hat sie Briefe geschrieben oder mit den Zuständigen über Angelegenheiten gesprochen, die ihr am Herzen lagen. Mutter Teresa ist dabei so hochgeachtet, daß sie fast immer eine umgehende Antwort oder Erklärung erhält. Aber diesen Worten folgen nicht immer auch Taten. In manchen Fällen stehen politische Interessen des Staates oder der Religion oder sogar Widerstand der Menschen selbst dagegen. Manchmal liegen die betreffenden Probleme außerhalb ihres Einflußbereiches. Aber wenn ihr ein Problem besonders am Herzen liegt, dann greift sie trotzdem ein, ohne sich in politische Fragen einzumischen. Anläßlich des Konflikts zwischen dem Irak und den USA richtete Mutter Teresa am 2. Januar 1992 ein gemeinsames Schreiben an beide Präsidenten. Sie schrieb: »Kurzfristig kann es in diesem Krieg, vor dem wir uns alle fürchten, Gewinner und Verlierer geben, aber das kann und wird niemals das Leid, den Schmerz und den Verlust so vieler Leben rechtfertigen, die Ihre Waffen verursachen werden.«* Eine unerwartete Folge dieses Briefes war nach Beendigung des Krieges eine Antwort vom Gesundheitsminister des Irak, der ihre Schwestern in den Irak einlud, damit sie sich dort um Waisen und Behinderte kümmerten.

In einer Zeit, in der die meisten Menschen sich nach Anerkennung sehnen und darauf hinarbeiten, entbehrt es nicht der Ironie, daß eine Frau, die im seltsamen Gegensatz zu allen Werten unserer Zeit lebt, mit unzähligen Preisen und Ehrungen überschüttet wird. Angeblich haben die Schwestern vor einigen Jahren einmal versucht, eine Liste zusammenzustellen, die aber unvollständig blieb. Sie war ohnehin schnell überholt, denn allein in jenem Jahr wurden Mutter Teresa über zwanzig kleine und große Ehrungen zuteil. Die Schwestern haben den Versuch

---

* Der vollständige Wortlaut dieses Briefes findet sich in Anhang III.

inzwischen aufgegeben. Vor nicht allzulanger Zeit bat ich Schwester Priscilla (die für die allgemeine Statistik zuständig ist), mir alle verfügbaren Informationen zu geben. Sie seufzte und bot mir schließlich einen Bericht an: Der sei das beste, was sie habe. Er war zwei Jahre alt. Was sie damit sagen wollte, war klar: Wenn ich eine Liste der Auszeichnungen für wichtig hielt, würde ich sie selbst ermitteln und zusammenstellen müssen. Das erwies sich als keine leichte Aufgabe. Schon allein der Entwurf einer Liste, den ich zustande brachte, belief sich auf mehrere Seiten. Am Schluß hatte ich kaum noch Zweifel, daß Mutter Teresa allein aus diesem Grund einen Eintrag ins Guinness-Buch der Rekorde verdient hätte!

Obwohl sie nie eine Universität besucht hat, besitzt Mutter Teresa eine ganze Reihe von Ehrendoktortiteln, die ihr von den berühmtesten Universitäten verliehen wurden. Das reicht von einem Ehrendoktor in Theologie der Universität Cambridge bis hin zum Doktor der Geisteswissenschaften der Universität San Diego. An der Harvard University wurde ihr die Ehrendoktorwürde unter noch nie dagewesenen, stehenden Ovationen verliehen. Sie besitzt den Ehrendoktor in Jura der Universität Madras und noch einen der Vishva-Bharati-Universität von Shantiniketan in Westbengalen, einer von Rabindranath Tagore gegründeten Einrichtung. Um nicht hinter den Universitäten zurückzustehen, haben sie eine Reihe von amerikanischen Städten zur Ehrenbürgerin erklärt, unter anderen Miami, Scranton (Pennsylvania), Toledo (Ohio), New York, Washington, Newark (New Jersey), San Francisco und San José. Unzählige Zeitschriften haben sie in ihren jährlichen Umfragen zur »Frau des Jahres« ernannt. Drei Jahre in Folge ignorierten die Leserinnen der Zeitschrift *Good Housekeeping* Jackie Kennedy, Madonna und Königin Elizabeth, um für Mutter Teresa als »am meisten bewunderte Frau« zu stimmen, eine bemerkenswerte Hommage an eine alte Dame in einem Sari, der etwa einen Dollar kostet, von den Leserinnen einer Zeitschrift, deren Seiten mit Designerkleidung, schicken Häusern und Anzeigen gefüllt sind. Ihr Bild hat Briefmarken in Schweden und Italien geschmückt. Und auch Holland wollte mithalten und hat eine Tulpensorte nach ihr benannt.

Die erste Anerkennung ihrer Arbeit kam allerdings erst vierzehn Jahre nachdem sie damit begonnen hatte, aus ihrer Wahlheimat. Am 26. Januar 1962 fand sich auf der Liste von Ehrungen, die üblicherweise am Tag der Indischen Republik verkündet werden, auch der Name von Mutter Teresa, die für den Padma Shri (Lotus-Orden) nominiert worden war. Es war das erste Mal, daß jemand, der nicht in Indien geboren war, diese herausragende Auszeichnung erhielt. Mutter Teresa wurde nach Neu-Delhi eingeladen, um sie dort vom Präsidenten entgegenzunehmen. Zunächst reagierte sie sehr zurückhaltend, aus der Überzeugung heraus, sie hätte nichts getan, womit sie diese Ehrung verdiente. Der Erzbischof von Kalkutta riet ihr anzunehmen, als Würdigung der Armen. Im September desselben Jahres wurde sie in die mit Kronleuchtern geschmückte Durbar Hall des prächtigen Präsidentenpalastes, Rashtrapati Bhavan, geleitet. Da sie das Angebot ausgeschlagen hatte, mit einer Limousine vom Konvent abgeholt zu werden, war sie zuvor in dem Kranken-und-Allzweck-Lieferwagen ihrer Mission in Delhi an der herausgeputzten Wachmannschaft und Kavallerie des Präsidenten vorbeigefahren.

Mrs. Pandit, ehemalige indische Hochkommissarin für London und Schwester von Premierminister Nehru, war an jenem Vormittag zugegen und konnte eine lebendige Beschreibung der Feierstunde geben. »Die Nonne in ihrem Sari, ein Bild der Demut, stieg aufs Podium hinauf. Sie nahm den Preis entgegen, als schlösse sie ein krankes Kind oder einen sterbenden Mann in die Arme. Die Menschen im Saal tobten. In den Augen des Präsidenten standen Tränen. Auf dem Nachhauseweg fragte ich meinen Bruder: ›War das nicht rührend?‹ Er sagte: ›Ich weiß nicht, wie es dir ergangen ist, aber ich hatte große Schwierigkeiten, meine Tränen zurückzuhalten.‹«

Nach ihrer Rückkehr nach Kalkutta hängte Mutter Teresa die Medaille an dem dazugehörigen Band um den Hals einer kleinen Statue der Jungfrau Maria, die in einer Vitrine in Nirmal Hriday in Kalighat stand. Nicht einen einzigen Moment lang ließ sie sich zu der Vorstellung verleiten, daß sie selbst diesen Preis verdient hatte. Bis heute schmückt diese erste von unzähligen Ehrungen das Standbild derjenigen, die nach Mutter Teresas Meinung das Lob verdient hat.

Der Zeitpunkt der Verleihung des philippinischen Ramon-Magsaysay-Preises war ein paar Monate später besonders günstig. Im Jahre 1960 hatte man Mutter Teresa zum ersten Mal gestattet, außerhalb der Erzdiözese von Kalkutta Einrichtungen zu eröffnen. Sie war besonders erpicht darauf, ein Zentrum für Leprakranke in Agra, der Stadt des Taj Mahal, zu eröffnen. An genau dem Tag, an dem sie ihren Schwestern mitgeteilt hatte, daß sie das Projekt aus Geldmangel verschieben müßten, kam die Verkündung des Preises, und das Preisgeld von 50 000 Rupien schien eine göttliche Fügung zu sein. Auf ähnliche Weise wanderten 21 500 US-Dollar Preisgeld für den ersten Internationalen Papst-Johannes-XXIII.-Preis (1971) in den dringend notwendigen Ausbau der Lepra-Siedlung in Shantinagar. Bald darauf kam der Preis der Joseph-Kennedy-Junior-Stiftung. Aufgabe dieser Stiftung ist die Erforschung der Ursachen und Behandlungsmethoden von geistiger Behinderung. Mutter Teresa nahm den mit 15 000 US-Dollar dotierten Preis im Rahmen einer Feier in Washington entgegen, zu der die gesamte Kennedy-Familie eintraf. Mit diesem Geld gründete sie ein Heim für spastische, körperlich und geistig behinderte Kinder in Dum Dum, Kalkutta. Entsprechend nannte sie es Nirmala-Kennedy-Zentrum.

Die höchste Ehrung, die vom britischen Königshaus verliehen werden kann, der »Order of Merit« (Verdienstorden), wurde Mutter Teresa am 24. November 1983 von Königin Elizabeth überreicht. Der Orden wurde im Jahre 1902 gegründet und ist auf vierundzwanzig Mitglieder beschränkt, deren Ernennung ein persönliches Privileg der Königin ist. Die eigentliche Verleihung wurde einige Monate später vorgenommen, als die Königin 1984 zum Treffen der Regierungschefs des Commonwealth in Indien war. Die Überreichung der Medaille von einer der reichsten Frauen der Welt an eine, die von sich behaupten konnte, nicht mehr als drei Saris zu besitzen, fand im Garten des Rashtrapati Bhavan statt, wo die Königin wohnte. Nach einer schlichten Feier sprachen die beiden einige Minuten allein miteinander. Irgendwann im Laufe der Recherchen zu diesem Buch habe ich Mutter Teresa gefragt, worüber sie gesprochen haben. »Über ihren Sohn«, sagte sie. »Sohn?« fragte ich. »Welchen Sohn? Sie hat drei.« »Oh«, sagte Mutter Teresa. »Ich dachte, sie hätte nur den einen. Sie hat von Prinz Charles gesprochen und mir erzählt, wie sehr er unsere Arbeit bewundert. Er hatte ein paar Jahre zuvor das Nirmala Shishu Bhawan in Kalkutta besichtigt.« Bei dieser Gelegenheit hat er auch gemeinsam mit Mutter Teresa ein Gebet in der Kapelle dort gesprochen.

Auch Prinzessin Diana wollte Mutter Teresa gerne persönlich kennenlernen und die Arbeit der Missionarinnen der Nächstenliebe sehen. Ein Besuch der Mission wurde im Februar 1992 im Rahmen ihres offiziellen Indienbesuches mit Prinz Charles geplant. Mutter Teresa konnte sie allerdings nicht treffen, da sie (nachdem sie wunderbarerweise einen schweren Herzanfall während eines Besuches in ihrem Missionshaus in Tijuan, Mexiko, überlebt hatte) auf der Rückreise nach Kalkutta in Rom einen Rückfall erlitten hatte. Die Prinzessin gab ihrer tiefen Sorge durch einen außerplanmäßigen Zwischenstop in Rom auf dem Rückweg nach London Ausdruck.

Als erstes Mitglied der Königsfamilie hat Prinz Philip Mutter Teresa kennengelernt. Die Gelegenheit dazu ergab sich, als ihr der erste Templeton-Preis am 25. April 1973 in London verliehen wurde. Prinz Philip hatte sich bereit erklärt, die Auszeichnung zu überreichen. Bei diesem Anlaß sprach er von »einer ungeheueren Kraft, die Mutter Teresa empfangen hatte«. Er stellte fest, daß sie mit ihrem Leben gezeigt hatte, was ein Mensch erreichen kann, wenn der Glaube stark genug ist. »In jeder Hinsicht ist das, was sie getan hat, gut, und die Welt ist heute auf diese Art von Güte angewiesen, auf diese Art von praktischem Mitgefühl.« Der Templeton-Preis übertraf in seiner Bedeutung sogar noch den Nobelpreis. Sein Zweck war es, »das Wissen über Gott bei den Menschen überall auf der Welt zu fördern«. Aus zweitausend Nominierungen aus acht Ländern hatte eine Jury von neun Vertretern der wichtigsten Weltreligionen Mutter Teresa ausgewählt. In der Begründung wurde angeführt, daß »sie dazu beigetragen hat, das Wissen und die Liebe der Menschheit zu Gott zu erweitern und zu vertiefen und damit das Streben nach einer Lebensqualität, die das Göttliche spiegelt, zu fördern.« Vier Jahre später verlieh Prinz Philip ihr 1977, diesmal als Kanzler der Universität von Cambridge, die Ehrendoktorwürde der Universität in Theologie. Bekanntermaßen war diese Universität das theologische Zentrum der Reformation nach der Abspaltung der Church of England von Rom. Vielleicht reiste Mutter Teresa deshalb eigens nach England, um den Titel entgegenzunehmen. In einer ungewöhnlich langen Rede sprach sie hier über das Abendmahl. Zuvor hatte Prinz Philip in seinen einführenden Worten recht trocken bemerkt, daß »die ehrwürdige Mutter, die wir mit Freude hier unter uns sehen, auf die Frage nach ihrer Karriere antworten würde, das sei ohne Bedeutung.« Die Versammlung applaudierte heftig.

»Das habe ich nicht verdient«, war ihre erste Reaktion, als man ihr mitteilte, daß sie als Trägerin der höchsten Auszeichnung überhaupt, des Friedensnobelpreises, benannt worden war. Sie ließ die Organisatoren wissen, daß sie die Ehrung »im Namen der Armen« annehmen werde, womit sich das norwegische Nobelpreiskomitee einverstanden erklärte. Viele Menschen waren von früheren Entscheidungen des Komitees enttäuscht gewesen, denn nicht alle Preisträger waren echte Friedensstifter. Es schien notwendig, den Friedenspreis wieder zur Tradition von Albert Luthuli, Fridtjof Nansen, Albert Schweitzer und Martin Luther King jr. zurückzuführen. Die Wahl von Mutter Teresa war die dringend notwendige Bestätigung, daß Frieden nicht nur mit politischen Mitteln erzielt werden konnte. Viele waren der Ansicht, daß Mutter Teresa mit ihrer Annahme der Auszeichnung den Ruf des Nobelpreises gestärkt hat.

In Begleitung ihrer ersten beiden Postulantinnen, Schwester Agnes und Schwester Gertrude, kam Mutter Teresa am 9. Dezember 1979 in Oslo an. Falls es irgend jemanden gab, der bis dahin noch nichts von ihr gehört hatte, so änderte sich das durch die vier Tage, die sie in Oslo verbrachte. Vom Zeitpunkt ihrer Ankunft bis zu ihrer Abreise stand sie im Mittelpunkt eines nicht enden wollenden Interesses der Medien. Hunderte von Fotografen, Fernsehteams und Journalisten waren nach Oslo gekommen, um ihr auf Schritt und Tritt zu folgen. Noch heute, viele Jahre später, schüttelt es sie bei dem Gedanken daran. »Allein wegen dieser Öffentlichkeitsarbeit habe ich mir meinen Platz im Himmel verdient«, hat sie oft gesagt.

Am 10. Dezember 1979 wurde in der Aula Magna der Universität Oslo in Anwesenheit des norwegischen Königs, von Diplomaten und Würdenträgern sowie eines enormen Presseapparates der Nobelpreis (knapp 300 000 DM) an eine leicht gebückte Frau im Sari verliehen. Der Vorsitzende des norwegischen Nobelkomitees, Professor John Sannes, sprach bewegende Worte:

»Das Markenzeichen ihrer Arbeit ist die Achtung des einzelnen Menschen, seines Wertes und seiner Würde. Die Einsamen und Verzweifelten, die hilflos Sterbenden, die ausgestoßenen Leprakranken sind von ihr und ihren Schwestern mit herzlichem Mitgefühl ohne jede Herablassung aufgenommen worden, aus Ehrfurcht vor Christus in jedem dieser Menschen ... In ihren Augen ist der Mensch, der im herkömmlichen Sinne der Nehmende ist, auch ein Gebender, und er gibt sogar mehr. Geben – einen Teil seiner selbst geben – ist die wahre Freude, und derjenige, der geben darf, erhält damit selbst das wertvollste Geschenk. Wo andere nur Klienten oder Kunden sehen, sieht sie Kollegen, eine Beziehung, in der nicht von einer Seite Dankbarkeit erwartet wird, sondern die auf gegenseitigem Verständnis und Respekt und auf einem menschlich warmen und bereichernden Miteinander beruht. ... Das ist das Leben von Mutter Teresa und ihren Schwestern – ein Leben in strenger Armut und tage- und nächtelanger Mühsal, ein Leben, das wenig Platz für andere Freuden als die allerkostbarsten bietet.«

Sannes schloß mit den Worten: »Man könnte die Beweggründe für die Entscheidung des norwegischen Nobelkomitees nicht besser beschreiben als mit den Worten des Weltbankpräsidenten, Robert S. McNamara, der erklärte: ›Mutter Teresa verdient den Friedensnobelpreis, denn sie fördert den Frieden auf ganz grundlegende Weise durch ihre Bestätigung der Unverletzlichkeit der Menschenwürde.‹«

Mutter Teresas Dankrede ging wie üblich ein Gebet voraus, das in Kopien bereits auf jeden Platz gelegt worden war. Auf ihre Bitte hin fielen achthundert Stimmen in das unvergängliche Friedensgebet des Franziskus von Assisi ein. Und dann bot Mutter

Teresa in ihrer ungekünstelten Art dem Publikum im dunklen Anzug und Abendkleid eine Vision der Armen, ihrer Selbstlosigkeit und ihrer Bereitschaft zu teilen. Sie erzählte ihnen von einer Frau, die sie von der Straße gerettet hatte. Sie lag im Sterben. Mutter Teresa brachte sie in ihr Heim für Sterbende in Kalighat und erklärte den Schwestern dort, daß sie sich selbst um sie kümmern wollte. »Ich habe alles in meiner Kraft Stehende für sie getan. Ich habe sie in ein Bett gelegt, und auf ihrem Gesicht war so ein schönes Lächeln. Sie ergriff meine Hand und sagte nur das eine Wort: ›Danke‹ – dann starb sie.«

Mutter Teresa fuhr fort: »Ich sah mich gezwungen, mein Gewissen vor ihr zu prüfen und mich zu fragen, was ich an ihrer Stelle gesagt hätte. Und meine Antwort war ganz einfach. Ich hätte versucht, ein wenig Aufmerksamkeit auf mich zu lenken. Ich hätte gesagt: ›Ich habe Hunger, ich sterbe, mir ist kalt, ich habe Schmerzen‹, oder ähnliches, aber sie hat mir viel, viel mehr gegeben. Sie hat mir ihre dankbare Liebe geschenkt.«

Sie sprach außerdem über die Armut des Westens: »Auf der ganzen Welt, nicht nur in den armen Ländern, war die Armut des Westens so viel schwieriger zu beseitigen. Wenn ich einen Menschen hungrig von der Straße mitnehme, dann gebe ich ihm einen Teller Reis, ein Stück Brot. Damit habe ich den Hunger gestillt, ihn beseitigt. Aber ein Mensch, der ausgeschlossen ist, der sich unerwünscht und ungeliebt fühlt, verängstigt ist, ein Mensch, der aus der Gesellschaft verstoßen wurde – diese Armut ist so schmerzhaft und so schlimm, daß ich es sehr schwierig finde. Unsere Schwestern im Westen arbeiten mit solchen Menschen.«

Mutter Teresa konnte die Organisatoren des Nobelkomitees überzeugen, das übliche Festbankett abzusagen und das gesparte Geld statt dessen denjenigen zu geben, die wirklich etwas zu essen brauchten. Diese Geste nahm die Menschen fast ebenso für sie ein wie die Preisverleihung selbst. Im Überschwang der Gefühle kam schließlich noch wesentlich mehr Geld zusammen als durch den Verzicht auf das Festessen gespart worden war. Und auch die Menschen in ganz Norwegen, Schweden und anderswo in Europa, darunter auch Kinder, die ihr Taschengeld spendeten, sammelten noch einmal etwa hunderttausend Mark. Zusammen mit den neuntausend Mark für das abgesagte Bankett belief sich der Betrag fast auf die Hälfte des Preisgeldes. Auf die Frage, wie sie das Preisgeld einsetzen wollte, bemerkte Mutter Teresa lachend: »Ich habe das Geld im Geiste bereits ausgegeben.«

Bei ihrer Rückkehr nach Kalkutta warteten Musikkapellen und Empfänge auf sie. Nach Rabindranath Tagore, der im Jahre 1913 den Literaturnobelpreis erhalten hatte, war Mutter Teresa die zweite Inderin, der eine Auszeichnung der Nobelstiftung verliehen worden war. »Kalkutta im Freudentaumel«, titelte der *Statesman* in Kalkutta, der ihre Arbeit seit den ersten Anfängen dokumentiert hatte. Mutter Teresas Reaktion auf die Flut von Briefen, Telegrammen und Telefonanrufen, ganz abgesehen von den Medien, die das Mutterhaus belagerten, war typisch. Sie zog sich für einen Monat in strenge Klausur zurück. Bis sie wieder zum Vorschein kam, waren die Fotografen und Journalisten verschwunden.

Aber kaum war sie wieder da, kam die Bekanntmachung, daß Indien ihr seine höchste Ehrung, den Bharat Ratna, zuteil werden ließ. Nur siebzehn verdiente Bürger hatten diesen Preis bis dahin erhalten. Wie beim Padma Shri, den sie 1962 erhalten hatte, war es auch hier das erste Mal, daß der Bharat Ratna jemandem, der nicht in Indien geboren war, verliehen wurde.

Im Laufe der Jahre habe ich an einer Anzahl von Feierlichkeiten teilgenommen, bei denen Mutter Teresa Ehrengast gewesen war oder irgendeine Auszeichnung erhalten hatte. Zu Anfang hielt ich ihre Unruhe bei diesen Anlässen für eine Folge der Erschöpfung. Erst nach und nach wurde mir klar, daß sie sich wirklich unwohl fühlte. Immer wenn ich Gelegenheit hatte, sie zu so einer Feier zu fahren, hat sie grundsätzlich noch ein kleines Gebet in der Kapelle gesprochen oder zumindest ein Gebet im Wagen gemurmelt. Sie hat mir einmal erzählt, daß sie vor ihren Reden um Inspiration betete. Pater van Exem vertraute mir an, daß ihr die vielen Einladungen manchmal zuviel würden. Sie hat sogar zum Papst gesagt: »Heiliger Vater, so viele Kardinäle und Bischöfe bitten mich, zu ihren Treffen zu kommen und zu sprechen. Ich kann das nicht, es ist zuviel für mich. Ich habe mit meiner Kongregation und meinen Schwestern genug zu tun. Sie sind jetzt auf der ganzen Welt. Ich bin krank und alt. Geben Sie mir eine Anweisung, damit ich, wenn wieder ein Kardinal oder Bischof will, daß ich komme, sagen kann, der Heilige Vater hat mir verboten zu kommen. Der Papst antwortete lächelnd: ›Ich werde darüber nachdenken.‹ Und er denkt immer noch«, sagte Pater van Exem schmunzelnd.

Es war eben dieses Unwohlsein, das ich bemerkte, als ich mit ihr hinter den Kulissen eines ausverkauften Saales saß, wo sie wieder einmal einen Preis erhalten sollte, diesmal aus der Hand des indischen Premierministers Narashima Rao. Sie schaute sich im Saal um und sagte: »Diese vielen Menschen, diese Lichter, das ist auch eine Art der Demütigung. Ich nehme diesen Preis genau wie den Nobelpreis nur als Würdigung der Armen an.« Mitten während der üblichen langatmigen Festreden ließ sie sich entschuldigen, weil sie das Flugzeug nach Kalkutta erreichen mußte. Auf dem Weg zum Flughafen fiel ihr ein, daß sie den Preis auf dem Podium vergessen hatte. Sie bat mich, ihn für sie zu holen. Ich wollte wissen, was sie damit vorhatte. »Verkaufen«, meinte sie sachlich. »Ich bin sicher, daß die Organisatoren nichts dagegen haben. Ich denke, ich werde wohl zehntausend Rupien dafür bekommen. Die werden wir gut gebrauchen können, um Medikamente für unsere Lepra-Patienten in Titagarh zu kaufen.«

Es ist kein Zufall, daß Mutter Teresa das Lepra-Zentrum in Titagarh »Gandhiji Prem Niwas« genannt hat nach Mahatma Gandhi, den sie zwar nie persönlich kennengelernt hat, in dem sie aber eine verwandte Seele erkannte, denn beide teilten dieselbe Einstellung zu persönlichem Verzicht und Mitgefühl. Er strebte als Hindu danach, die grundlegenden Werte und das kulturelle Ethos in Indien zu stärken, und schloß dabei alle Glaubensrichtungen ein. Weit entfernt von altmodischem Evangelistentum, haben Mutter Teresas Leben und Werk die Aufgeschlossenheit ihres Katholizismus gezeigt. Während Mahatma Gandhis Beweggründe weit über politische Ambitionen hinausgingen, meidet Mutter Teresa die Politik grundsätzlich. Gleichzeitig erkannten sie beide die Kraft der Symbole. Sie gab ihre Ordenstracht für einen groben, von leprösen Händen gewebten Sari auf, und er trug einen handgewebten Dhoti, nicht elegant bis zum Boden drapiert, sondern als kurzen Lendenschurz. Beide hatten dabei dasselbe Ziel: sich mit den Ärmsten zu identifizieren, indem sie genauso arm wie sie wurden.

Keine Nonne in der Kirchengeschichte hat jemals versucht, einen so unorthodoxen Weg zu beschreiten. Trotz aller Durststrecken hat sie ihre Armut in Freiheit verwandelt und aus dem Nichts ein mächtiges Werkzeug für religiöses und soziales Handeln geschaffen. Gandhi hatte dagegen *satyagraha* ins Leben gerufen, die gewaltlose Suche nach Wahrheit. Er bezeichnete es als Beweis freiwilligen Leidens. Im Bewußtsein der Tatsache, daß er der Macht des Britischen Empire mit herkömmlichen Mitteln nicht gewachsen war, machte er die »Gewaltlosigkeit« zu seiner Waffe. Damit brachte er seine Anhänger dazu, selbst körperliche Folter widerstandslos hinzunehmen, bis der Täter vor Scham aufhörte. Darin hatten sowohl Gandhi als auch Mutter Teresa die Macht des unschuldigen Leidens erkannt.

Keinem von beiden mangelte es an körperlichem Mut. Auf

dem Höhepunkt der schlimmsten Gemetzel in den Städten eilte Gandhi mitten in die am stärksten betroffenen Gebiete, um das Töten zu beenden. Durch sein eigenes Beispiel verwandelte er die einst erniedrigenden Schläge der *lathis* (Schlagstöcke) der Polizei und Gefängnisstrafen in Symbole für moralisches und emotionales Engagement. Auch Mutter Teresa hält ihr eigenes Leben für unbedeutend. Sie war oft unter den ersten, die in von Wirbelstürmen, Erdbeben, Hochwasser oder Krieg betroffenen Gebieten eintrafen. Bei ihrer Ankunft in Beirut im August 1982, als der Konflikt seinen Höhepunkt erreicht hatte, erfuhr Mutter Teresa, daß einige geistig behinderte Kinder ohne Nahrung und Wasser in Westbeirut eingeschlossen waren, das am stärksten unter Beschuß lag. Ohne auf die Warnungen der dortigen Behörden und der Kirchenführer zu hören, die ihr Vorgehen für selbstmörderisch erklärten, fuhren Mutter Teresa und ihre Schwestern in einem Wagen des Roten Kreuzes in das Gebiet, um die Kinder zu retten. Wunderbarerweise stellten die Heckenschützen das Feuer ein, so daß sie ihre Rettungsaktion erfolgreich beenden konnten.

Als sie viele Jahre später das Heim für Sterbende in Kalighat eröffnete, gab es einen Aufstand der Priester im Kali-Tempel und der dort ansässigen Bevölkerung. Es gab Drohungen; aufgebrachte junge Männer bewarfen den Eingang zu Nirmal Hriday mit Steinen. Als eines Tages mehrere Steine durch die Fenster geflogen kamen, ging Mutter Teresa nach draußen, um mit der Gruppe zu reden. Mit ausgestreckten Händen ging sie auf die Menschen zu. Sie sagte: »Bringt mich um, wenn ihr wollt, aber laßt die da drinnen in Ruhe. Laßt sie in Frieden sterben.« Mehrere Augenblicke lang herrschte knisternde Spannung. Doch dann kehrte Stille ein, und die Aufrührer wandten sich ab.

Gandhi und Mutter Teresa teilen beide eine seltsame Verbindung aus religiösem Konservatismus und radikalem Empirismus. In seinem Innersten blieb Gandhi immer konservativ. Auch Mutter Teresa ist immer der offiziellen Auslegung der katholischen Glaubenslehre treu geblieben, insbesondere was die Themen Abtreibung und Familienplanung angeht. Oft genug hat man sie als »letzte gehorsame Frau« der Kirche, als Anachronismus in Zeiten liberaler Strömungen kritisiert. Vor ein paar Jahren hat eine bekannte Feministin Mutter Teresa als »religiöse Imperialistin« bezeichnet. Die Geschichte hat weltweit für Schlagzeilen gesorgt. Es ist schade, daß sich diese Frau nicht genauer mit Mutter Teresa auseinandergesetzt hat. Denn Mutter Teresa hat ihren Glauben, ohne davon abzuweichen, so verstanden, daß sie die Grenzen der Religionen überschreiten kann. Als das Bharatiya Vidya Bhavan, eine hochangesehene indische Organisation, deren Zweck die Wiederbelebung indischer Kultur und Werte ist, Mutter Teresa seine höchste Auszeichnung verlieh, wurde sie als »eine stille, aber mutige Vorkämpferin des Glaubens« bezeichnet, »die in einem gottgegebenen Moment ein Werk der Gnade und Barmherzigkeit ins Leben gerufen hat, das die Leiden von Millionen auf der ganzen Welt lindern will – und die Namenlosen, Sprachlosen, Heimatlosen, Unterdrückten und Entrechteten erreicht, denen Mahatma Gandhi den Namen ›*daridra narayans*‹ gegeben hat.«

Der Präsident des Bharatiya Vidya Bhavan schloß mit den folgenden Worten: »Sie gehört zu den seltenen Seelen, die alle Grenzen von Rasse, Religion, Glaubensbekenntnis und Nation hinter sich gelassen haben. Sie trachtet nach keinem Königreich, keiner Ehre, nicht einmal nach Erlösung oder *moksha*. Sie ist eine wahre *Vaishnavajana* – eine Gottesdienerin –, die sich ganz der Beseitigung von *peeda paraayi* (der Schmerzen anderer) widmet, wie es auch Mahatma Gandhi getan hat.«

Nachwort

Mutter Teresa hat mir oft gesagt, daß sie kein einziges Buch über sich selbst oder ihre Arbeit gelesen hat. Ich mußte nie fragen, warum. Selbst wenn sie es gerne getan hätte, hätte sie sich niemals den Luxus gestattet, von der »eigentlichen Arbeit« abgehalten zu werden, und sei es nur für wenige Stunden. Ich war mir immer bewußt, wieviel Zeit, manchmal eine ganze Stunde, sie mir bei vielen Gelegenheiten geopfert hat, um meine Fragen zu beantworten oder ihre Überzeugungen zu erläutern. Da ich wußte, daß sie die verlorene Zeit wettmachen würde, indem sie bis spät in die Nacht arbeitete, versuchte ich, diese Sitzungen so kurz wie möglich zu halten. Ich stellte bald fest, daß die beste Zeit für Unterhaltungen mit ihr auf gemeinsamen Reisen war, und so versuchte ich, sie auf möglichst vielen Fahrten zu begleiten.

Während wir eines Nachmittags im Sprechzimmer des Mutterhauses saßen, erzählte ich ihr, daß ich das Vorwort geschrieben hätte und ihr gerne ein paar Absätze daraus vorlesen würde. Bevor sie »nein« sagen konnte, begann ich zu lesen. Eine grundlegende Eigenschaft von Mutter Teresa ist es, sobald sie eine Sache in Angriff nimmt oder sich mit jemandem unterhält, dieser Arbeit oder diesem Menschen ihre ungeteilte Aufmerksamkeit zu schenken. Sie hörte konzentriert zu, nickte ein paarmal in begeisterter Zustimmung mit dem Kopf und sagte schließlich auf ihre direkte Art: »Sehr gut, sehr gut. Lassen Sie es überall veröffentlichen!«

Dann erwähnte ich, daß ich sie zwar nicht mit dem ganzen Rest belasten wollte, daß es mir aber eine große Hilfe wäre, wenn sie mir eine Schwester zuteilen könnte, die mir Informationen liefern und meine Zweifel klären könnte, wenn sie selbst nicht verfügbar war. Ihre Organisation wuchs so schnell, daß Statistiken und Angaben von Namen und Orten stets Gefahr liefen, überholt zu sein. Darüber hinaus gab es für mich als Hindu gelegentlich Aspekte ihres Glaubens, die ich nur unvollständig oder unzureichend verstanden hatte. Mutter Teresa nickte wieder und schlug nach kurzem Nachdenken Schwester Joseph Michael vor. Zugleich mahnte sie mich aber eindringlich, nicht zuviel von ihrer Zeit in Anspruch zu nehmen, da sie als eines der vier Generalratsmitglieder des Ordens bereits vollauf beschäftigt war. In den vergangenen anderthalb Jahren hat diese Schwester mit ihrem freundlichen Lächeln oft auch kurzfristig Zeit für mich gefunden. Sie hat mir Empfehlungsschreiben an die Oberinnen der Missionshäuser mitgegeben, die ich besuchen wollte, ohne die man dort keine meiner Fragen beantwortet hätte.

Schwester Joseph Michael war es auch, die mich fragte, ob ich Pater van Exem bereits kennengelernt hätte, und die auf meine Antwort, ich hätte noch nicht einmal von ihm gehört, sogleich ein Treffen in die Wege leitete. Niemand außer Pater van Exem hätte Mutter Teresas Anfänge – besonders die Jahre, als die Mission nur in ihrer Vorstellung existierte – so lebendig schildern können. Kaum ein Besuch in Kalkutta verging ohne Gespräche mit ihm. Sein erstaunliches Gedächtnis, seine freundliche Art und sein Humor waren starke Anziehungspunkte, die ihn zu einer wichtigen Quelle für mich machten. Oft begannen unsere Unterhaltungen so: »Habe ich Ihnen schon von jenem Nachmittag erzählt?« Dabei konnte er sich ebensoleicht auf ein

Ereignis der vergangenen Woche wie auf eines vor vierzig oder mehr Jahren beziehen. Dann fuhr er fort, irgendeinen neuen Aspekt von Mutter Teresa oder ihrer Arbeit darzulegen oder eine amüsante Anekdote aus seiner eigenen Zeit als Priester in Kalkutta zum besten zu geben. In diesen Unterhaltungen lenkte Pater van Exem meine Aufmerksamkeit auf wichtige Meilensteine in Mutter Teresas Leben, die mir sonst vermutlich entgangen wären. Manchmal verwies er mich auch an Leute, die er als nützliche Gesprächspartner für mich ansah.

Das letzte Mal, bevor ich dieses Buch meinem Verleger übergeben habe, habe ich Mutter Teresa am 2. Mai 1992 gesehen. Sie hatte an jenem Tag keine Zeit wegen eines Treffens mit ihren Regionaloberinnen, die aus ganz Indien zusammengekommen waren. Sie kam kurz aus der Versammlung, um mir zu sagen, daß ich sie nach der Abendandacht aufsuchen könnte. Statt dessen beschloß ich, am Gottesdienst teilzunehmen. Nachdem ich sie fast eine Stunde lang beobachtet hatte, fiel es mir schwer, zu glauben, daß sie vor nicht allzulanger Zeit in besorgniserregendem Zustand in einem Krankenhaus in Kalifornien gelegen hatte. Petrus war offenbar noch nicht bereit. Ich mußte daran denken, wie sie mir einmal erzählt hatte, daß sie kurz nach dem Beginn ihrer Arbeit hohes Fieber bekommen hatte. In ihren Fieberträumen kam sie zum Heiligen Petrus. Er befahl ihr, nach Hause zurückzukehren, denn im Himmel gebe es keine Slums. Daraufhin wurde sie ärgerlich und erwiderte, sie würde den Himmel mit ihren Menschen aus den Slums füllen. Deswegen sagen die Schwestern immer, wenn ein Mensch in Kalighat einen besonders »schönen« Tod gestorben ist: »Oh, er ist lächelnd gegangen. Er ist direkt zu Petrus gefahren.«

Es ist eine besondere Erfahrung, Mutter Teresa beim Gebet zu beobachten, denn dann ist sie völlig eins mit ihrem Gott. Niemand und nichts spielt dann noch eine Rolle. Wenn sie niederkniet und ehrerbietig den Boden mit der Stirn berührt, ist ihre Hingabe total. Während ich sie betrachte, muß ich mich zum tausendsten Male fragen, wie man diese Frau auch nur annähernd mit alltäglichen Maßstäben erklären kann. Natürlich arbeitet sie hart, praktisch und effektiv. Sie hat nicht studiert und auch nie viel Zeit zum Lesen gehabt, mit Ausnahme der Bibel. Wie lassen sich die großen Erfolge erklären, für die sie verantwortlich ist? Es gibt keine direkte Beziehung zwischen der Zahl der Missionarinnen der Nächstenliebe und der Stärke und dem Einfluß, den sie ausüben. Die Zahl der Menschen, die heute aufgrund der Vision dieser Frau am Leben sind – die Hungrigen, Kranken und Hilfsbedürftigen, die Opfer von Hungersnot und Katastrophen (göttlichen oder menschlichen Ursprungs), deren Not sie unmittelbar gelindert und auf die sie aufmerksam gemacht hat, muß sich auf Hunderttausende, ja, sogar Millionen belaufen. Dazu kommen noch diejenigen Menschen, die sie inspiriert hat. Menschen, die Mutter Teresa nie kennengelernt, sondern nur über sie in einem Buch oder einer Zeitschrift gelesen haben, sind durch ihr Beispiel zu eigenem Handeln angeregt worden.

Während sie so vor dem Altar kniet, bleibt mir nichts anderes übrig, als eine rätselhafte göttliche Kraft miteinzubeziehen. Wie als Antwort auf meine verbleibenden Zweifel hat sie einmal gesagt: »Ich bin ein Werkzeug, ein kleiner Bleistift in der Hand des Herrn. Auch heute zeigt Gott seine Demut, indem Er sich so schwacher und unvollkommener Werkzeuge, wie wir es sind, bedient.« Sie sagte das nicht nur, sie glaubte auch wirklich daran. Wie sonst ließen sich ihre bemerkenswerten Erfolge erklären?

Die Andacht ist vorbei. Die letzten Gläubigen sind gegangen. Es wird dunkel. Mutter Teresa setzt sich zu mir auf die kleine Bank auf der Brücke neben der Kapelle. Ich fragte sie, welche Veränderungen ihre Arbeit ihrer Meinung nach den Menschen in ihrer Wahlheimat Kalkutta gebracht hat. »Wir haben es weit gebracht«, antwortete sie. »Die Menschen in Kalkutta haben gelernt, die Armen zu erkennen und zu lieben. Keiner wird mehr sterbend auf der Straße liegengelassen. Irgend jemand irgendwo nimmt den Menschen auf und bringt ihn zu uns. Ich habe schon erlebt, daß Kinder alte Menschen von der Straße holen und nach Kalighat bringen. Menschen aller Glaubensrichtungen kommen hierher und beteiligen sich an der Arbeit. Sie sagen: ›Mutter Teresa, wir wollen helfen.‹ Sie sind bereit, die Armen zu berühren. Das ist das Schönste an der Arbeit. So ist es überall.«

Ihr Werk hat sich über die ganze Welt ausgebreitet, und doch kann man sich Mutter Teresa kaum woanders als in Kalkutta vorstellen. Ihr Leben ist dem der Stadt untrennbar verbunden, eines zehrt vom anderen, jedes ist seltsam unvollständig ohne das andere. Auf der ganzen Welt ist sie Millionen Menschen als »Mutter Teresa von Kalkutta« bekannt. Das ist fast wie ein Titel. Für die Menschen in Kalkutta ist sie eine der Schutzgöttinnen der Stadt und sicherlich ihr Gewissen. Der Gouverneur von Westbengalen hat mir einmal gesagt, daß er sich, sooft er Mutter Teresa trifft, fragt: »Was habe ich zum Wohle der Menschheit getan?« Wie Tausende anderer Menschen verspürt er Demut in ihrer Gegenwart. Es ist nicht verwunderlich, daß man sie in ihrem Bundesstaat auch die »Mutter von Bengalen« nennt.

»Ma, Ma« – plötzlich ertönt ein Ruf von der Tür unten. Eine Schwester kommt und berichtet Mutter Teresa, daß ein Bettler darauf besteht, daß sie herunterkommt. Er sagt, er muß mit Mutter Teresa persönlich sprechen. Sie geht hinunter. Ich folge ihr. Der Bettler will nicht um Essen oder Almosen bitten. Statt dessen möchte er ihr seine Tageseinnahmen schenken. Das sind ein paar Münzen in einer Metallschale, vielleicht eine oder höchstens zwei Rupien. Einen Moment scheint Mutter Teresa unentschlossen. Wenn sie annimmt, wird er an diesem Abend nichts

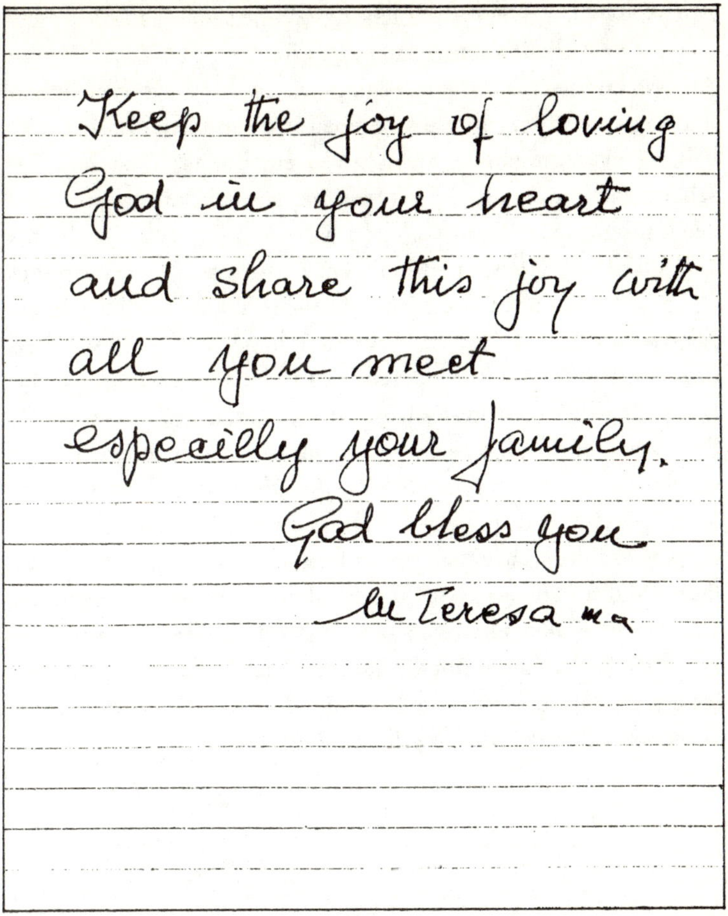
Keep the joy of loving
God in your heart
and share this joy with
all you meet
especilly your family.
God bless you
M Teresa MC

Bewahren Sie das Glück der Liebe zu
Gott in Ihrem Herzen
und teilen Sie dieses Glück mit allen,
denen Sie begegnen, vor
allem mit Ihrer Familie.
Gott segne Sie
Mutter Teresa MC

zu Essen haben. Wenn sie ablehnt, wird sie seine Gefühle verletzen. Sie beschließt anzunehmen. Er küßt ihre Hand vor Freude. Als wir zu unserer Bank zurückgekehrt waren, sah sie mich an und sagte: »Er hat mir alles gegeben, was er hatte. Wahrscheinlich hat er heute abend nichts zu essen. Für mich ist sein Geschenk mehr wert als der Nobelpreis und all die anderen Auszeichnungen, die ich bekommen habe.«

Ich will nun langsam aufbrechen. Das Manuskript ist endlich fertig. Wenn ich an die fünf Jahre zurückdenke, die ich zur Niederschrift dieses Buches gebraucht habe, muß ich feststellen, daß Mutter Teresa mir niemals etwas verweigert hat. Sie hat keine Bedingungen gestellt, keine Forderungen, nicht einmal den kleinsten Vorschlag gemacht. Sie hat nur gegeben. Es war der Höhepunkt einer Erfahrung, die mich bereichert und mir Kraft gegeben hat, denn ich kam in den unschätzbaren Genuß ihres Ratschlags, ihres Segens und ihrer Gebete. Als wir uns das letzte Mal trafen, sagte sie zu mir: »Ich habe bisher niemandem eine solche Gelegenheit gegeben. Was immer Sie tun, tun Sie es zur Ehre Gottes und zum Wohle der Menschheit. Ach ja, passen Sie auf sich auf und auf Ihre Frau und Töchter. Und bevor ich es vergesse, geben Sie den Mädchen diese Gebete von mir.«

Anhang I
Ein Gespräch mit Mutter Teresa

Frage: Mutter, wenn Sie auf Ihr Leben zurückblicken, würden Sie sagen, daß es ein glückliches Leben war?

Mutter Teresa: Ein Glück, das mir niemand nehmen kann. Ich habe niemals gezweifelt oder mich unglücklich gefühlt.

Frage: Kommen die Schwestern aus ganz Indien? Sind ihre Eltern glücklich?

Mutter Teresa: Die Schwestern sind aus ganz Indien, ihre Eltern sind sehr glücklich, daß sie Gott ihr eigenes Kind schenken können. Das ist eine große Sache. Es muß auch ein Opfer sein, ein sehr großes Opfer. Nein, da gibt es keine Traurigkeit, nur das Opfer. Opfer machen nicht traurig, besonders wenn man sie Gott darbringt.

Frage: Aber Opfer sind eine schwierige Sache.

Mutter Teresa: Nein. Wenn man sie Gott darbringt, ist da eine größere Liebe. Diese Mädchen wollen ihr Bestes geben. Sie geben sich ganz in Gottes Hand. Sie geben ihre Stellung, ihr Haus, ihre Eltern, ihre Zukunft auf. Sie weihen das alles Gott durch die Ärmsten der Armen.

Frage: In all diesen Jahren waren Sie von Ihrer eigenen Familie getrennt...

Mutter Teresa: Wo? Sie sind alle im Himmel. Es ist keiner mehr auf der Erde.

Frage: Aber über die Jahre bleibt trotz des Opfers die menschliche Bindung.

Mutter Teresa: Selbstverständlich. Das kann natürlich niemand trennen. Das Schöne ist, daß man alles Gott gibt, und das ist sehr wichtig. »Wenn du geben willst, mein Jünger, nimm das Kreuz«, sagt Jesus. Ganz einfach, da gibt es keine Schwierigkeit.

Frage: Wird in Ihrem Orden völliger Gehorsam erwartet?

Mutter Teresa: Völliger Gehorsam, bedingungslose Dienstbereitschaft, vollständige Armut und ungeteilte Liebe zu Christus. Da die Schwestern sich durch ihre Gelübde verpflichten, müssen sie wissen, was das bedeutet. Das Gelübde des Gehorsams bedeutet, daß wir in allem Gottes Willen folgen müssen. Das Gelübde der Armut wird in unserer Kongregation sehr streng befolgt. Wir legen das Keuschheitsgelübde ab und weihen unsere Herzen Christus. Schließlich legen wir noch ein besonderes, viertes Gelübde ab – nämlich den Armen von ganzem Herzen und ohne Bezahlung zu dienen. Wir können nicht für die Reichen arbeiten und auch kein Geld für unsere Arbeit annehmen.

Frage: Wie kommt es, daß die Schwestern alle so glücklich wirken?

Mutter Teresa: Wir wollen, daß sich die Armen geliebt fühlen. Wir können ihnen nicht mit traurigem Gesicht gegenübertreten. Gott liebt die, die freudig geben. Wer mit Freuden gibt, gibt am meisten.

Frage: Was passiert, wenn eine der Schwestern das Gefühl hat, einen Fehler [mit ihrem Beitritt] gemacht zu haben?

Mutter Teresa: Sie können jederzeit gehen. Auch wenn sie den Orden verlassen wollen, nachdem sie ihre Gelübde abgelegt haben, können sie um Erlaubnis bitten. Nur sehr wenige sind ausgetreten. Es ist schon etwas Besonderes, daß die meisten unserer Schwestern so treu geblieben sind.

Frage: Und wie steht es mit Zweifeln in ganz alltäglichen Dingen, zum Beispiel, was die Aufteilung der Arbeit angeht. Können sie dann zu Ihnen kommen?

Mutter Teresa: Wir sind wie eine normale Familie, nur größer. Aber wie in einer normalen Familie teilen wir alles, das macht den Unterschied, denke ich.

Frage: Kann es inmitten so festen Glaubens auch Zweifel, beispielsweise bei der Erledigung einer Aufgabe, geben?

Mutter Teresa: Das hängt davon ab, für wen man die Aufgabe erledigt. Eine Mutter hat keine Zweifel, wenn sie ihr Kind versorgt. Weil sie liebt. Das verändert alles in ihrem Leben. Dasselbe gilt auch für uns. Wenn wir Christus wirklich lieben, taucht so ein Zweifel nicht auf. Vielleicht kommt das Verlangen auf, es noch besser zu machen, aber kein Zweifel. Ich würde das nicht Zweifel nennen. Zweifel ist störend.

Frage: Wir haben doch fast alle Zweifel, ob wir das Richtige tun.

Mutter Teresa: Nein, das ist kein Zweifel. Man will das Beste für das Kind. Man möchte mehr tun können. Das ist kein Zweifel. Zweifel nimmt einem die Freiheit.

Frage: Wenn man sich einem Menschen gegenübersieht, dessen Körper verkrüppelt ist, der an Lepra leidet und von Maden übersäht ist, könnte es doch Zweifel hervorrufen, so einen Menschen berühren zu müssen.

Mutter Teresa: Das ist Angst, kein Zweifel.

Frage: Wie läßt sich diese Angst überwinden?

Mutter Teresa: Vor allem im Gebet. Aber wer Gott wirklich liebt, wird so einen Menschen leichter annehmen können, und zwar mit Liebe und Freundlichkeit. Denn das ist eine Gelegenheit, die Liebe zu Gott in die Tat umzusetzen. Denn die Liebe beginnt zu Hause. Und für uns steht es ganz deutlich in der Bibel. Jesus hat gesagt: »Was ihr dem geringsten meiner Brüder tut, das habt ihr mir getan. Wenn ihr ein Glas Wasser in meinem Namen gebt, so habt ihr es mir gegeben. Ich war hungrig. Ich war nackt. Ich war einsam.« Der Glaube ist ein Gottesgeschenk, das durch das Gebet kommt. Die Frucht der Stille ist das Gebet, die Frucht des Gebetes ist der Glaube, die Frucht des Glaubens ist Liebe, die Frucht der Liebe ist der Dienst, und die Frucht des Dienstes ist Frieden. So hängt alles zusammen.

Frage: Woher nehmen Sie Ihre Kraft?

Mutter Teresa: Die Messe ist die geistige Nahrung, die mich erhält. Ich könnte nicht einen einzigen Tag oder eine Stunde meines Lebens ohne sie sein. Im Abendmahl erkenne ich Christus in Form des Brotes. In den Slums sehe ich Christus in der jammervollen Gestalt der Armen, in den zerstörten Körpern, in den Kindern, in den Sterbenden. Nur dadurch ist diese Arbeit möglich.

Frage: Ich möchte Sie etwas fragen, was ich wiederum von vielen, die wissen, daß ich ein wenig mit Ihnen zusammenarbeite, gefragt werde. Man sagt, Sie stehen für den Frieden, außerdem sagt man, ob es Ihnen gefällt oder nicht, daß Sie die mächtigste Frau der Welt sind.

Mutter Teresa: (unterbricht): Sagt man das? Ich wünschte, es wäre so, dann würde ich der Welt Frieden bringen. (lacht)

Frage: Sie können jederzeit ans Telefon gehen und einen Präsidenten oder Premierminister erreichen, weil Sie für den Frieden sprechen.

Mutter Teresa: Ich spreche für Christus. Ohne Ihn könnte ich gar nichts tun.

Frage: Da Sie doch für den Frieden arbeiten, warum tun Sie dann eigentlich nichts gegen den Krieg?

Mutter Teresa: Wenn man für den Frieden arbeitet, verringert dieser Frieden den Krieg. Ich will mich nicht in die Politik einmischen. Krieg ist das Ergebnis von Politik, und deswegen mische ich mich da nicht ein, das ist alles. Wenn ich bei der Politik lande, werde ich aufhören zu lieben. Weil ich mich dann für eine Seite entscheiden muß, nicht mehr für alle dasein kann. Das ist der Unterschied.

Frage: Mutter, wenn Sie sich in Krisensituationen oder -gebiete begeben, haben Sie dann Angst?

Mutter Teresa: Angst wovor?

Frage: Angst vor (Zögern)...

Mutter Teresa: Angst, zu Gott zu gehen! (lacht)

Frage: Oder Angst um Ihre Schwestern?

Mutter Teresa: Nein, wir haben unsere Leben in Gottes Hand gelegt. (Pause) Einmal sind wir mit Nahrungsmitteln in den Sudan gegangen, in den südlichen Sudan. Wir haben unsere

Schwestern im Nordsudan. Es bestand die Gefahr von Schießereien, und die Regierung wollte nicht, daß wir gehen. Fünf von uns haben eine Erklärung unterschrieben, daß wir bereit waren zu sterben, falls das Flugzeug abgeschossen würde. Als wir am nächsten Tag starten wollten, sagten die Rebellen: »Wir werden das Flugzeug abschießen.« Der Pilot weigerte sich zu fliegen. Sonst wären wir mit Sicherheit gegangen.

Frage: Mußten Sie zu Anfang viele Hindernisse überwinden? Ich habe gelesen, als Sie eine Lepra-Kolonie in Titagarh aufbauen wollten, gab es Widerstand aus der Bevölkerung, weil die Leute Angst vor Lepra hatten.

Mutter Teresa: Aber nachdem sie es dann gesehen hatten, haben sie verstanden. Auch außerhalb Indiens treffen wir manchmal auf solchen Widerstand, aber wenn sie unsere Arbeit sehen, ändern sie ihre Meinung. Wenn die Leute wirklich mit den Armen in Berührung kommen, dann merken sie, wie schön sie sind.

Frage: Verzetteln Sie sich nicht, wenn Sie Ihre Missionen und Häuser in so vielen Ländern eröffnen?

Mutter Teresa: Das spielt keine Rolle, weil wir Missionarinnen der Nächstenliebe sind, und weil Missionare Menschen sind, die die Gute Nachricht überall verbreiten müssen. Heute in Indien, morgen in Europa, überall, wohin uns die Stimme Gottes ruft. Und Missionare sind Menschen, die als Boten der Liebe Gottes ausgeschickt werden. Deswegen sind wir Missionarinnen der Nächstenliebe. Doppelt. Mir hat mal jemand gesagt: »Sie verwöhnen die Armen, wenn Sie ihnen alles geben.« Daraufhin habe ich geantwortet: »Niemand hat uns mehr verwöhnt als Gott selbst.« Weil Er auch gibt. Und jemand anders hat zu mir gesagt: »Warum geben Sie ihnen

Fisch zum Essen? Warum geben Sie ihnen keine Angel, um den Fisch zu fangen?« Ich habe erwidert: »Meine Leute können nicht mal stehen, wenn ich sie aufsammle. Sie sind entweder krank oder hungrig. Also kümmere ich mich um sie. Wenn es ihnen wieder besser geht, kommen sie nicht mehr zu mir, weil sie dann allein stehen können!«

Frage: Was ist mit den Leidenden Mitarbeitern?

Mutter Teresa: Ja, die Leidenden Mitarbeiter sind kranke Menschen, die sich einer unserer Schwestern verbinden. Angenommen, Sie sind krank und haben mich und opfern all Ihren Schmerz und all Ihre Leiden für mich, so bringen Sie dieses Opfer Gott dar, für meine Arbeit. Und ich opfere die Arbeit und meine Liebe zu Gott für Sie. Ich helfen Ihnen, und Sie helfen mir. Und jeder wird dem anderen ein zweites Ich. Das ist ein ungeheures Geschenk. Sie können nicht selber arbeiten, also übernehme ich die Arbeit und Sie das Leiden. Ich habe einen Menschen, der das für mich tut. Sie hat schon sehr viele Operationen hinter sich. Sie opfert jede dieser Operationen für mich, während ich für sie in der Gegend herumrenne. Sie hat furchtbare Schmerzen, aber sie opfert das alles für mich. Wir haben eine Abmachung, daß wir alles teilen. Das ist unsere Bindung. Sie mit ihrem Leiden und ich mit meiner Arbeit und meinen Gebeten. Wunderbar. Jede Schwester hat einen kranken Menschen, der für sie betet.

Frage: So bekommen Sie zusätzlich Kraft, die Sie in Ihre Arbeit stecken können.

Mutter Teresa: Ja, ja, und sie bekommen zusätzliche Kraft durch unsere Gebete, unsere Arbeit und durch die Opfer, die wir bringen. Wunderbar.

Frage: Und die anderen Mitarbeiter?

Mutter Teresa: Wir haben eine Familie von beinahe vierhunderttausend Mitarbeitern auf der ganzen Welt, die kommen und den Schwestern bei der Arbeit helfen. Ich gebe ihnen Gelegenheit, die Armen und Einsamen zu berühren. Einsamkeit ist in vielerlei Hinsicht schlimmer als körperliche Armut. Viele Menschen aller Religionen kommen zu mir und wollen nicht nur spenden, sondern eigenhändig mit anpacken. Dann haben wir noch Ärzte, medizinische Mitarbeiter, die sich in den Dispensarien um die Kranken kümmern. Jugendliche Mitarbeiter, die die Liebe zu den Armen bei den Jungen verbreiten. Liebe zur Reinheit und Liebe zum Gebet teilen diese jungen Leute miteinander. Junge Menschen suchen nach einer Aufgabe. Manchmal geraten sie auf den falschen Weg. Viele von ihnen sehnen sich wirklich nach Gott. Schauen Sie sich die Freiwilligen aus aller Welt an. Sie kommen, um hier zwei oder drei Monate zu dienen. Sie arbeiten das ganze Jahr, um Geld zu verdienen, denn wir geben ihnen nichts, sie müssen selbst für alles bezahlen.

Frage: Ich habe in Kalighat eine interessante Beobachtung gemacht. Obwohl dort immer so viele Menschen sind, etwa hundert, die dem Tod oft sehr nahe sind, scheint keiner Angst vor dem Sterben zu haben.

Mutter Teresa: Man fühlt dort die Gegenwart Gottes, und die Menschen spüren die Liebe, die sie bekommen. Wie einer von ihnen gesagt hat: »Ich habe wie ein Tier auf der Straße gelebt, aber ich werde wie ein Engel sterben«, in Liebe und Fürsorge. Sie sterben zufrieden. 23 000 Menschen sind dort gestorben.

Frage: Was ist das größte Problem dieser Menschen? Ihr Ausgestoßensein?

Mutter Teresa: Ihre Armut. Sie haben nichts, keinen Menschen, gar nichts. Es sind Straßenfälle. Wir nehmen keine anderen, nur die Kranken, Sterbenden und Hilfsbedürftigen; sie müssen von der Straße wegkommen. Wir nehmen keine Hausfälle. In Prem Dan sind vielleicht ein paar von unseren Slumfällen, aber in Kalighat nehmen wir sonst niemanden. Waren Sie schon in Prem Dan? Sie sollten mal hingehen.

Frage: Sie haben einmal zu mir gesagt, daß die größte Angst, die einem Menschen begegnen kann, die Angst vor Demütigung ist.

Mutter Teresa: Der sicherste Weg zur Einheit mit Gott ist es, die Demütigung hinzunehmen.

Frage: Sind Sie selbst schon gedemütigt worden?

Mutter Teresa: Oh, ja, oft. Diese Publicity ist auch eine Form der Demütigung.

Frage: Ist es Demütigung, oder ist es eine Würdigung Ihrer Arbeit für die Armen?

Mutter Teresa: Demütigung, weil wir wissen, daß wir selbst nichts getan haben. Was Sie sehen, ist Gottes Werk. Ich denke, Gott will seine Größe zeigen, indem er sich der Nichtigkeit bedient.

Frage: Was ist mit all den Auszeichnungen, die Sie bekommen haben, dem Nobelpreis zum Beispiel?

Mutter Teresa: Ich weiß nicht einmal mehr, wie viele es sind. Sie sind nichts. Beim Nobelpreis habe ich gesagt, ich würde ihn zu Ehren Gottes und im Namen der Armen annehmen. Ich nehme keine Auszeichnungen in meinem Namen an. Ich bin nichts.

Frage: Sie haben verhindert, daß nach der Verleihung des Nobelpreises das traditionelle Festessen stattfand.

Mutter Teresa: Ja, statt dessen hat man mir das dafür vorgesehene Geld gegeben. Wir feierten dann an Weihnachten ein großes Festmahl mit zweitausend Menschen von diesem Geld. Das war viel besser. In Delhi wurde ein Empfang für mich veranstaltet und ein Festessen vorbereitet. Ich habe sie alle nach Nirmal Hriday geschickt, und sie haben den Leuten dort zu essen gegeben. All die Minister und Berühmtheiten sind dorthingegangen und haben den Menschen zu essen gegeben.

Frage: Sind Lepra-Patienten auch heute noch Ausgestoßene?

Mutter Teresa: Nicht mehr. Weil es Medikamente gibt. Und wenn sie zu uns kommen, können wir sie heilen. Aber unerwünscht zu sein, ist die schlimmste Krankheit, die einem Menschen widerfahren kann. Die einzige Heilung kann durch willige Hände, die ihnen dienen, und Herzen, die sie weiterhin lieben, kommen.

Frage: Und können sie in die Gesellschaft zurückkehren?

Mutter Teresa: Ja, ja. Wenn sie rechtzeitig zu uns kommen. Wir haben überall Einrichtungen zur Rehabilitation. In Indien haben wir eine ganze Reihe von Heimen: in Delhi, Lucknow, Ranchi, Asansol, Kalkutta und vielen anderen Orten. Die Regierung hat uns viel Land zur Verfügung gestellt, wir kaufen das Material und geben es den Lepra-Familien. Oft bauen sie ihre Häuser selbst. In vielen Ländern gibt uns jemand Land oder ein Haus. In Nicaragua hat uns jemand ein Haus geschenkt; in Budapest hat uns jemand ein Haus geschenkt.

Frage: Sie arbeiten nun schon so viele Jahre in Kalkutta. Hat diese Arbeit die Wahrnehmung der Menschen verändert?

Mutter Teresa: Ich habe die Menschen dazu gebracht, sich gegenseitig mehr zu lieben, und das ist wichtiger.

Frage: Gibt es heute weniger notleidende Menschen als zu Beginn Ihrer Arbeit?

Mutter Teresa: Ich weiß es nicht. (lacht) Ich könnte es Ihnen nicht sagen. Aber diejenigen, die bei uns sterben, sterben in Frieden. Für mich ist das die größte Entfaltung menschlichen Lebens, in Frieden und Würde zu sterben, denn das ist für die Ewigkeit.

Frage: Ich möchte Sie etwas Schwieriges fragen. Sie haben ein sehr großes Netz von Missionen aufgebaut, und dieses Netz wird mit Ihnen in Verbindung gebracht.

Mutter Teresa: (unterbricht) Wieso? Es wird mit der ganzen Gemeinschaft, der ganzen Kongregation, in Verbindung gebracht.

Frage: Ja, aber da Sie die Gründerin sind, sind Sie gleichbedeutend mit den Missionarinnen der Nächstenliebe.

Mutter Teresa: Das ist in Ordnung. Aber nur zusammen mit den Schwestern.

Frage: Und mit Ihnen als Oberhaupt der Organisation.

Mutter Teresa: Das stimmt. So muß es sein. In Ihrer Familie sind Sie das. So ist es auch bei uns. Dieses Zugeständnis muß man machen, sonst gäbe es nur Durcheinander.

Frage: Aber Mutter, wenn Sie einmal nicht mehr da sind...

Mutter Teresa: Noch bin ich ja da. (wir lachen) So wie Gott mich gefunden hat, wird er auch jemand anderen finden. Das Werk ist Gottes Werk, und Er wird dafür sorgen.

Frage: Mutter, warum gehen Sie dauernd die Treppen rauf und runter [sie hat ein Herzleiden] Ich bin sicher, daß Ihnen der Arzt etwas anderes geraten hat.

Mutter Teresa: (lachend) Ich habe keine Zeit, darüber nachzudenken.

Frage: Ich habe ein Bild von Ihnen in einer Zeitschrift gesehen. Sie wurden durchs Weiße Haus geführt und schienen überwältigt zu sein.

Mutter Teresa: Ich habe damals gedacht, daß dort so viel Platz ist. Ich möchte am liebsten alle meine Armen nehmen und diese Häuser füllen. Wenn ich solche Leere sehe, möchte ich sie immer füllen. (lacht)

Frage: Wie schaffen Sie es, bei all dieser schwierigen Arbeit den Humor zu bewahren?

Mutter Teresa: Aber die Arbeit ist doch sehr, sehr schön. Wir haben keinen Grund, unglücklich zu sein. Wir tun es mit Jesus, für Jesus, an Jesus. Jesus hat gesagt: »Was ihr dem geringsten meiner Brüder tut, das habt ihr mir getan. Wenn ihr ein Glas Wasser in meinem Namen gebt, so habt ihr es mir gegeben. Wenn ihr ein Kind in meinem Namen annehmt, so habt ihr mich angenommen.« Deswegen möchte ich all diese ungeborenen Kinder annehmen. Gottes Ebenbild ist in jedem einzelnen Kind, ob dieses Kind nun behindert oder schön oder häßlich ist – es ist Gottes schönes Ebenbild und zu Höherem geschaffen: zu lieben und geliebt zu werden. Darum müssen Sie und ich und wir alle darauf bestehen, dieses Gottesgeschenk zu erhalten, denn es ist etwas sehr Schönes.

Dieses kleine ungewollte und ungeliebte Wesen, das schon ungewollt in diese Welt gekommen ist, was für ein schreckliches Leiden das ist! Die größte Krankheit ist es heute, ungewollt, ungeliebt, alleingelassen zu sein, ein Abschaum der Gesellschaft.

Frage: Mutter, Sie haben mir einmal eine schöne Geschichte erzählt von einer Frau in Kalkutta, die ihren Reis geteilt hat.

Mutter Teresa: Ja, ich erinnere mich. Ihre Freigiebigkeit hat mich nicht überrascht. Das ist ganz natürlich. Arme Menschen teilen immer. Aber ich war überrascht, daß sie *wußte*, daß ihre Nachbarn Hunger litten. Die Menschen verbergen ihre Not oft, vor allem, wenn sie einmal bessere Zeiten gekannt haben. Wie ein Mann, der einmal hierherkam. Es war ihm früher besser gegangen. Er hatte einen Abstieg im Leben gemacht. Eines Tages kam er zu uns. Er sagte: »Mutter Teresa. Ich kann das Zeug nicht essen, was dort ausgeteilt wird.« Darauf sagte ich zu ihm: »Ich esse das jeden Tag.« Er sah mich an und fragte: »Sie essen das?« und ich antwortete: »Ja.« Daraufhin meinte er: »Dann werde ich es auch essen.« Daß ich dasselbe aß, gab ihm den Mut, die Erniedrigung anzunehmen. Wenn ich das nicht hätte sagen können, wäre in seinem Innern vielleicht Härte und Verbitterung zurückgeblieben und er hätte nichts annehmen können. Aber sobald er wußte, daß ich an seiner Seite war, fand er den Mut...

Frage: Gibt die Armut Ihnen Kraft?

Mutter Teresa: Wir nehmen nichts an, keine Unterstützung durch die Kirche, kein Gehalt und auch keinen Lohn für unsere Arbeit auf der ganzen Welt. Jede Missionarin der Nächstenliebe gehört zu den Ärmsten der Armen. Darum können wir alles tun. Was wir den Armen geben, ist auch für uns gut genug. Wir tragen dieselbe Art von Kleidern wie sie. Aber wir tun das aus freien Stücken. Wir haben diesen Weg gewählt. Um die Armen verstehen zu können, müssen wir wissen, was Armut ist. Sonst würden wir doch eine ganz andere Sprache sprechen. Wir wären nicht in der Lage, die Mutter zu verstehen, die Angst um ihr Kind hat. Wir verlassen uns völlig auf die Vorsehung. Wir sind wie die Bäume und Blumen. Aber wir sind Ihm wichtiger als die Blumen oder das Gras. Er sorgt für sie, für uns sorgt Er weit besser. Das ist das Schöne an unserer Kongregation.

Frage: Was macht Sie traurig?
Mutter Teresa: Wenn ich Menschen leiden sehe, macht mich das traurig. Das körperliche Leid.

Frage: Wie sehen Sie selbst Ihre Erfolge?
Mutter Teresa: Darauf gibt es keine Antwort. Wir dürfen Gottes Werk nicht zerstören. Wir arbeiten nicht für Ruhm und nicht für Geld. Die Schwestern sind geweihte Menschen. Es ist eine geweihte Liebe. Es geschieht alles für Jesus. Wir arbeiten für Gott. *Achha*, jetzt muß ich aber wirklich gehen.

Anhang II
Mutter Teresas Rede vom 18. Oktober 1988 anläßlich der Präsentation des Buches über Lepra von Navin Chawla

Laßt uns gemeinsam beten:

Mach uns würdig, Herr,
unseren Mitmenschen auf der ganzen Welt zu dienen,
die in Armut und Hunger leben und sterben.

Gib ihnen, durch unsere Hände, ihr täglich Brot;
und Frieden und Freude durch unsere verstehende Liebe.

Herr, mach mich zu einem Werkzeug deines Friedens,
laß mich Liebe bringen in den Haß,
Verzeihung in die Schuld,
Einheit in die Zwietracht,
Wahrheit in den Irrtum,
Glauben in den Zweifel,
Hoffnung in die Verzweiflung,
Licht in das Dunkel,
Freude in die Traurigkeit.

Herr, laß mich mehr danach trachten,
zu trösten, als Trost zu finden,
zu verstehen, als Verständnis zu finden,
zu lieben, als Liebe zu finden.

Im Geben empfange ich,
im Mich-Vergessen finde ich mich,
im Verzeihen erfahre ich Verzeihung,
im Sterben stehe ich auf zum ewigen Leben. Amen.

Lepra ist keine Strafe, sie kann ein sehr schönes Gottesgeschenk sein, wenn wir gut damit umgehen. Durch sie können wir lernen, die Ungeliebten, Unerwünschten zu lieben, ihnen nicht nur Gegenstände zu geben, sondern ihnen das Gefühl zu vermitteln, daß auch sie nützlich sind, daß auch sie etwas tun können, weil sie sich geliebt und angenommen fühlen, daß auch sie das Glück der Liebe teilen können.

Wir kümmern uns um Tausende von Lepra-Patienten. In Indien, Afrika und dem Mittleren Osten sind es insgesamt 158 000. An Weihnachten veranstalten wir immer ein besonderes Essen für sie. Ich weiß noch, wie einmal bei einer solchen Gelegenheit ein sehr stark behinderter Mann neben mir saß. Als ich sagte, daß Lepra keine Strafe ist, begann er, an meinem Sari zu ziehen, und meinte: »Sagen Sie das noch mal, sagen Sie das noch mal.« Er war gerührt, weil er spürte, ›Ich werde geliebt, ich werde angenommen.‹ Das ist es, was unsere leprakranken Brüder und Schwestern von uns brauchen. Sicherlich müssen wir ihnen auch Medikamente geben, all das muß getan werden, das ist ja selbstverständlich. Aber die wunderbarste Sache ist es, ihnen das Gefühl zu geben, daß sie geliebt und angenommen werden.

Die Regierungen waren mir gegenüber überall sehr großzügig, im Mittleren Osten, in Afrika und in Indien. Besonders in Indien hat man mir viel Land für die Rehabilitation zur Verfügung gestellt. Hier in Delhi haben wir ein schönes Heim in Seemapuri, wo wir die ganz schlimmen Fälle von der Straße hinbringen. Heute sieht man nicht mehr so viele Leprakranke auf den Straßen von Delhi wie früher. Wir versuchen, ganze Familien zu erfassen. Manchmal kaufen wir Baumaterialien, damit sie sich ihre eigenen Häuser bauen können. Sie haben eigene Läden, eigene kleine Schulen und ihr Land. So bekommen sie ein gewisses Selbstwertgefühl.

Ich halte es für besonders heilsam, wenn man ihnen das Gefühl gibt, daß auch sie Auserwählte sind. Und ich muß sagen, daß uns viele Menschen ihre Dienste anbieten. Ärzte operieren die behinderten Menschen. Wie Sie wissen, sind Kinder, die in Leprafamilien geboren werden, zunächst nicht infiziert. Deswegen haben wir in jedem Rehabilitationszentrum auch ein Kinderheim. Und sobald ein Kind geboren wird, nehmen wir es an uns, bevor die Mutter es küssen kann. Die Eltern können zu Besuch kommen, aber sie dürfen das Kind nicht küssen, bis es selbst stehen kann. Viele Kinder [unserer Leprapatienten] sind jetzt erwachsen, einige studieren, andere arbeiten, sie sind verheiratet und führen ein geregeltes Leben, ohne jedes Zeichen der Krankheit. Eine neue Kraft ist in ihr Leben gekommen. Sie wissen: »Ich kann gesund bleiben.« Gott sei Dank, dürfen sie wieder an ihre alten Arbeitsplätze zurück, wenn wir beweisen können, daß sie nicht mehr ansteckend sind.

In Titagarh bei Kalkutta weben sie unsere Saris [die von den Missionarinnen der Nächstenliebe getragen werden], sie produzieren unsere Bettlaken und ähnliche Dinge, die wir in unseren Heimen brauchen. Ihr Leben hat eine neue Kraft erhalten, weil auch sie nützlich sind, weil sie jetzt etwas tun können, weil sie sich geliebt und angenommen fühlen und das Glück der Liebe teilen können.

Gott ist sehr gut zu uns, wenn er uns diese schönen Gelegenheiten gibt. Es ist wunderbar, die Familien zusammen zu sehen, wie sie zusammenleben, sie zusammenzuführen, ihnen die Lebensfreude wiederzugeben.

Wir müssen unsere Angst ablegen. Ich möchte, daß Sie alle

etwas Schönes tun. Wir haben eine mobile Versorgungsstation in Delhi. Bringen Sie die Lepra-Patienten in Kontakt mit den Schwestern, damit sie sofort behandelt werden können. Das ist das beste, was Sie tun können, die Leprakranken mit den Menschen oder Organisationen oder unseren Schwestern in Kontakt zu bringen, die für sie arbeiten. Und falls jemand von Ihnen unser Heim in Seemapuri besichtigen will, so sind Sie herzlich eingeladen.

Machen wir den Lepra-Patienten Mut, rechtzeitig Hilfe und Behandlung zu suchen. Wenn ein Patient zu uns kommt, tun wir nichts, bevor er nicht seine ganze Familie mitbringt. Wir untersuchen dann alle und entscheiden, wer behandelt werden muß und so weiter. Das ist eine schöne Art, unsere Liebe zu zeigen. Laßt uns nicht vergessen, daß Er will, daß wir uns gegenseitig lieben, so wie Er uns liebt. Und wenn wir sterben und zu Gott heimgehen, wird es wieder dasselbe sein: »Ich war hungrig, und ihr habt mir zu essen gegeben. Ich war nackt, und ihr habt mich gekleidet. Ich war fremd und obdachlos, und ihr habt mich aufgenommen. Das alles habt ihr mir getan.«

Und wo beginnt diese Liebe? In unserem eigenen Heim, in unserer eigenen Familie, bei unseren eigenen Nachbarn in Not, in unserer eigenen Stadt, in unserem eigenen Land. Darum laßt uns gemeinsam beten. Wir müssen das Gebet zurückholen. Wir sind Hindufamilien, wir sind vereinte Familien, wir sind betende Familien. Es ist wichtig, daß Familien zusammenhalten und zusammen beten.

Im Westen gibt es eine Einsamkeit, die ich die Lepra des Westens nenne. Sie ist in vielerlei Hinsicht schlimmer als unsere Armut in Kalkutta. Die Armen in Kalkutta teilen. Ich kenne eine sechsköpfige Familie, die am Verhungern war, als unsere Schwestern sie fanden. Sie gaben der Frau etwas Reis. Als erstes teilte sie den Reis in zwei Teile und gab die eine Hälfte einer anderen

Familie, die ebenfalls hungerte. Ihre Freigiebigkeit hat mich nicht überrascht. Es hat mich überrascht, daß sie von den anderen *wußte*.

Im Yemen, der ein moslemisches Land ist, habe ich einen reichen Menschen gebeten, eine Moschee zu errichten. Die Menschen brauchten einen Ort zum Beten. Ich sagte zu ihm: »Es sind alles Ihre moslemischen Brüder und Schwestern. Sie brauchen einen Ort der Begegnung mit Gott.«

Wenn Sie die Angst beseitigen können, haben Sie schon viel erreicht. Das ist eine große Sache. Ich denke, daß dieses Buch vielen Menschen Sicherheit geben und die Angst beseitigen wird, die wir all die Jahre gehabt haben. So können wir allen das Gefühl geben, daß Gott ihnen etwas Gutes getan hat, daß sie wie ganz normale Menschen sein können, normale Arbeit tun und ein normales Leben führen können.

Laßt uns nun Gott danken, daß er uns die Möglichkeit gegeben hat, zusammenzusein, zusammen für unsere armen Brüder und Schwestern zu beten. Dankt Gott, daß ihr und eure Familien gesund seid und das Leben genießen könnt, und betet zu Gott für unsere Lepra-Patienten.

Anhang III
Brief an Präsident Bush und Saddam Hussein

54A, A. J. C. Bose Road
Kalkutta – 16
2. Januar 1991

Sehr geehrter Präsident George Bush
und Präsident Saddam Hussein,

ich komme zu Ihnen mit Tränen in den Augen und Gottes Liebe im Herzen, um für die Armen zu bitten und für jene, die arm werden, wenn es zu dem Krieg kommt, den wir alle fürchten. Ich bitte Sie von ganzem Herzen, sich um Gottes Frieden zu bemühen, hart daran zu arbeiten und zu einer Versöhnung zu finden.

Sie wollen beide Ihren Standpunkt vertreten und für Ihr Volk sorgen, aber hören Sie dabei bitte zuerst auf den einen, der in die Welt gekommen ist, um uns Frieden zu lehren. Sie haben die Macht und die Kraft, Gottes Gegenwart und Ebenbild zu zerstören. Seine Männer, Seine Frauen und Seine Kinder. Bitte gehorchen Sie dem Willen Gottes. Gott hat uns geschaffen, damit wir von seiner Liebe geliebt und nicht von unserem Haß zerstört werden.

Kurzfristig kann es in diesem Krieg, vor dem wir uns alle fürchten, vielleicht Gewinner und Verlierer geben, aber das kann und wird niemals das Leid, den Schmerz und den Verlust so vieler Leben rechtfertigen, die Ihre Waffen verursachen werden.

Ich komme zu Ihnen im Namen Gottes, des Gottes, den wir alle lieben und teilen, um für die Unschuldigen und Armen in der Welt zu bitten und für diejenigen, die durch den Krieg arm werden. Sie werden am meisten leiden, denn sie haben keine Möglichkeit zu fliehen. Ich bitte auf den Knien für diese Menschen. Sie werden leiden, und dann werden wir die Schuldigen sein, weil wir nicht alles in unserer Macht Stehende getan haben, sie zu schützen und zu lieben. Ich flehe Sie an, für die Verwaisten, Verwitweten, die allein zurückbleiben, weil ihre Eltern, Männer, Brüder und Kinder getötet wurden. *Ich flehe Sie an, diese Menschen zu retten.* Ich bitte für diejenigen, die behindert und entstellt sein werden. Es sind Kinder Gottes. Ich bitte für diejenigen, die kein Zuhause, kein Essen und keine Liebe mehr haben werden. Bitte betrachten Sie diese Menschen, als wären es Ihre Kinder. Schließlich bitte ich für diejenigen, die das Kostbarste verlieren werden, was Gott uns geschenkt hat, das Leben. Ich flehe Sie an, unsere Brüder und Schwestern zu verschonen. Ihre und unsere, denn sie sind uns von Gott gegeben, damit wir sie lieben und ehren. Wir haben kein Recht zu zerstören, was Gott uns gegeben hat. Bitte, bitte, machen Sie Ihren Verstand und Ihren Willen zu Verstand und Willen Gottes. Sie haben die Macht, Krieg in die Welt zu bringen oder Frieden zu stiften. BITTE WÄHLEN SIE DEN WEG DES FRIEDENS.

Ich, meine Schwestern und unsere Armen beten so viel für Sie. Die ganze Welt betet, daß Sie Ihre Herzen in Liebe zu Gott öffnen. Sie mögen den Krieg gewinnen, aber welchen Preis werden die Menschen zu zahlen haben, die gebrochen, behindert und verloren sind?

Ich appelliere an Sie – an Ihre Liebe, Ihre Liebe zu Gott und Ihren Mitmenschen. Im Namen Gottes und im Namen derjenigen, die sie arm machen werden, zerstören Sie nicht das Leben und den Frieden. Lassen Sie Liebe und Frieden siegen, damit man sich an Ihre Namen erinnert für das Gute, das Sie getan, die Freude, die Sie bereitet, und die Liebe, die Sie geteilt haben.

Bitte beten Sie für mich und meine Schwestern, die wir versuchen, die Armen zu lieben und ihnen zu dienen, weil sie zu Gott gehören und von ihm geliebt werden. Und wir beten mit unseren Armen auch für Sie. Wir beten, daß Sie lieben und pflegen werden, was Gott so liebevoll in Ihre Obhut gegeben hat.

Möge Gott Sie segnen, jetzt und immerdar.

God bless you
M. Teresa MC

Gott segne Sie   M. Teresa MC